主　　编　蒋惠岭　国家法官学院副院长
　　　　　　　　　最高人民法院司法案例研究院负责人
副 主 编　关　毅　国家法官学院科研部主任
　　　　　刘　畅　最高人民法院司法案例研究院规划部主任
主编助理　边疆戈　国家法官学院科研部编辑
　　　　　朱建伟　国家法官学院科研部编辑
　　　　　赵文轩　最高人民法院司法案例研究院规划部编辑

《中国法院年度案例》编辑人员（按姓氏笔画）
边疆戈　朱建伟　刘　畅　关　毅　杨小利
罗胜华　赵文轩　胡　岩　袁登明　唐世银
曹海荣　梁　欣　蒋惠岭　程　瑛　谭　红

本书编审人员　罗胜华

中国法院

2020年度案例

国　家　法　官　学　院
最高人民法院司法案例研究院 ◎编

公司纠纷

中国法制出版社
CHINA LEGAL PUBLISHING HOUSE

《中国法院年度案例》通讯编辑名单

序

坚持和完善中国特色社会主义法治体系，是党的十九届四中全会作出的一项重要部署。作为其核心组成部分，高效的法治实施体系所要实现的就是让静态的法律制度在实践中得到良好实施。《中国法院年度案例》丛书的价值追求，即公开精品案例，研究案例所体现的裁判方法和价值理念，提炼裁判规则，助推司法标准统一。

《中国法院年度案例》丛书，是国家法官学院于2012年开始编辑出版的一套大型年度案例丛书。丛书由国家法官学院案例开发研究中心具体承担编辑工作，每年年初定期出版。此前，该中心坚持20余年连续不辍编辑出版了《中国审判案例要览》丛书近90卷，分中文版和英文版在海内外发行，颇有口碑，享有赞誉。作为一种全新的案例研究产品，《中国法院年度案例》丛书旨在加强完善中国特色案例指导制度，探索编辑案例的新方法、新模式，以弥补当前各种案例出版物的不足。该丛书2012~2019年已连续出版8套，一直受到读者的广泛好评，并迅速售罄。为更加全面地反映我国司法审判执行工作的发展进程，顺应审判执行实践的需要，响应读者需求，2014年度新增3个分册即金融纠纷、行政纠纷、刑事案例，2015年度将刑事案例调整为刑法总则案例、刑法分则案例2册，2016年度新增知识产权纠纷分册，2017年度新增执行案例分册，2018年度、2019年度将刑事案例扩充为4个分册。现国家法官学院及时编撰推出《中国法院2020年度案例》系列丛书，共23册。

当前市面上的案例丛书百花齐放，又有裁判文书网，可以查询各级法院、各类的裁判文书，还有各种专门领域的案例汇编书籍，以及各种案例指导、案例参考等读物，各具特色。而《中国法院年度案例》丛书则以开放务实的态度、简洁明快的风格，试图把案例书籍变得“好读有用”，故在编辑中坚持以下方法：一是高度提炼案例内容，控制案例篇幅，每个案例基本在3000字以内；二是突出争议焦点，剔除无效信息，尽可能在有限的篇幅内为读者提供有效、有益的信息；三是注重对案件裁判文书的再加工，大多数案例由案件的主审法官撰写“法官后语”，高度提炼、总结案例的指导价值。

同时，《中国法院年度案例》丛书还有以下特色：一是信息量大。国家法官学院案例开发研究中心每年从全国各地法院收集到的上一年度审结的典型案例近万件，使该丛书有广泛的选编基础，可提供给读者新近发生的全国各地多种类型的代表性案例。二是方便检索。为体现以读者为本，丛书分卷细化，每卷下还将案例主要根据案由分类编排，每个案例用一句话概括裁判规则、裁判思路或焦点问题作为主标题，让读者一目了然，迅速找到目标案例。

中国法制出版社始终全力支持《中国法院年度案例》丛书的出版，给了作者和编辑们巨大的鼓励。2018年、2019年连续推出数据库增值服务，2020年继续提供数据库增值服务并充实完善数据内容。购买本书，扫描前勒口二维码，即可在本年度免费查阅往年同类案例数据库。我们在此谨表谢忱，并希望通过共同努力，逐步完善，做得更好，真正探索出一条编辑案例书籍、挖掘案例价值的新路，更好地服务于学习、研究法律的读者，服务于社会，服务于国家的法治建设。

本丛书既可作为法官、检察官、律师等司法实务工作人员的办案参考和司法人员培训推荐教程，也是社会大众学法用法的极佳指导，亦是教学科研机构案例研究的精品素材。当然，案例作者和编辑在编写过程中也难以一步到位实现最初的编写愿望，可能会存在各种不足，甚至错误，欢迎读者批评指正，我们愿听取建议，并不断改进，不断扩大案例研究领域，实现中国特色案例研究事业新发展。

从今年起，《中国法院年度案例》改由国家法官学院与最高人民法院司法案例研究院共同编辑。最高人民法院司法案例研究院是中编办批准设置的最高人民法院的司法案例专门研究机构，与国家法官学院合署办公，在最高人民法院领导下，秉持服务司法审判实践、经济社会发展、法学教育研究、中外法学交流、法治中国建设的办院宗旨，坚持“服务、创新、合作、开放、共享”工作原则，依托国家法官学院开展司法案例的收集、生成、研究、发布和国际交流工作。司法案例研究院的加入，必将使本套丛书的编辑力量更加壮大，案例质量将进一步提升。

国家法官学院副院长

最高人民法院司法案例研究院负责人

蒋惠岭

目　录

Contents

一、股东资格确认纠纷

二、股东出资纠纷

三、股东知情权纠纷

四、公司盈余分配纠纷

五、公司决议纠纷

六、股权转让纠纷

八、股东损害公司债权人利益责任纠纷

九、公司破产、解散和清算纠纷

十、公司证照返还纠纷

十一、与公司有关的纠纷

一、股东资格确认纠纷

1

公司是否有权提起股东资格消极确认之诉

——无锡祥生医疗科技股份有限公司诉江某股东资格确认案

【案件基本信息】

1. 裁判书字号

江苏省无锡市中级人民法院（2019）苏02民终1581号民事判决书

2. 案由：股东资格确认纠纷

3. 当事人

原告（被上诉人）：无锡祥生医疗科技股份有限公司（以下简称祥生公司）

被告（上诉人）：江某

【基本案情】

江某原系无锡祥生医学影像有限责任公司（后企业名称变更为祥生公司）股东。祥生公司股东莫某理系其法定代表人莫某珏之女，莫某理与江某系甥舅。

1996年1月22日，包含江某在内的祥生公司股东签订《股东出资参与个人股协议》，约定股东自行离职则自动取消股东资格，并不得领取其股份、分红及风险基金等。1997年10月25日，祥生公司股东签订《协议》，约定江某因1997年10月11日自行离开公司，依照股东之间的《股东出资参与个人股协议》的约定，江某同意取消个人股东资格，其股权归其他个人股东所有，并明确不再享有股东的任何权利，也无须承担股东的任何义务，与祥生公司不再有任何法律、经济、业务等关系。同日，祥生公司其他全体个人股东给予江某、吴某丽夫妇18万元的补偿款。江某自1997年离开起，再未就祥生公司股东的权利、义务关系，与祥生公司发生过任何往来。2001年11月祥生公司股东根据上述《协议》，依据公司章程及《股东出资参与个人股协议》的约定，以股东会决议的形式，将登记于江某名下的股份转让给股东莫某珏，并据此办理了工商变更登记手续。

2017年8、9月间，莫某理多次与江某商谈，莫某理要求江某签订《确认函》，确认1997年10月江某因个人原因从祥生公司离职，按照约定江某的股东资格已被取消，江某所持股权归其他个人股东所有等。江某认为其从未与莫某珏发生股权转让，《确认函》所列事项均不是事实，故不同意签字。

2017年11月27日，江某发函给祥生公司及其法定代表人，称其为祥生公司的创始人与现股东之一，并称祥生公司有相关法律事务需要与其接洽等。祥生公司接函后，告知江某早已不是祥生公司股东，与江某之间已无法律事务需要联系，江某向祥生公司发函已构成对祥生公司的利益威胁，如江某认为其在祥生公司仍具有股东资格，则敦促江某尽快向法院提起公司股东资格确认之诉。江某回函继续主张其系祥生公司股东，从未放弃股东权益。经催告后，江某仍强调其系祥生公司股东，但并未提起股东资格确认之诉。祥生公司遂诉至法院要求确认江某不具有祥生公司股东资格。

江某辩称：第一，祥生公司不具备诉讼主体资格。第二，祥生公司的起诉不符合民事诉讼法规定的起诉条件，祥生公司工商登记中未记载其为股东，系在诉请一个表面上已经存在的事实，本案不具有可裁判性。第三，《协议》系祥生公司利用留有其签名的空白纸张伪造的，对其不产生效力，其股权被剥夺，但其依法出资，拥有法律上的股东资格。其从未放弃自己的权利，其是否主张权利、何时主张权利均是自身权利，祥生公司无权通过诉请要求其确认自己是否有权利。请求驳回祥生公司诉讼请求。

【案件焦点】

祥生公司是否有权对江某不具有祥生公司股东资格提起消极确认之诉。

【法院裁判要旨】

江苏省无锡市新吴区人民法院经审理认为：祥生公司提起本案诉讼有明确的被

告及具体的诉讼请求和事实、理由，符合民事诉讼法对起诉条件的规定。《最高人民法院关于适用〈中华人民共和国公司法〉若干问题的规定（三）》第二十一条规定，当事人向人民法院起诉请求确认其股东资格的，应当以公司为被告，与案件争议股权有利害关系的人作为第三人参加诉讼。该规定并未禁止公司作为原告提起消极的确认之诉，故祥生公司作为原告适格，有权提起本案诉讼。

江某发函及回函的行为导致其是否具有祥生公司股东资格这一法律关系处于不明确的状态，影响祥生公司正常的经营、规划，可能使其面临较大损失；通过本案判决能够使不明确的状态得到明确，使得双方之间的纠纷得到直接、有效的解决。祥生公司已与江某进行了多次诉前协商，亦敦促江某立即提起股东资格确认之诉，但均未解决股权法律关系不明确的状态。祥生公司提起本案诉讼，是消除当事人之间法律关系不明确状态的唯一途径。祥生公司提起本案诉讼具有诉的利益。

江某虽辩称《协议》是祥生公司利用留有其签名的空白纸张伪造的，但并未举证证明，结合江某确认 1997 年 10 月 25 日《协议》中签字是其本人所签，以及江某收到 18 万元，《股东出资参与个人股协议》系江某起草，其对于离职取消个人股东资格是明知的等事实，江苏省无锡市新吴区人民法院认为江某签订 1997 年 10 月 25 日《协议》的事实存在具有高度可能性，应当认定该事实存在。

据此，江苏省无锡市新吴区人民法院依照《最高人民法院关于适用〈中华人民共和国公司法〉若干问题的规定（三）》第二十一条，《最高人民法院关于适用〈中华人民共和国民事诉讼法〉的解释》第九十条、第一百零八条，《中华人民共和国民事诉讼法》第六十四条、第一百一十九条、第一百四十二条之规定，判决如下：

确认江某不具有祥生公司股东资格。

江某持原审答辩意见提起上诉。江苏省无锡市中级人民法院经审理认为：祥生公司系与案件有直接利害关系的公司，案件被告、诉讼请求、事实与理由明确，且属于人民法院管辖范围，故祥生公司起诉符合民事诉讼法受理案件的规定。一审法院结合江某确认 1997 年 10 月 25 日《协议》中签字是其本人所签，且《股东出资参与个人股协议》系江某本人起草，其对于离职取消个人股东资格是明知的，并且也实际收到祥生公司支付的 18 万元款项等一系列事实，因而认定江某签订 1997 年 10 月 25 日《协议》的事实客观存在，江某已不具有祥生公司股东资格并无不当。

江苏省无锡市中级人民法院认为一审判决认定事实清楚，适用法律正确，应予维持。依据《中华人民共和国民事诉讼法》第一百七十条第一款第一项之规定，判决如下：

驳回上诉，维持原判。

【法官后语】

本案系消极确认之诉。消极确认之诉是纠纷发生后，法律地位被迫处于不稳定或危险状态中的当事人，在没有其他救济的情况下，为了摆脱不安困境，通过行使诉权请求法院以确认判决对悬置的法律关系进行确认，以维护自身合法权益的诉讼。江某在发函及回函中主张其系祥生公司股东，但并未提起股东资格确认之诉，使得当事人之间原本明晰的法律关系处于不明确、不稳定的状态中，在无其他解决途径情况下，祥生公司提起本案消极确认之诉，依靠判决的公权性使纠纷双方长时间悬而未决的法律关系得以明确，使当事人不安的法律地位尽快稳定下来，并且通过判决所具既判力使江某今后不能提起相反主张，使纠纷得到直接、有效的解决。

是否有权主张消极确认之诉，关键在于认定原告是否具有诉的利益。裁判中可以从以下三个角度考量：第一，原告的法律地位具有现实的不安性，即必须有民事权利或法律关系处于客观上不明确的状态；第二，当事人已进行了充分的诉前协商；第三，提起消极确认之诉是解决纠纷的唯一方式。在裁判中，对于举证责任的分配，应由原告对因妨碍、排除、消灭事由造成法律关系不存在的事实承担证明责任，由被告对法律关系的成立或存在的事实承担证明责任。

民事诉讼法中缺乏对消极确认之诉的专门规定，本案对原告提起的消极确认之诉予以支持，具有肯定消极确认之诉价值的重要意义，亦对裁判中如何认定诉的利益及消极确认之诉中举证责任的分配进行了总结和归纳，具有一定的裁判意义。

编写人：江苏省无锡市新吴区人民法院　雷海亮　娄丛英

2

股东出资瑕疵时公司意思自治范畴认定

——李某水诉中量宝（北京）科技有限公司等股东资格确认案

【案件基本信息】

1. 裁判书字号

北京市第二中级人民法院（2018）京02民终4090号民事判决书

2. 案由：股东资格确认纠纷

3. 当事人

原告（上诉人）：李某水

被告（被上诉人）：中量宝（北京）科技有限公司（以下简称中量宝公司）

第三人（被上诉人）：史某、罗某、曹某、马某昊、杨某

【基本案情】

中量宝公司于2012年11月26日注册成立，注册资本为50万元，共有4名股东。其中曹某和马某昊各出资7.5万元，分别占15%股权；罗某和史某各出资17.5万元，分别占35%股权。2013年1月7日，中量宝公司与史某、罗某、曹某、马某昊及乙方苏某娟、丙方亓某科、丁方李某水共同签订《股权变更协议》，约定：乙、丙双方于本协议签订后七日内，共同出资人民币80万元（捌拾万元整），作为目标公司的货币增资部分，增资后公司的注册资本变更为130万元。丁方以客户资源及渠道资源入股，其对于未来目标公司的销售业绩担负部门业绩增长职责。公司增资后，同意乙方在中量宝公司占有3%的股份；丙方占有3%的股份；丁方占有5%的股份。新的股权结构为：史某31%，罗某31%，曹某13.5%，马某昊13.5%，李某水5%，亓某科3%，苏某娟3%。协议签订后，苏某娟实际缴纳了80万元增资款。此后，中量宝公司办理了工商变更登记，将注册资本变更为130万元，股东变更为史某、罗某、曹某、马某昊、李某水、苏某娟、亓某科7人。2013年7月5

日，中量宝公司召开股东会，全体股东同意苏某娟、亓某科分别将实缴3.9万元货币出资转账给杨某。此后，新公司章程规定：曹某出资17.55万元、李某水出资6.5万元、罗某出资40.3万元、马某昊出资17.55万元、史某出资40.3万元、杨某出资7.8万元，出资方式均为货币出资；股东会会议由股东按照出资比例行使表决权。此后，中量宝公司办理了工商变更登记，将股东变更为曹某、李某水、罗某、马某昊、史某、杨某6人。中量宝公司在经营过程中，认为应对李某水负责的山东分公司进行相应业绩考核，并由法定代表人史某就此事与李某水进行了沟通协商。2014年3月19日，因中量宝公司认为李某水领导的山东分公司未能完成考核指标，中量宝公司办理了工商变更登记，将中量宝公司的股东变更为曹某、罗某、马某昊、史某、杨某5人，即解除了李某水的股东资格。同时向工商行政管理部门提交的还有1份《关于同步办理股权转让手续的申请》（以下简称《申请》）、第三届第二次股东会的2份股东会决议、第四届第一次股东会决议。此后，中量宝公司又进行了多次增资和股权变更。目前，杨某仍为中量宝公司股东，认缴出资7.8万元，持股比例2.885%。

李某水主张，该申请上的签字并非其本人所签，其本人也未参加第三届第二次股东会议。中量宝公司认可签字系史某代为签署，主张史某的上述行为已经取得了李某水的同意，李某水则认为，中量宝公司未经其同意取消了其股东资格，故诉至法院，请求判令：1. 确认原告李某水在被告中量宝公司的股东资格；2. 确认原告李某水持有中量宝公司5%的股权；3. 被告承担全部诉讼费用。

【案件焦点】

1. 李某水是否履行了向中量宝公司出资的义务及是否实际获得了中量宝公司的股东资格；2. 中量宝公司将李某水所持股份转让给股东杨某的行为是否有效。

【法院裁判要旨】

北京市丰台区人民法院经审理认为：就李某水是否履行了向中量宝公司出资的义务及是否实际获得了中量宝公司的股东资格的问题，股东资格的确认应同时考察形式要件和实质要件，并区分公司内部的对内原则和公司外部的对世原则。从形式要件上看，李某水系中量宝公司在工商行政管理部门登记的股东，公司章程中亦确定了李某水的股东资格，李某水具备股东资格的形式要件，对外能够依照公司法的相关规定行使权利、履行义务。从实质要件上看，一方面，2013 年 1 月 7 日签订的股权变更协议系各方当事人真实意思表示，不违反法律法规的强制性规定，应属有效。尽管李某水以客户资源和渠道资源入股的形式不符合公司法规定的出资形式，但这是各方当事人对各自掌握的经营资源、投入成本及预期收入进行综合判断的结果，在中量宝公司的注册资本符合法定要求的前提下，各股东的实际出资数额和持有股权比例属于公司股东意思自治的范畴，有限责任公司的全体股东内部可以约定不按实际出资比例持有股权，该约定不影响公司资本对公司债权担保等对外基本功能实现，股东按照约定持有的股权应当受到法律的保护。另一方面，公司法也确立了股东出资形式的原则，即财产属性和可转让性。而涉案股权变更协议中约定“李某水以客户资源及渠道资源入股，其对于未来目标公司的销售业绩担负部门业绩增长职责”，这种出资并不符合公司法规定的出资形式。因此，李某水的出资具有一定瑕疵。股权的本质是股东和公司之间的法律关系，既包括股东对公司享有的权利，也包括股东对公司的出资义务。股东享有权利的前提是股东承担义务，这亦是民法中权利与义务统一、利益与风险一致原则的具体体现。本案中，李某水的出资具有瑕疵，故其股东权利的行使应当受到一定的限制。

就中量宝公司将李某水所持股份转让给股东杨某的行为是否有效的问题，法院认为：一方面，尽管《申请》、第三届第二次股东会决议上的签字并非李某水本人所为，但从李某水与史某、罗某的 QQ 聊天记录中能够表明李某水知晓中量宝公司所谓的回购股份是将其股份转由股东杨某持有并同意上述转让行为及工商变更。决议内容未违反法律、行政法规的规定，且自决议作出之日起六十日内，李某水亦未请求人民法院撤销，该决议具有法律效力，李某水已经将股份转让与杨某。综上所述，关于李某水要求确认其具有中量宝公司股东资格及具有 5% 股权的诉讼请求，缺乏事实和法律依据，法院不支持。北京市丰台区人民法院依照《中华人民共和国民事诉讼法》第六十四条第一款规定，判决如下：

驳回原告李某水的全部诉讼请求。

一审判决后，李某水提起上诉。北京市第二中级人民法院对一审法院查明的事实予以确认并同意一审法院裁判意见，对一审判决予以维持。

【法官后语】

本案中，李某水的诉讼请求为确认其股东身份，在确认其股东身份的逻辑演绎中，涉及关于股东出资形式、股东权利限制、公司意思自治等相关法律问题的分析。瑕疵出资是否直接导致股东资格丧失，股东资格与完整的股东权利之间是否能够画等号，股东权利限制的范围如何界定？正如任何权利都需要遵循社会规则并被合理约束与制衡，在公司法特殊的价值取向下，法官对以上种种问题作出了巧妙的逻辑判断和分析回应。

一、履行出资义务：股东享有股东身份和权利的前提

出资是股东最基本的义务，公司资本是公司运营和股东权益得以存续的基础。2013年《中华人民共和国公司法》修订后，明显减弱了对公司资本的要求。资本制度的改革，极大地激发了社会资本的投资热情，但公司资本制度逐渐弱化的这一趋势无疑使得股东瑕疵出资的问题面临更加严峻的形势。

《中华人民共和国公司法》第二十七条对股东出资形式作出了规定：股东可以用货币出资，也可以用实物、知识产权、土地使用权等可以用货币估价并可以依法转让的非货币财产作价出资；但是，法律、行政法规规定不得作为出资的财产除外。由此可见，我国公司法中对股东的非货币出资形式作出了较为严格的规定。从《中华人民共和国公司法》第二十七条的规定也可以看出我国对非货币出资规定了两个前提条件即：可以用货币评估及可以依法转让。就本案而言，除却原告李某水之外的其他股东，均采取的货币出资形式。

二、股东瑕疵出资：不影响股东身份认定及股权比例分配

股东出资瑕疵是股东违反出资义务的一些出资行为方式的特殊性总结，作为股东，特别是发起人股东具有严格的出资义务，必须实际完成履行出资义务，不得以任何形式违反此项义务。在实践中，股东出资瑕疵的表现形式有不履行出资义务、不适当履行出资义务和抽逃出资三种形态。

（一）李某水出资瑕疵的行为认定

本案中，李某水主张其已经履行现金出资义务，苏某娟缴纳的80万元增资款中已经包含了其名下的6.5万元货币出资，其已经合法取得了中量宝公司的股东资格。然而，从本案事实认定上看，李某水实际上是以“客户资源及渠道资源入股，其对未来目标公司的销售业绩担负部门业绩增长职责”作为其出资形式。该种出资

形式显然不符合我国公司法中关于股东出资的规定。从性质上看，李某水的出资应认定为非货币财产，我国关于非货币财产要求用货币估价并可以依法转让的非货币财产，且不论李某水在本案中的出资形式是否可以估价及转让，实际上在出资过程中也并未履行相应的非货币财产出资形式。综合对瑕疵出资相关概念的确认，应当认定李某水的出资是存在重大瑕疵的。

（二）出资瑕疵不影响股东身份认定

就李某水是否具备中量宝股东身份而言，虽然实质上李某水出资存在瑕疵，但依然不能否认李某水的股东身份，具体分析如下：

我国公司法中并无对出资与股东资格的取得之间因果关系的明确规定。学界对此主要有“否定说”、“肯定说”和“有限资格说”三种观点。从顺应资本制度变革及维护商事活动秩序的角度而言，笔者同意“有限资格说”，即股东实际享有的股东权利和其具体出资的数目相匹配。① 事实上，“有限资格说”限制的是股东权利，而非股东资格，其实质与“肯定说”无异。本案也正是秉持着该种价值理念，对李某水的股东身份予以了认定。从股东资格的形式要件看，依照《中华人民共和国公司法》第三十二条第二款②规定，李某水系中量宝公司在工商行政管理部门登记的股东，公司章程中亦对李某水的股东资格进行了确认，李某水具备股东资格的形式要件。综上分析，即使李某水出资存在瑕疵，仍不可据此否定其股东资格。

三、平衡权利义务：股东出资瑕疵语境下的权利限制

《中华人民共和国公司法》不否认瑕疵出资股东的法律地位，不等于认同其享有和其他股东同等的权利。就本案而言，虽然股东出资并不影响股东资格的取得，但其享有股东权利的前提是承担股东义务；违反出资义务也就不享有股东的相应权利，这是民法中权利与义务统一、利益与风险一致原则的具体体现。股东行使股权的大小依据持股的比例而有所区别，因此出资瑕疵股东享有的股权大小就要受到限制，否则就违反了股东平等原则的要求。③ 本案中，法院秉持的该种理念对李某水的鉴定申请未予准许。就类型而言，法院予以默认限制的权利范围突破了当前《中

---

① 田溪：《浅析瑕疵出资中的股东资格认定》，载《今日湖北》2014 年第 11 期。

② 《中华人民共和国公司法》第三十二条第二款：记载于股东名册的股东，可以依股东名册主张行使股东权利。

③ 叶琳：《公司法研究》，中国人民大学出版社 2008 年版，第 157 页。

华人民共和国公司法》对股东在新股认购权和利润分配请求权方面的限制，而拓展到表决权。虽然，李某水未在涉及转让其股权的相关《申请》和股东会决议中签字确认，但上述《申请》和股东会会议决议内容并不违背李某水的真实意思表示，综上，股东会实际上也并未对其表决权作出实质上的限制，而仅仅是形式上的限制。

四、反思与检视：公司法控制的公司治理的理性范围

就股东出资而言，本质上属于各个投资人自由协商的范畴，只要公司股东能够形成合意，能够为公司实现资本增值的财产理应为法律允许，成为有效的出资形式。对于不同行业、不同地区的企业而言，何为有用的资源，其评判标准也无法统一。只有公司自身才能对该种资源作出最准确无偏差的判断。商法的制度上固然应兼顾效率和安全，但不同的具体制度应当各有侧重，并相互联系制约，从而在整体上实现效率与安全的并重。

编写人：北京市丰台区人民法院　吕慧敏　赵晓蕾

3

股份合作制企业股东资格的认定

——临海市前进塑料薄膜厂诉陈某敏股东资格确认案

【案件基本信息】

1. 裁判书字号

浙江省台州市中级人民法院（2018）浙10民终2069号民事判决书

2. 案由：股东资格确认纠纷

3. 当事人：

原告（上诉人）：临海市前进塑料薄膜厂

被告（被上诉人）：陈某敏

【基本案情】

原告临海市前进塑料薄膜厂成立于1992年12月4日，原系集体所有制（合作经营）企业，1998年2月24日变更为股份合作制企业。陈某安是临海市前进塑料薄膜厂的法定代表人，与被告陈某敏系父子关系。陈某安、被告陈某敏现为临海市前进塑料薄膜厂工商登记股东，出资占比各为50%。被告陈某敏是杭州市第二人民医院的医生。原告临海市前进塑料薄膜厂认为其为股份合作制企业，企业章程规定本企业的股东必须是本厂的职工，被告陈某敏是医生，不是原告临海市前进塑料薄膜厂的职工，因此不具有原告临海市前进塑料薄膜厂的股东资格。被告陈某敏认为，被告具有股东资格，享有股权，2003年被告取得临海市前进塑料薄膜厂股东资格，股东陈某安与被告陈某敏各出资75万元，上述事实已经经工商行政部门变更登记，被告实际上也参与了该厂的经营管理，履行了股东义务，被告是杭州市第二人民医院医生属实，但法律未对医生在业余时间经商作出禁止性规定，所以，被告在业余时间经商并不违反禁止性规定，其受让股份合法有效，可以担任该厂的股东，具有该厂股东资格。

【案件焦点】

如何认定股份合作制企业中个人股东的资格。

【法院裁判要旨】

浙江省临海市人民法院经审理认为，本案属于股份合作制企业股东资格确认纠纷，股份合作制企业兼具公司制企业或者合伙制企业组织的部分特征，但其既不是公司企业，也不是合伙企业，因此，有关股份合作制企业纠纷的处理，应首先尊重企业内部的规定、决定或者约定等，在企业内部没有约定的情况下，可以参照公司法或者合伙企业法的相关规定。2003年6月20日的临海市前进塑料薄膜厂章程第十条规定，“股东是工厂的出资人，股东享有以下权利：（一）根据出资额享有表决权……”第十一条规定，“股东负有下列义务：（一）缴纳所认缴的出资；（二）依其所认缴的出资额承担工厂债务；（三）工厂办理工商登记后，不得抽回出资；（四）遵守工厂章程规定；（五）维护本工厂利益，不得从事危害工厂利益的活动”。被告陈某敏系原告临海市前进塑料薄膜厂的出资人，目前其在工商部门登记的出资额为75万元，占比为50%。另经查明，在（2017）浙1002行初114号案件审理过程中，陈某敏作为临海市前进塑料薄膜厂的特别授权委托诉讼代理人参加诉讼，授权委托书中载明陈某敏系临海市前进塑料薄膜厂员工。现原告主张被告不具有原告的股东资格，并未提供有效证据予以证明，故对其诉讼请求不予支持。据此判决：驳回原告临海市前进塑料薄膜厂的诉讼请求。

一审判决后，原告不服，提起上诉。浙江省台州市中级人民法院经审理认为：上诉人在（2017）浙1002行初114号案件审理过程中，特别授权委托陈某敏作为临海市前进塑料薄膜厂的诉讼代理人参加诉讼，并明确载明陈某敏系临海市前进塑料薄膜厂职工，而在本案中又主张被上诉人不是企业职工系违背诚实信用原则，且上诉人提供的多份企业章程和验资报告中，均载明被上诉人已经履行了出资义务，另在上诉人股东会决议书中，均有陈某安和陈某敏参会的签名，甚至最近两年的企业员工李某红的工资也是通过被上诉人的妻子账号支付的。被上诉人称虽然目前就职于杭州市第二人民医院，但其以业余时间参与企业经营管理也并不违反相关法律规定。综上，上诉人以被上诉人不是企业职工为由要求确认被上诉人不具有股东资格没有事实和法律依据，予以驳回。

浙江省台州市中级人民法院判决：驳回上诉，维持原判。

【法官后语】

我国的股份合作制企业起源于二十世纪八十年代初、中期的农村，经过多年发展，在农村和乡镇企业中呈现出旺盛的生命力。1997年8月，当时的国家体改委制定了《关于发展城市股份合作制企业的指导意见》（以下简称《指导意见》），明确提出股份合作制企业即非股份制企业，也非合伙制企业，它是采取股份制做法的合作经济，由合作社基础上发展起来的人合与资合相结合的一种新型企业形式。股份合作制企业曾经作为我国大量的集体企业和小型国企改制的重要制度工具和重要目标，在我国发展市场经济的过程中起到重要作用。我国各级政府和部门曾对股份合作制一致采取了支持引导、促进发展的措施，现阶段我国仍然有大量股份合作制企业存在。但是，我国却没有一部关于股份合作制企业的专门立法，即使各个部门或者地区分别制定了规范性文件，但文件的效力层次都不高。而大量存在着的股份合作制企业在存续中出现的纠纷必须得到解决，法律适用问题就显得非常重要，因为它关系到企业存续发展和广大职工的切身利益。

体改委的《指导意见》第五条规定："在自愿的基础上，鼓励企业职工人人投资入股，也允许少数职工暂时不入股。未投资入股的职工可以在企业增资扩股时投资入股。职工之间的持股数可以有差距，但不宜过分悬殊。不吸收本企业以外的个人入股。职工离开企业时其股份不能带走，必须在企业内部转让，其他职工有优先受让权。”据此，可以发现职工股有如下特点，其一，职工身份是取得职工股份的前提。职工股份是职工依据其职工身份出资而持有的。第二，如果职工丧失其职工身份，其拥有的职工股必须留在企业中，丧失职工身份就会丧失职工股份。可见，股份合作制企业的股东与其职工的身份直接相关，一旦丧失职工身份，股东身份已无存在的基础。劳动合作为股份合作的前提，没有劳动关系就不应持有企业的股权。

职工身份是股东身份的前提，职工身份是基础地位，那么，职工身份的确定就非常重要。长期以来，我国的企业中长期存在正式职工和非正式职工的区分，两类职工在权利上有着很大的差异，甚至在股份合作制企业组建的时候，也只有正式职工才有资格出资成为职工股的股东。但是，就现行法而言，对于正式职工和非正式职工的划分都已经不再采用，取而代之的是劳动法所调整的与企业形成劳动关系的劳动者，所有的劳动者都享有同等的权利。因此，职工就是与企业之间形成了劳动关系的劳动者。股份合作制企业的职工身份的确定也应该按照劳动法关系进行调整，只要与企业之间具有了劳动法律关系，就是其职工，也就取得了职工股份的前提。如果职工因为某种原因与企业解除了劳动关系，则当然失去了职工股的持有前提，不再成为企业的持股职工。

本案中，陈某敏已经履行了出资义务，股东会决议书中亦有陈某安和陈某敏参会的签名，近两年的企业员工李某红的工资也是通过陈某敏的妻子账号支付的。2017 年另一案件审理过程中，陈某敏作为临海市前进塑料薄膜厂的特别授权委托诉讼代理人参加诉讼，授权委托书中载明陈某敏系临海市前进塑料薄膜厂员工。陈某敏虽是杭州市第二人民医院的医生，但其以业余时间参与企业经营管理并不违反法律禁止性规定。现临海市前进塑料薄膜厂以陈某敏不是企业职工为由要求确认陈某敏不具有股东资格没有事实和法律依据，应予以驳回。

编写人：浙江省临海市人民法院　李珍

4

股权让与担保效力的认定

——江苏华汇投资集团有限公司诉无锡汇鑫置业有限公司股东资格确认案

【案件基本信息】

1. 裁判书字号

江苏省无锡市中级人民法院（2018）苏02民终954号民事判决书

2. 案由：股东资格确认纠纷

3. 当事人

原告（上诉人）：江苏华汇投资集团有限公司（以下简称华汇公司）

被告（被上诉人）：无锡汇鑫置业有限公司（以下简称汇鑫公司）

第三人（被上诉人）：中国金谷国际信托有限责任公司（以下简称金谷公司）

【基本案情】

华汇公司系汇鑫公司股东，出资金额3476万元。2011年12月5日，金谷公司与汇鑫公司签订《债务确认协议》，约定汇鑫公司负有向金谷公司支付信托项下特定资产收益、违约金等款项的义务，债务总额为37700万元。为此，华汇公司与金谷公司签订《股权转让协议》，约定：本次股权转让的标的为华汇公司持有的汇鑫公司12.5%的股权；本次股权转让的价款为0万元；金谷公司系为担保之目的受让转让标的，在汇鑫公司履行完毕《债务确认协议》项下的全部债务后，金谷公司应及时将转让标的，无偿转让给华汇公司；汇鑫公司发生《债务确认协议》项下的违约情形时，金谷公司有权处分转让标的，并以处分所得款项为限代汇鑫公司履行《债务确认协议》项下的债务后相关款项仍有剩余的，剩余款项中按照标准计算的金额归属于华汇公司。2011年12月23日，华汇公司与金谷公司办理了汇鑫公司股东变更登记，汇鑫公司股东由华汇公司变更登记为金谷公司。因汇鑫公司发生违约，金谷公司于2017年4月委托拍卖机构将其持有的对汇鑫公司债权及相应附属权利（包括以让与担保方式持有的汇鑫公司股权）进行拍卖，后已成交。因华汇公司认为系出于担保之目的而非真正的股权转让，相关让与担保约定无效，遂诉至法院，要求确认股东资格并办理相应工商变更登记。汇鑫公司则认为，股权转让成立并已完成工商变更登记，对股权转让有争议不应涉及目标公司。第三人金谷公司述称，华汇公司持有的股权自担保设立之日起归金谷公司，约定依法有效，且由于未清偿债务，故不享有赎回权，不能确认为股东。

【案件焦点】

股权让与担保约定是否有效。

【法院裁判要旨】

江苏省无锡市滨湖区人民法院经审理认为：华汇公司、金谷公司签订的《股权转让协议》系双方当事人的真实意思表示，没有违反我国法律、行政法规的禁止性规定，应为有效。虽然我国现行担保法和物权法未涉及该协议指向的担保方式，但也未明令禁止。并且，华汇公司、汇鑫公司和金谷公司事实上均已按照此协议完成了股权变更登记，金谷公司持股汇鑫公司。嗣后，由于汇鑫公司未履行债务，金谷公司根据约定有权不予返还股权并通过对股权的处分来代汇鑫公司履行《债务确认协议》项下的债务。在华汇公司提起本案诉讼之前，无论在汇鑫公司工商登记的形式要件上还是金谷公司持有的对汇鑫公司债权及相应附属权利的实体处理上，均已与华汇公司无涉。华汇公司主张确认其为汇鑫公司股东并要求汇鑫公司、金谷公司协助办理工商变更登记将金谷公司名下股权份额变更登记至其名下无法成立。

江苏省无锡市滨湖区人民法院依照《中华人民共和国合同法》第八条之规定，作出如下判决：

驳回原告华汇公司的诉讼请求。

华汇公司持原审起诉意见提起上诉。江苏省无锡市中级人民法院经审理认为：我国现行法律并未禁止当事人用转移标的物所有权的方法担保债务的履行。债务人与债权人以股权转让方式为债权实现担保的，属于市场经济发展中的特殊担保类型，其能够弥补典型担保和其他非典型担保方式之缺陷，为股权质押方式之有益补充。债权人与债务人签订的明为股权转让实为股权让与担保的合同，系双方当事人真实意思表示，未违反法律及行政法规的强制性规定。该合同并未约定如汇鑫公司违约，则案涉股权归金谷公司所有，而是约定金谷公司可以处分股权，并以处分所得款项清偿债务，仍有剩余的，剩余款项归属于华汇公司。实质上是施予债权人金谷公司负有清算义务，该约定不是流质或流押条款，合法有效。

江苏省无锡市中级人民法院依照《中华人民共和国民事诉讼法》第一百七十条第一款第一项之规定，作出如下判决：

驳回上诉，维持原判。

【法官后语】

让与担保是指债务人或第三人为担保债务人之债务，将担保标的物的权利移转于担保权人，待债务清偿后，标的物返还于债务人或第三人，债务不履行时，担保权人就该标的物受偿之非典型担保。其中债务人或者第三人与债权人签订的以股权转让方式为债务提供担保的合同，属于让与担保中较为常见的形式。此类行为的核心在于所有权的占有改定，而占有改定作为我国法律所认可的所有权转移方式，并不违反物权法定原则。因此，在此类合同的整体效力认定方面，人民法院应充分尊重当事人意思自治，只要不存在《中华人民共和国合同法》第五十二条规定之情形，就不轻易否定让与担保合同的效力。

在让与担保权的具体实现上，存在流质型和清算型两种形式。流质型是指当债务人不能履行到期债务时，约定股权归债权人所有，由于明显侵犯了债务人或者让与担保人的合法权益，违反了法律关于禁止流质的规定，故应认定无效。需要说明的是，并不能以流质型条款无效为由，全盘否定让与担保合同的整体效力。即使让与担保合同中存在流质型条款，合同其余部分并不受流质条款无效的影响。清算型则可进一步细分为处分型、归属型两种形式，两者均需要在清算后将差额向让与担保人返还，本案即为典型的处分型清算。在设有清算型条款的情况下，能够充分保障各方合法利益，该约定合法有效。可见，对担保权人设有清算义务是确保股权让与担保约定能够有效实现的核心条款。

股权让与担保属于市场经济发展中的特殊担保类型，虽然法无明文规定，但由于其能够克服其他各类典型或非典型担保方式公示的经济成本与难题，现逐步取代股权质押等，成为信托等金融行业普遍采纳的履约保障方式。对股权让与担保，我们应分别从合同整体条款、让与担保实现条款两个维度，递进式区别分析法律效力，并以个案裁判为股权让与担保这一商事行为确立明确的规则指引。

编写人：江苏省无锡市滨湖区人民法院　张磊

5

企业改制后原职工是否当然具有股东资格

——傅某才诉四川泸州腾飞运业有限公司股东资格确认案

【案件基本信息】

1. 裁判书字号

四川省泸州市中级人民法院（2018）川终字279号民事判决书

2. 案由：股东资格确认纠纷

3. 当事人

原告（上诉人）：傅某才

被告（被上诉人）：四川泸州腾飞运业有限公司

【基本案情】

傅某才系1978年11月因安置调入原叙永县汽车队，被告系1991年11月9日，经叙永县计划经济委员会叙计经发（1991）116号文件批准，叙永县汽车队更名为“叙永县地方国营汽车运输公司”，1997年12月28日，叙永县人民政府叙府函（1997）34号关于对《叙永县地方国营汽车运输公司改制方案》的批复同意将叙永县地方国营汽车运输公司改制为股份有限公司并进行了工商注册登记。2015年3月18日，叙永县腾飞汽车运输有限公司与四川泸州现代运业集团有限公司合并，成立了四川泸州腾飞运业有限公司。1998年4月17日，叙永县腾飞汽车运输有限公司召开了第一次股东会，改制时有58名职工按照公司章程认购了现金股，成为新组建的股东，傅某才未按改制方案认购现金股，在2003年4月28日与原叙永县腾飞汽车运输有限公司解除劳动合同关系并领取了一次性补偿费24800元（改制时政府匹配的资产按每年工龄960元计算）。在叙永县腾飞汽车运输有限责任公司、四川泸州腾飞运业有限公司股东名册及工商登记上载明的股东中均无傅某才的记载。

【案件焦点】

1. 案件是否超过诉讼时效；2. 傅某才是否是四川泸州腾飞运业有限公司的股东。

【法院裁判要旨】

四川省泸州市叙永县人民法院经审理认为：按照我国民事诉讼时效制度，诉讼时效抗辩权仅适用于债权请求权，确认股东身份属于形成权，不属于债权之诉。因此，被告的诉讼时效抗辩理由不能成立。傅某才在公司依照相关政策进行改制时，依照改制方案选择了领取补偿费与公司解除劳动关系，没有按照《叙永县腾飞汽车运输有限责任公司章程》《四川泸州腾飞运业有限公司章程》出资，公司股东名册及工商登记中均无傅某才作为股东的相关记录。

四川省泸州市叙永县人民法院依照《最高人民法院关于适用〈中华人民共和国公司法〉若干问题的规定（三）》第二十三第一项、第二项，《最高人民法院关于民事诉讼证据的若干规定》第二条之规定，作出如下判决：

驳回原告傅某才请求确认其为被告四川泸州腾飞运业有限公司股东的诉讼请求。

傅某才不服一审判决，提起上诉。四川省泸州市中级人民法院同意一审人民法院意见，依照《中华人民共和国民事诉讼法》第一百七十条第一款第一项之规定，作出如下判决：

驳回上诉，维持原判。

【法官后语】

本案系二十世纪九十年代我国在社会转型期，由计划经济转向市场经济进程中，企业由国营经济改制后变更为股份制有限公司，原职工与改制后的公司之间的隶属关系纠纷，企业由原来的集体经济转变为股份制有限责任公司，是由《中华人民共和国公司法》调整，按照《中华人民共和国公司法》规定的程序进行登记、设立和运营。在改制过程中根据当地政府颁布的改制方案、企业改制产权界定、净资产产权分配等方案对原企业的净资产进行资产配置，并对职工进行了安置。改制后，职工除匹配的量化股外，还必须认购相应的现金股，才能成为改制后的公司股东。根据叙永县人民政府叙府函（1997）34 号关于对《叙永县地方国营汽车运输公司改制方案》的批复，1998 年政府匹配给职工的资产按职工在企业的工龄计算，所有职工与企业解除劳动关系，重新组建公司。组建新公司时，职工愿意在新公司入股的以现金入股，愿意在新公司上班的重新与新公司签订劳动合同。

原告在改制过程中，选择了与公司解除劳动合同关系并领取了补偿金，并没有认购现金股。原告当然地认为其作为原集体企业的员工，当然享有集体企业的权益，依法享有集体企业的股份和分红权。公司依据当地政府的改制方案对企业资产进行了配置，对职工进行了安置，国营经济的企业由集体变为了股份制责任有限公司，由《中华人民共和国公司法》调整，依照法定的程序，重新依法设立、登记、变更，股东身份与股权配置均按照《中华人民共和国公司法》的相关规定执行，原职工身份不是其股东身份的当然象征。在改制过程中，涉及人数众多的相关职工的身份调整。计划经济时代已由现代社会的市场经济所替代，企业的生存、市场运营和公司的管理息息相关，股东作为公司的投资者，也存在一定的利益风险。在公司运营盈利的情形下，未认购现金股的原职工并不能依据其原职工身份当然享有股东身份，在改制过程中，已和公司解除劳动合同关系的，早已不具备公司员工身份，未进行企业股份认购的也当然不具备股东身份。企业改制虽然早在 20 年前已结束，但各地仍存在或多或少的因改制引发的种类纠纷。目前，国家正积极鼓励发展大中、小型企业，为保护一方经济发展，叙永县人民法院依法裁判，维护企业合法权益，原告等人曾多次通过上访途径反映其诉求，本案通过一审、二审从根本上解决了因改制遗留的共性问题。

编写人：四川省泸州市叙永县人民法院　范平　刘燕

6

隐名出资人显名的认定标准

——李某庆等诉福建永安药草山农牧有限责任公司股东资格确认案

【案件基本信息】

1. 裁判书字号

福建省永安市人民法院（2018）闽0481民初1578号民事判决书

2. 案由：股东资格确认纠纷

3. 当事人

原告：李某庆、李某辉、梁某呈

被告：福建永安药草山农牧有限责任公司（以下简称药草山公司）

第三人：姜某源、黄某政、黄某华

【基本案情】

2003年，姜某源与李某葵发起设立永安市药草山农牧有限责任公司。2009年，公司股东变更登记为姜某源、黄某政、黄某华，其中，姜某源持股40%，黄某华持股15%，黄某政持股45%。在公司经营的过程中得知，2008年，姜某源就与李某辉、李某庆、梁某呈签订了《隐名股东投资协议》，其三人作为公司的实际投资人（隐名股东），所持的公司股份分别为8%、8%、4%，均登记在姜某源名下。药草山公司在2008年签订《项目合作协议书》及《山羊奶加工项目意向书》时，除工商登记在册的股东姜某源、黄某政、黄某华及药草山公司有签名、盖章外，三名隐名股东李某庆、李某辉、梁某呈均有在上述协议书、意向书中签名。2009年5月4日，药草山公司召开临时股东会时，隐名股东李某辉、李某庆、梁某呈的身份已在临时股东会中披露。后该三名隐名股东李某辉、李某庆、梁某呈提出显名，只有股东姜某源同意，而药草山公司及持股共计60%份额的黄某华与黄某政均不同意，引发争议。

【案件焦点】

公司过半数的股东在诉讼阶段不同意隐名出资人显名，隐名出资人可否变更为公司股东。

【法院裁判要旨】

福建省永安市人民法院经审理认为：李某庆、李某辉、梁某呈系药草山公司实际出资人（隐名股东），其分别持有的公司8%、8%、4%股份均登记在姜某源名下之事实，有姜某源、李某庆、李某辉、梁某呈签署的《隐名股东投资协议》为凭，应予确认。《最高人民法院关于适用〈中华人民共和国公司法〉若干问题的规定（三）》第二十五条第三款规定了“实际出资人未经公司其他股东半数以上同意，请求公司变更股东、签发出资证明书、记载于股东名册、记载于公司章程并办理公司登记机关登记的，人民法院不予支持”。从条文释义上可知，实际出资人（隐名股东）要显名，须经过公司股东半数以上同意。所谓同意，即半数以上股东作出承认或同意实际出资人（隐名股东）身份的意思表示，以保障有限责任公司的人合性、维护公司内部的稳定。法院认为该法律条文中的同意应包括事前同意及事后同意。本案中，虽药草山公司的企业工商登记中仅登记了股东为黄某政、姜某源、黄某华，并没有李某庆、李某辉、梁某呈股东身份的记载，且诉讼过程中，持有45%股权的黄某政、持有15%股权的黄某华均表示不同意确认姜某源名下所持有的40%股份中的8%归李某庆所有、8%归李某辉所有、4%归梁某呈所有，但从药草山公司的《项目合作协议书》、《山羊奶加工项目意向书》及2009年5月4日药草山公司召开临时股东会议内容可知，药草山公司及股东黄某华、黄某政在诉讼前对李某庆、李某辉、梁某呈的实际出资人身份自始至终都是明知且认可的，且李某庆、李某辉、梁某呈亦实际参加了公司的经营管理。虽然黄某政、黄某华、药草山公司现在反对确认李某辉、李某庆、梁某呈持有的公司股权份额，但根据“禁止反言原则”，即一方当事人因另一方当事人之陈述产生依赖，则另一方当事人不得否定其先前的陈述原则，李某辉、李某庆、梁某呈对于药草山公司、黄某政、黄某华认可其股东身份已经产生依赖，药草山公司、黄某政、黄某华不得在诉讼中作出与之前同意的意思相反的意思表示。而且，从2008年起，李某辉、李某庆、梁某呈的实际出资人身份已披露，故本案中确认李某辉、李某庆、梁某呈所持有的公司股权份额并不会破坏公司的人合性。故对李某辉、李某庆、梁某呈诉请确认药草山公司股东姜某源名下的20%股权中的8%归李某辉所有、8%归李某庆所有、4%归梁某呈所有的诉请，予以支持。福建省永安市人民法院依照《最高人民法院关于适用〈中华人民共和国公司法〉若干问题的规定（三）》第二十四条规定，作出如下判决：

确认姜某源名下的药草山公司20%股权份额归李某庆、李某辉、梁某呈所有，其中李某庆占8%、李某辉占8%、梁某呈占4%。

【法官后语】

本案是隐名投资人诉请显名的案例。隐名股东是与显名股东相对应的概念，指的是借用他人名义设立公司或以他人名义出资，在公司章程、股东名册与工商登记中将他人登记为公司股东，但其对公司实际履行了出资义务的实际出资人。隐名股东依隐名出资人与显名人之间的合同关系而产生，其与名义股东达成的协议，实则是一种以隐名与显名并存且合二为一的出资形式参与公司的一种投资方式，隐名股东追求的目的实质是股东身份。

一、隐名出资现象类型

1. 对内隐名出资与对外隐名出资。对内隐名出资，即公司与其他股东并不知道隐名出资关系的存在，出资事实仅实际出资人与名义股东两方之间知道。此时所谓的隐名持股，实际仅仅发生于隐名者与显名者之间，是隐名者与显名者就公司股份持有达成的交易而已。对外隐名出资，则意味着公司及公司其他股东实际知道隐名出资的事实，并且隐名出资人也参与公司的经营管理，但因为对外没有进行工商登记或以其他方式进行公示，因此，公司及其他股东以外之人并不知道隐名出资人的存在。

2. 公司认可的隐名出资与不认可的隐名出资。公司认可的隐名出资是指，公司实际不仅知道而且还对实际出资人予以认可，认可的方式可以是多样的，如接受隐名出资人参与公司管理，允许隐名出资人出席股东会议并行使隐名投资所对应之表决权利，给隐名投资人分红，等等，实际等同于承认隐名出资人的股东地位。而对外隐名对内非隐名出资，并不等于公司或者其他股东认可隐名出资人，对内非隐名也存在公司或其他股东不认可的情形。公司不认可的隐名出资是指，公司与其他股东不知道隐名出资的事实或者即使知道隐名出资的存在，但公司与其他股东一直拒绝承认隐名投资人以股东的身份参与公司经营管理，一直排斥隐名出资主张行使股东权利。

二、隐名出资人诉请成为公司股东的条件

按照《最高人民法院关于适用〈中华人民共和国公司法〉若干问题的规定(三)》第二十五条第三款有关“实际出资人未经公司其他股东半数以上同意，请求公司变更股东、签发出资证明书、记载于股东名册、记载于公司章程并办理公司登记机关登记的，人民法院不予支持”的规定，实际出资人诉请成为公司股东必须有公司其他股东过半数以上同意接纳其为股东。所谓同意，即半数以上股东作出承认或同意实际出资人（隐名股东）身份的意思表示，以保障有限责任公司的人合性、维护公司内部的稳定。笔者以为，该法律条文中的同意，可以是事先认可也可以是事后接纳，关键以不破坏有限责任公司的“人合性”为原则。事先认可的情形，存在于对内隐名及公司认可的隐名出资类型中，即在公司的经营管理过程中，公司与其他股东便知晓隐名出资关系的存在，并同意隐名出资人参与公司经营管理或允许隐名出资人出席股东会议并行使隐名投资所对应之表决权利或给隐名投资人分红，等等。事后接纳的情形，存在于对外隐名类型中，即公司与其他股东一开始并不知晓隐名出资关系的存在，当隐名出资人提出要显名时，其他股东过半数以上同意。

具体到对上述案例的分析，本案属于对外隐名对内不隐名及公司事先认可的隐名出资类型。案例中的三名隐名出资人实际上已参与了药草山公司的经营管理，且药草山公司及股东黄某华、黄某政在事先对李某庆、李某辉、梁某呈的实际出资人身份自始至终都是明知且认可的。虽然黄某政、黄某华、药草山公司在事后提出反对确认李某辉、李某庆、梁某呈持有的公司股权份额，但根据“禁止反言原则”，即一方当事人因另一方当事人之陈述产生依赖，则另一方当事人不得否定其先前的陈述原则，李某辉、李某庆、梁某呈对于药草山公司、黄某政、黄某华认可其股东身份已经产生依赖，药草山公司、黄某政、黄某华不得在诉讼中作出与之前同意的意思相反的意思表示。而且，李某辉、李某庆、梁某呈的实际出资人身份早在2008年参与公司经营管理时已披露，故本案中确认李某辉、李某庆、梁某呈所持有的公司股权份额并不会破坏公司的人合性。

编写人：福建省永安市人民法院　李琴琴

7

有限责任公司行使股东除名权之法律构成要件

——北京今润建材经销有限责任公司诉李某股东资格确认案

【案件基本信息】

1. 裁判书字号

北京市第三中级人民法院（2018）京03民终12505号民事裁判书

2. 案由：股东资格确认纠纷

3. 当事人

原告（上诉人）：北京今润建材经销有限责任公司（以下简称今润公司）

被告（被上诉人）：李某

第三人：林某一、林某二

【基本案情】

今润公司成立于1995年，公司类型为有限责任公司。公司成立时，注册资本30万元，股东刘某、李某、林某一，工商设立登记申请书显示上述三股东的出资额均为10万元，公司章程规定出资方式均为货币出资。北京市东方审计事务所出具了《开业登记验资报告书》，在“缴纳出资额验证”栏记载各股东应缴金额各10万元，确认金额为10万元。工商设立登记档案中有《交存入资资金报告单（第二联）》，分别记载上述三位股东各交存10万元到中国人民建设银行北京海淀支行，开立账户，用于注册今润公司。

1999年，今润公司进行了公司变更登记，公司注册资本变更为500万元，原股东刘某变更为林某二。林某一为公司法定代表人。今润公司提交的《申请登记验资报告书》记载原实收资本（个人资本金）30万元，附件1为北京中则会计师事务所的《验资事项说明》，“注册资本变更情况”项记载今润公司原注册资本30万元，新增470万元，其中李某以实物资产出资165万元、货币出资10万元……

“实际验证情况”项记载变更后的注册资本500万元已全部到位，符合今润公司新的公司章程要求。此外，清华资产评估事务所出具《资产评估报告》，评估结果为，所评估的实物价值为471万元，其中李某为165万元。该评估报告附件有资产购入发票、资产评估明细等。1999年4月1日，李某与今润公司签订了《财产权转移协议》，李某将其在公司登记注册时认缴出资的实物资产165万元转移到今润公司的财产内，李某不再对实物资产享有所有权，仅以其出资额为限，享有股东权利，承担股东义务。

2017年8月22日，今润公司召开临时股东会，会议形成决议：一、会议通过了公司管理层提交《出资情况报告》和《经营情况报告》；二、会议通过了股东补缴出资的决定：……2. 股东李某亮应补缴出资175万元……4. 以上股东补缴出资应在2017年10月9日前完成；5. 如果股东未按规定期限缴纳上述出资，公司将依法解除该股东的股东资格。出席股东林某一签字，林某二代表林某三签字；李某代表朱某于会前与林某一发生争议离开会场未参会。决议附件1《出资情况报告》主要内容为：首先，公司设立之时以公司名义向北京华越装饰工程公司（以下简称华越公司）借款30万元，以林某一、李某、刘某的名义分别存入验资账户，取得开业登记验资报告后，公司将30万元还给了华越公司。结论是公司实际没有收到林某一、李某、刘某的货币出资。其次，公司增资后，各股东应缴纳实物出资，但公司没有收到各股东的实物出资，虚构了《资产评估报告》，通过代理公司向工商局取得公司变更注册资本500万元，结论是公司没有实际收到李某等人实物出资。

2017年8月24日，今润公司制作《关于补缴股东出资的通知》，内容为根据今润公司上述股东会决议，李某应于2017年10月9日前补缴出资175万元。今润公司向李某、朱某分别邮寄出上述通知，但李某未收到；朱某表示未收到通知，且李某未授权朱某收件。

2017年10月12日，今润公司形成2017年第二次临时股东会议决议：一、通过了公司提交《补缴出资情况报告》……确认李某实缴出资为零；二、由于李某没有按照2017年8月22日公司临时股东会会议决议规定履行出资义务，依法从即日起解除李某公司股东资格。其他股东签字并加盖公司公章，经办人公司总经理吕某签字。

【案件焦点】

1. 李某是否存在未履行出资义务或者抽逃全部出资的情形；2. 今润公司是否履行催告股东缴纳或者返还出资的义务，并给予股东李某合理的缴纳或者返还出资的合理期间；3. 今润公司是否形成了解除李某股东资格的有效股东会决议。

【法院裁判要旨】

北京市朝阳区人民法院依照《最高人民法院关于适用〈中华人民共和国民事诉讼法〉的解释》第九十条之规定，判决：驳回今润公司的诉讼请求。

北京市第三中级人民法院经审理认为：

关于争议焦点一，《最高人民法院关于民事诉讼证据的若干规定》第七十三条第一款规定，双方当事人对同一事实分别举出相反的证据，但都没有足够的依据否定对方证据的，人民法院应当结合案件情况，判断一方提供证据的证明力是否明显大于另一方提供证据的证明力，并对证明力较大的证据予以确认。本案中，首先，依据李某提交的今润公司的工商档案材料，在今润公司1995年注册成立时，李某缴纳了10万元出资款，今润公司提交的交存入资资金报告单亦可以证明当时李某通过现金缴纳出资的事实。今润公司虽上诉主张该笔出资实际是由公司从华越公司借款30万元用于验资，故李某并没有履行出资义务；但其现有证据不足以证明其前述上诉主张。其次，关于今润公司上诉主张李某在1999年公司增资时存在虚假出资一节，依据李某提交的今润公司工商档案显示，李某系以实物资产出资165万元，并提供了资产转移协议及《验资事项说明》等确认其实物出资的事实。今润公司虽辩称实物出资的销售发票均系当时的公司会计一人出具，但该辩解意见并不构成否认李某出资的有效抗辩。此外，今润公司提交的由公司总经理吕某签字或加盖公司公章的相关情况报告系今润公司单方制作，上述证据材料并不足以否认公司工商登记档案的证明效力。综上所述，在今润公司未提交其他有效证据的情况下，其现有证据尚不足以证明李某在1995年公司成立时以及1999年公司增资过程中没有履行出资义务的事实，故对今润公司的该项上诉意见不予支持。

关于争议焦点二，依照《最高人民法院关于适用〈中华人民共和国公司法〉若干问题的规定（三）》（以下简称《公司法司法解释（三）》）第十七条第一款规定，即便股东存在未缴纳出资或者未足额缴纳出资的情况，公司应当穷尽一切合理方式通知股东履行出资义务，并给予其缴纳或者返还出资的合理期间。本案中，鉴于今润公司现有证据无法证明其已经向李某有效送达了补缴出资的通知，故认定今润公司未尽到积极、合理的通知义务并无不当。

关于争议焦点三，公司解除未履行出资义务或者抽逃全部出资股东的股东资格，应当依法召开股东会，作出股东会决议。现行《中华人民共和国公司法》对有限责任公司股东会或临时股东会的召集程序、表决程序等均有明确规定。本案中，今润公司虽然在 2017 年 10 月 12 日通过第二次临时股东会决议解除李某股东资格，但本案审理期间，李某明确其未收到关于临时股东会召开的通知，今润公司亦未能提交有效证据证明其履行了合法通知程序。在此情况下难以认定今润公司就解除李某股东资格形成了有效的股东会决议。今润公司关于其解除李某股东资格程序合法的上诉主张不能成立应不予采信。

综上，本案中今润公司以李某未履行出资义务为由解除其股东资格的法定条件均未成就，故其要求确认解除李某股东资格的上诉请求亦缺乏事实和法律依据，应不予支持。北京市第三中级人民法院依照《中华人民共和国民事诉讼法》第一百七十条第一款第一项之规定，判决如下：

驳回上诉，维持原判。

【法官后语】

根据《公司法司法解释三》第十七条，有限责任公司股东除名构成要件包括实体要件和程序要件。司法审查中亦主要审查有限公司行使股东除名权是否符合下列构成要件，从而判定股东除名决议的有效性和合法性。

（一）实体要件

1. 除名事由仅限于股东未履行出资义务或者抽逃全部出资。

股东除名相较于其他股东责任更具严厉性和终局性，[①] 产生的后果十分严重，对于股东具有非常巨大的影响。如果不加以严格限制，可能成为个别股东滥用股东权利谋取私利的工具，也可能成为股东逃脱股东责任侵害债权人利益的手段。因此，《公司法司法解释三》对于股东除名的情形仅限于股东重大违约或根本违约情形。根据合同法理论，根本违约是指一方当事人未履行主要合同义务，致使另一方

---

① 宋晓明、张勇健、杜军：《〈关于适用公司法若干问题的规定（三）〉的理解与适用》，载《人民司法》2011 年第 5 期。

当事人的订约目的不能实现的违约。在股东与公司之间的契约中，股东对公司唯一的义务可以说就是出资。[①]因此股东重大违约或根本违约行为就是未履行出资或抽逃全部出资。[②]

2. 主体要件仅限于有限责任公司股东。

股东除名权在于保护公司免受股东个人的不利影响，说明股东个人因素与公司正常经营紧密相关，这体现了人合性特征。在人合性公司中，股东之间的关系建立在相互信任的基础之上，所以股东的进入和退出机制规定较为严苛。而股份有限公司资合性较为突出，股东与公司呈现高度分离，公司具有高度公开性和开放性特征，股份的自由转让是股份有限公司的基本原则。[③]换言之，股东除名权制度对于股份有限公司来说并无必要，亦不具有可操作性。对于人合性较为显著的有限责任公司而言，需要股东除名权来保护股东之间的合理信赖和互相良好的平衡关系。当股东之间出现信任危机或合作危机，有限责任公司赖以生存的人合性基础被破坏，必将导致公司的利益整体受损。

（二）程序要件

1. 催告前置程序，通知股东自我补救。

公司在对股东除名前应该给股东补正的机会，如果股东能够补正，能够最大限度地弥补损失，降低社会成本，符合商事交易效率性原则，亦限制了股东除名权的滥用。根据合同法理论，承担违约责任的方式包括继续履行、采取补救措施、修理、重作或更换等。债权人最为期待的就是债务人能够履行债务。《公司法司法解释三》对于未出资或抽逃出资股东的催告规则参照了《中华人民共和国合同法》第九十四条债务人迟延履行，债权人行使法定解除权的催告规则。债权人催告是指债权人向债务人请求履行债务的通知。催告既可以采用口头方式，也可以采用书面

---

① 李建伟：《公司法学》，中国人民大学出版社2011年版，第227页。

② 关于公司章程是否可以规定股东除名的事由，有学者认为公司章程规定的除名事由须具有“正当性”与“重大性”，即此事由必须危害到或者可能危害到公司和其他股东的共同利益。这种说法具有一定的合理性，但是目前我国公司法司法解释三并没有放开口子，仅采取列举式立法模式，因此司法实践中公司章程约定的其他股东除名事由应属无效。

③ 刘德学：《股东除名权法律问题研究——以大陆法系国家的公司法为基础》，中国政法大学2008年博士学位论文，第11页。

方式。[1] 催告内容包括适用除名的具体情形、不消除除名事由的后果、向公司申辩的权利等。[2] 催告因到达相对人股东而发生效力。催告应进行有效送达，可以参照民事诉讼法关于送达的规定。股东除名的催告就是要告诉拟除名的股东即将启动除名程序，并告知其逾期不履行义务的法律后果，保障股东知情权。

2. 给予股东合理宽限期补缴或返还。

《公司法司法解释三》给予股东合理宽限期或补正期，要求股东在合理期间内按照公司催告通知补缴出资，但是并没有对合理期间进行明确规定。催告在合同法中较为常见，但是合同法中对于催告宽限期亦没有较多明确规定。《中华人民共和国合同法》第四十八条关于相对人催告代理人追认的宽限期为一个月。根据《公司法司法解释三》相关立法背景资料显示，股东除名制度系借鉴德国公司法。《德国有限责任公司法》第二十一条规定："股东迟延缴纳出资的情况下，可以以警告取消相应的营业份额的方式再次要求迟延缴纳的股东在特定宽限期内缴纳出资。催缴以挂号信的方式作出。宽限期必须至少为一个月。"故司法实践中法官可参照相关法律规定行使自由裁量权判定合理期间。

3. 形成股东除名的有效股东会决议。

（1）满足公司法或公司章程规定的股东召集程序和表决程序。

在有限责任公司中，股东会、董事会和监事会均是公司权力机关。为了保护股东的利益，防止个人股东滥用权利，对于股东除名即股东资格的重大事项，应仅由公司最高权力机关股东会作出决议。有效的股东会决议需要满足公司法或公司章程规定的股东会召集程序、通知程序和表决程序。《中华人民共和国公司法》第四十一条第一款规定："召开股东会会议，应当于会议召开十五日前通知全体股东；但是，公司章程另有规定或者全体股东另有约定的除外。"按照公司法和公司章程的规定召开股东会，并应当通知全体股东参加并对决议事项进行表决。

（2）拟除名股东表决权应予回避。

首先，从法理上分析，任何人不能成为自己案件的法官。表决权回避制度，是

---

① 韩世远：《合同法总论》，法律出版社2011年版，第398页。

② "股东除名决议应由除未出资股东以外，代表二分之一以上表决权的股东表决通过，形成股东会决议——辜某诉北京宜科英泰工程咨询有限公司、赵某伟公司决议效力确认纠纷案"，载《人民法院案例选》2015年。

指“在特定股东与股东大会所讨论决议事项有特别利害关系时，该股东或代理人不得行使所持有股份的表决权制度”。其次，从公司法立法精神分析，《中华人民共和国公司法》第十六条在关于公司为股东或实际控制人提供担保规定时，股东会决议排除了担保股东的表决权。《中华人民共和国公司法》第七十一条关于股东向公司以外的第三人转让股权时，须经其他股东过半数同意。公司法的精神表明在股东会决议中，拟被除名的股东表决权应当予以排除。最后，从股东除名制度目的分析，在未出资股东处于绝对控股的地位下，该股东可以利用资本多数决行使表决权，滥用股东权利，会使得股东除名制度形同虚设，损害公司利益和少数股东利益。

（3）表决权通过比例采用简单资本多数决。

关于表决权方式和比例，《中华人民共和国公司法》第四十三条规定：“股东会的议事方式和表决程序，除本法有规定的外，由公司章程规定。股东会会议作出修改公司章程、增加或者减少注册资本的决议，以及公司合并、分立、解散或者变更公司形式的决议，必须经代表三分之二以上表决权的股东通过。”公司法理论采用私法自治和法不禁止皆自由的原则，《公司法司法解释三》并没有明确限制股东除名大会表决权方式与比例，在司法审查中根据《中华人民共和国公司法》一般规定简单资本多数决即二分之一以上表决权通过即可，当然公司章程对于表决权另有严格限制的除外。

编写人：北京市第三中级人民法院　田璐　张清

二、股东出资纠纷

8

出资人以合同目的不能实现解除出资协议的司法认定

——田某虎诉华北中铜（北京）电气有限公司股东出资案

【案件基本信息】

1. 裁判书字号

北京市第三中级人民法院（2018）京03民终12995号民事判决书

2. 案由：股东出资纠纷

3. 当事人

原告（被上诉人）：田某虎

被告（上诉人）：华北中铜（北京）电气有限公司（以下简称中铜公司）

【基本案情】

中铜公司成立于2015年，注册资本4888万元。田某虎原系中铜公司员工。2017年3月22日、23日、27日，中铜公司先后向田某虎出具三张收据，载明收到入资款20万元、7万元、5万元，收款单位处均加盖中铜公司财务专用章，共计32万元。银行交易明细显示田某虎向中铜公司股东牛某国、李某转账共计25万元；田某虎称中铜公司欠付其工资和提成共计7万元直接转为入资。

一审中，中铜公司提交股东名册和出资证明书，载明田某虎为中铜公司股东，出资32万元，已实际到位，出资日期为2017年5月17日。

工商登记信息显示，中铜公司股东为牛某国和李某，牛某国出资3421.6万元，李某出资1466.4万元，合计为4888万元。工商登记的股东中并无田某虎。

田某虎称其多次要求中铜公司办理出资证明和变更股东工商登记，中铜公司一直未予办理，导致合同目的无法实现，故起诉至法院，请求解除田某虎与中铜公司之间的口头入股协议并判令中铜公司返还田某虎出资款32万元。中铜公司辩称田某虎已获得中铜公司的股东身份，双方口头协议并未约定变更工商登记，故不同意田某虎的诉讼请求。

【案件焦点】

1. 在欠缺书面出资协议的情况下，如何认定投资款的性质；2. 诉争口头出资协议是否因合同目的无法实现而解除。

【法院裁判要旨】

北京市通州区人民法院经审理认为：中铜公司未明确田某虎出资性质，亦未明确将哪位股东的股权转让给田某虎，且未将田某虎的股东身份向公司登记机关办理登记，故田某虎向中铜公司出资的权益无法得到保障，其出资的目的亦无法实现，其有权行使解除权。

北京市通州区人民法院依照《中华人民共和国公司法》第三十一条、第三十二条，《中华人民共和国合同法》第九十四条第四项、第九十七条，作出如下判决：

一、确认田某虎与中铜公司的入股协议于2018年7月24日解除；

二、中铜公司退还田某虎入资款32万元。

中铜公司不服一审判决，提起上诉。北京市第三中级人民法院经审理认为：

从股权取得的途径来看：股权取得包括原始取得和继受取得。中铜公司否认系通过股权转让，田某虎亦非在公司设立时认购股份；则可排除继受取得和设立时原始取得股权的途径，那么田某虎应为公司设立后原始取得股权，即通过公司增资而入股公司。增资系公司的重大变更，须严格遵循法定程序。现中铜公司的注册资本金并未增加，中铜公司亦未提交增资的股东会决议或履行了增资的法定程序。故中铜公司未能对田某虎的出资提供合法依据。

从入资协议的合同目的来看：第一，田某虎在向中铜公司交付出资款后，中铜公司并未对田某虎的股东身份向公司登记机关进行变更登记；第二，虽中铜公司向法院提交了出资证明书及股东名册，但田某虎否认在诉讼前收到上述文件，故不排除上述文件系中铜公司为了应对本案诉讼而临时制作；第三，自田某虎交付出资款后，中铜公司未曾召开股东会，田某虎亦无法知晓公司的实际经营管理状况。因中铜公司的上述行为，致使田某虎入资中铜公司、实际行使股东权利、保障股东权益的合同目的无法实现，田某虎有权要求解除诉争入股协议。

北京市第三中级人民法院依照《中华人民共和国民事诉讼法》第一百七十条第一款第一项规定，作出如下判决：

驳回上诉，维持原判。

【法官后语】

本案是一起典型的投资人因出资协议合同目的不能实现而主张解除出资协议的股东出资纠纷。仅仅同意或者实际向公司转移财产权利并不构成出资，财产移转的背后可能指向多种法律原因，关键要看当事人之间是否存在让渡财产权利换取公司股权和股东资格的出资合意。

一、欠缺书面出资协议时对出资合意的认定

在欠缺书面出资协议的情况下，仅有投资人向公司转移财产，不足以认定构成出资，须审查是否存在出资的合意。本案中，虽然目标公司向投资人出具收据载明为出资款，但由于缺乏书面出资协议，投资人与目标公司对出资的性质、股权的份额均未能明确。

对于股权的来源，学理上可分为原始取得与继受取得①。股权的来源决定了股权变动模式、股权性质及具体的交易结构。在欠缺书面协议的情况下，可通过分析股权的来源来审查和还原交易的合意。本案中，中铜公司虽对田某虎出具入资款收据，但对出资的性质未能明确。对此，合议庭分析：首先，中铜公司否认系股权转让，故排除了股权的继受取得；其次，田某虎出资时中铜公司已经设立，故排除了公司设立时原始取得。那么田某虎出资的性质只能是公司设立后的原始取得，即通过中铜公司增资扩股而直接向公司认购股份。而本案中，中铜公司并未提交相关证据证明其进行过增资扩股，故田某虎的出资实际并无对应的股权。

---

① 李建伟：《公司法学》，中国人民大学出版社2011年版，第231页。

二、出资协议合同目的不能实现的认定

出资系股东向公司让渡财产权而换取股权、获得股东资格的行为①。出资人签订出资协议的合同目的不仅包含完成股权的交易，更包含出资人能实际享有股东权利。对股权交易合同目的能否实现的判断需通过相应的形式要件和实质要件进行判断。形式要件的审查包括对公司章程、股东名册、出资证明书、工商登记等形式载体的审查；而且实质要件的审查主要体现在能否实际行使股权对应的社员权和财产权方面。

第一，形式要件审查。首先，在内部登记上，需审查公司是否颁发出资证明书和记载于股东名册。通说认为，出资证明书和股东名册具有证权效力②，其效力及于公司与股东之间，以此可以推定登记之人为股东，但并不具有设权效力。本案中，中铜公司虽在诉讼中提交了出资证明书和股东名册，但田某虎否认在诉讼前收到过上述文件，故不能排除上述文件系为了应对本案诉讼而临时制作。其次，在外部登记上，需审查是否变更工商登记。股东工商登记亦属证权性登记，可以作为证明股东资格和对抗第三人的表面证据。本案中，田某虎出资的性质应为认购公司增资。公司增资系重大事项，须严格遵循法定程序。但工商登记显示中铜公司并未进行注册资本的变更，中铜公司亦未提交增资的股东会决议。故中铜公司未能对田某虎的出资提供公示公信之保障。

第二，实质要件审查。法院需审查出资人是否实际享有股东权利及参与公司治理。实际行使股权和参与公司治理是获得股东资格的结果，但并不妨碍“实际行使股权”这一事实特征作为认定股东身份的依据③。本案中，田某虎交付出资款后，中铜公司并未召开股东会或作出股东会决议，田某虎难以通过参与公司治理实际行使股东权利。

编写人：北京市第三中级人民法院　田璐　王天冕

① 王军：《中国公司法》，高等教育出版社2015年版，第109页。

② 最高人民法院民事审判第二庭编：《最高人民法院关于公司法解释（三）、清算纪要理解与适用》，人民法院出版社2016年版，第360～361页。

③ 李建伟：《公司法学》，中国人民大学出版社2011年版，第167页。

9

处理公司内部纠纷应依契约自由、意思自治原则

——天津中大元景文化传播有限公司诉《文学艺术周刊》杂志社、天津出版传媒集团有限公司股东出资案

【案件基本信息】

1. 裁判书字号

天津市第一中级人民法院（2018）津01民终2331号民事裁定书

2. 案由：股东出资纠纷

3. 当事人

原告（被上诉人）：天津中大元景文化传播有限公司（以下简称中大元景公司）

被告（上诉人）：《文学艺术周刊》杂志社（以下简称杂志社）、天津出版传媒集团有限公司（以下简称出版传媒集团）

第三人（被上诉人）：天津中大融景文化传播有限公司（以下简称中大融景公司）

【基本案情】

案外人天津作家协会、中大融景公司、出版传媒集团三方经协商欲成立中大元景公司，目的是协助天津作家协会出版发行《微型小说月报》，三方签署了《关于成立微小说产业公司合作意向协议书》（以下简称意向协议）。意向协议写明：甲方为出版传媒集团，乙方为天津作家协会，丙方为中大融景公司；三方所持股权比例及投资方式为：甲方所持股权比例为28%，以其旗下高级专业编辑人员主办刊物的丰富经验和知识技能等无形资产评估值入股，乙方所持股权比例为23%，以其主办的《通俗小说报》评估价值入股，丙方所持股权比例为49%，以现金方式投入；公司成立后的主要业务范围为编辑出版发行《微型小说月报》（原创版）和《微型小说月报》（选摘版），以上两个刊物由甲方、乙方共同主办。2010年10月22日，天津作家协会因不具备对外投资的资格，不能作为中大元景公司的股东，指派其下

属事业单位《作文升级》编辑部作为股东，入股中大元景公司。2011年1月13日中大元景公司成立，三个股东中第一个是中大融景公司，持股比例为49%，出资方式为现金，出资额为147万元。第二个股东是《作文升级》编辑部。2016年1月14日，《作文升级》编辑部更名为《文学艺术周刊》杂志社，即本案杂志社。杂志社持股比例为23%，出资方式为知识产权，出资额为69万元。第三个股东是出版传媒集团，持股比例为28%，出资方式为知识产权，出资额为84万元。中大融景公司出资期限是2011年1月5日，已经全部以现金147万元出资完毕。中大元景公司成立后，开始发行《微型小说月报》，每月一刊，一年12期，直至2015年年底，双方出现纠纷，杂志社将《微型小说月报》发行权收回，不再由中大元景公司发行。在中大元景公司发行期间，发行权由于不能转让，并未变更到中大元景公司处。现《微型小说月报》仍在发行，其出版单位为《微型小说月报》编辑部，主管单位为天津市作家协会，主办单位为天津市作家协会和出版传媒集团。

【案件焦点】

公司章程与发起人协议约定内容不一致时股东出资责任如何认定。

【法院裁判要旨】

天津市和平区人民法院经审理认为：杂志社、出版传媒集团均违反了《中华人民共和国公司登记管理条例》第十四条的规定，均没有履行出资义务。现履行出资义务期限已届满，应当按照《中华人民共和国公司法》及公司章程的规定以现金方式足额缴纳出资。

天津市和平区人民法院判决：

一、本判决生效之日起十日内，被告杂志社向原告中大元景公司足额缴纳出资690000元；

二、本判决生效之日起十日内，被告出版传媒集团向原告中大元景公司足额缴纳出资840000元。

宣判后，杂志社、出版传媒集团提起上诉。

天津市第一中级人民法院经审理认为：第一，从中大元景公司实际管理情况和股东结构看，不存在发起人之外的股东，中大元景公司由中大融景公司人员实际经营管理，本案纠纷应实为公司内部纠纷，应依契约自由、意思自治原则来解决。第二，中大元景公司提起本案诉讼未经股东会决议同意，杂志社、出版传媒集团合计持股权比例为51%，共同向二审提交声明，明确表示不同意中大元景公司执行董事代表该公司提起本案诉讼，故本案起诉不能代表中大元景公司的真实意思。第三，中大元景公司成立之初的意向协议约定了杂志社、出版传媒集团分别以其主办的《通俗小说报》、旗下高级专业编辑人员主办刊物的丰富经验和知识技能等无形资产评估价值入股，后公司章程约定杂志社、出版传媒集团以知识产权出资。中大元景公司成立后已经营多年，中大元景公司并无证据证实曾经向杂志社、出版传媒集团催要过出资，也不能证实在公司面临因出资问题延期年检后催要过出资，杂志社、出版传媒集团也无相应可以出资的知识产权。因此中大融景公司、杂志社、出版传媒集团登记成立中大元景公司中章程约定的以知识产权出资应属意思表示不真实，该以知识产权出资的约定对内应无拘束力。中大元景公司应属对此约定内容的知情，以及对意向协议中合作初衷的认可。

天津市第一中级人民法院裁定：

一、撤销天津市和平区人民法院（2017）津0101民初5939号民事判决；

二、驳回中大元景公司的起诉。

【法官后语】

本案反映出当时的特殊背景，出于推动文化产业发展需要，中大融景公司、杂志社、出版传媒集团合作成立公司，协助天津作家协会出版发行《微型小说月报》。各方合作有意向协议，即发起人协议，约定杂志社、出版传媒集团分别以其主办的《通俗小说报》、旗下高级专业编辑人员主办刊物的丰富经验和知识技能等无形资产评估价值入股。后又制定了公司章程。因意向协议与章程约定内容不同而出现争议。

发起人协议调整的是发起人之间的关系，在发起人之间具有法律约束力。公司一般是以发起人协议为基础制定法人章程。公司章程与发起人协议约定内容不一致时，公司章程条款中与发起人协议规定不同的条款，一般视为对发起人协议的变更。但考虑到章程条款中可能出现发起人意思表示不真实而无效的情形，发起人协议相对于该章程条款而言为隐藏行为，代表发起人的真实意思。本案中就存在此种情况。此情形下因公司内部关系引发的需要追究发起人的资本充实责任时，应根据发起人协议确定发起人的法律责任。

基于公司法内外有别的理念，在处理公司内部纠纷时，应尊重契约自由，尊重公司及股东的意思自治。公司有权依法自己决策和管理其内外事务。公司因内部争议提起诉讼，合计持股比例超过50%的股东表示不同意公司法定代表人或执行董事代表该公司提起诉讼的，应认定该公司的起诉不能代表公司的真实意思，法院应裁定驳回起诉。

编写人：天津市第三中级人民法院　苗法礼

10

股东出资责任的认定

——江华华盈置业开发有限公司诉莫某新股东出资案

【案件基本信息】

1. 裁判书字号

湖南省永州市江华瑶族自治县人民法院（2018）湘1129民初581号民事判决书

2. 案由：股东出资纠纷

3. 当事人

原告：江华华盈置业开发有限公司（以下简称江华华盈公司）

被告：莫某新

第三人：李某

【基本案情】

2014年10月10日，第三人李某与被告莫某新设立江华华盈公司，并制定了公司章程。公司章程规定公司的注册资本为在公司登记机关登记的全体股东认缴的出资额，公司的注册资本为人民币1000万元，其中股东李某认缴出资额为500万元，出资方式为货币金额，出资时间2017年10月10日，股东莫某新认缴出资额为500

万元，出资方式为货币金额，出资时间2017年10月10日。2014年10月16日，经江华瑶族自治县工商局登记成立了江华华盈公司，并取得了营业执照。公司成立后，第三人李某与被告莫某新均没有按公司章程约定的时间缴纳认缴的出资额。2018年4月12日，第三人李某通过银行转入500万元认缴出资额给原告江华华盈公司，被告莫某新至今未将认缴的出资额500万元交给原告。

【案件焦点】

股东何时需履行足额缴纳出资额的义务。

【法院裁判要旨】

湖南省永州市江华瑶族自治县人民法院经审理认为：本案属股东出资纠纷。被告莫某新为原告江华华盈公司的股东，有按照公司章程足额缴纳出资额的义务。根据公司章程约定，尚未缴足的资金应在2017年10月10日前全部到位，原告江华华盈公司于2014年10月16日经核准设立，公司章程于公司成立之日起生效，对双方当事人均具有约束力，被告莫某新和第三人李某均应根据公司章程的约定履行自己的出资义务，现第三人李某已履行了出资义务，被告莫某新至今仍未履行出资义务，原告江华华盈公司要求被告莫某新足额缴纳注册资本金500万元的诉讼请求，证据充分，于法有据，法院予以支持。被告莫某新辩称于2017年10月10日已缴纳注册金500万元，无事实依据，法院不予采纳。

湖南省永州市江华瑶族自治县人民法院依照《中华人民共和国公司法》第二十六条、第二十八条第一款，《最高人民法院关于适用〈中华人民共和国公司法〉若干问题的规定（三）》第十三条第一款，《最高人民法院关于适用〈中华人民共和国民事诉讼法〉的解释》第九十条之规定，作出如下判决：

被告莫某新于本判决发生法律效力之日起十日内向原告江华华盈公司缴纳认缴的出资款500万元。

【法官后语】

本案属股东出资纠纷，2013年12月28日第十二届全国人民代表大会常务委员会第六次会议通过修订，并于2014年3月1日起施行的《中华人民共和国公司法》将第二十六条修改为："有限责任公司的注册资本为在公司登记机关登记的全体股东认缴的出资额。法律、行政法规以及国务院决定对有限责任公司注册资本实缴、注册资本最低限额另有规定的，从其规定。”新公司法取消了最低注册资本的限制，改实缴制为认缴制，不再限制公司全体股东的首次出资额比例，也不再规定其缴足出资的期限。但是投资门槛的降低不代表取消股东的出资义务，只是取消了出资时间限定，股东的出资义务改变为更多地源于股东之间的约定和意思表示。

本案在原告江华华盈公司的《江华华盈置业开发有限公司章程》中明确约定了被告莫某新与第三人李某为公司的两个股东，认缴注册资金人民币1000万元，各认缴人民币500万元，各占有公司占50%的股权股份，认缴出资时间为2017年10月10日。公司章程是股东订立的且符合其真实意思，经江华瑶族自治县工商行政管理局审核通过，江华华盈公司于2014年10月16日成立，此时股东出资义务既是约定义务更是法定义务，按照《最高人民法院关于审理民事案件适用诉讼时效制度若干问题的规定》第一条第三项之规定，当事人对基于投资关系产生的缴付出资请求权提出诉讼时效抗辩的，法院不予支持，因此，自有限公司成立，公司章程公示之后，股东的出资义务作为法定义务也不再受诉讼时效限制。为了公司的顺利经营，本案第三人李某已经实际出资3299万元资金以维持公司的经营并实现了认缴注册资本金的实缴，在各股东就出资时间达成内部协议或订立公司章程的情况下，部分股东不依约履行，公司和其他股东均有权起诉要求负有出资义务的股东按照约定完成出资。本案中被告虽然提出公司实际上是第三人李某掌控，辩称于2017年10月10日已缴纳注册金500万元，但被告当庭没有提交任何有关500万元的出资凭证，以工商资料内档出资信息登记内容证明其实际缴纳出资，没有事实和法律依据，当股东不履行约定的出资义务达到根本违约程度时，其他股东可以追究该未出资股东比较严苛的法律责任，直至解除其股东资格。

编写人：湖南省永州市江华瑶族自治县人民法院　胡蕾

三、股东知情权纠纷

11

查阅权是股东固有的权利，权利的行使并非绝对的

——黄某诉四川省禾力建设工程检测鉴定咨询有限公司股东知情权案

【案件基本信息】

1. 裁判书字号

四川省德阳市中级人民法院（2018）川06民终1422号民事判决书

2. 案由：股东知情权纠纷

3. 当事人

原告（上诉人）：黄某

被告（被上诉人）：四川省禾力建设工程检测鉴定咨询有限公司（以下简称禾力公司）

【基本案情】

黄某系禾力公司股东，其认为禾力公司未提供财务会计报告，公司年度预算、决算从未提请通过股东大会审议，为保障股东自身知情权，向公司提出查账申请。禾力公司认为黄某的查账理由不能成立，原因主要在于：一是《中华人民共和国公司法》规定了股东查阅权诉讼的前置程序，黄某在前置申请程序中申请的范围、查账的请求与诉讼请求不一致；二是黄某作为股东与其他股东共同以股东会决议的形式对股东查阅公司账簿相应的条件和权利行使做了明确约定和限制，现黄某在不符合该条件情况下申请查账系其对已身权利处分的出尔反尔，违背股东间约定；三是

黄某多次参加股东会，公司在股东会会议上对公司的重大经营事项、财务情况向股东进行过通报，保障了股东知情权，黄某查账申请前要求公司按其自行邀约价格回购股权未果且长达一年不到公司上班，与公司处于纠纷冲突状态，同时，另一共同查账申请人提出申请前，已参加到与公司有相同相似竞争业务性质的工作单位，在此种情况下的查账会损害公司利益，故禾力公司以查账目的不明为由拒绝。为维护自身权益，黄某诉至法院要求：一、禾力公司完整提供公司改制自2006年6月30日起至判决生效之日期间的公司章程、股东会会议记录供黄某查阅、复制；2. 禾力公司完整提供公司改制自2006年6月30日至判决生效之日期间的合同、银行对账单、纳税申报表、财务会计报告［包括资产负债表、损益表、现金流量表、财务情况说明书、利润分配表、所有者权益（股东权益）变动表］、财务账簿（包括总账、明细账、日记账和其他辅助性账簿）、会计凭证（包含记账凭证、相关原始凭证及作为原始凭证附件入账备查的有关资料）供黄某和黄某委托的注册会计师查阅；3. 本案诉讼费及黄某实现权利的费用由禾力公司负担。

【案件焦点】

1. 股东协议对知情权进行限制能否再行主张的问题；2. 股东查阅账簿目的存在不正当性如何认定的问题；3. 股东能够查阅的内容及范围问题；4. 能否请求注册会计师辅助查阅的问题。

【法院裁判要旨】

四川省德阳市旌阳区人民法院经审理认为：查阅权是股东固有的权利，权利的行使并非绝对的，即不得侵犯公司及其他股东的合法权益。股东协议对知情权进行限制能否再行主张的问题，公司《股东会决议》限定了查阅账务的前提条件，增加了股东行使该项权利的难度，尽管该项决议系股东签字确定结果，但按照法律规定，该项决议的约定并不影响股东再行向公司主张权利。股东查阅账簿目的存在不正当性如何认定的问题，查阅权是股东固有的权利，但权利的行使并非绝对的，即不得侵犯公司及其他股东的合法权益，公司证明了作为查阅权共同申请人同时为股东一方的证人现在就职的公司与自身公司在经营范围上具有相似性，鉴于利益冲突，股东对账簿的查阅具有损害公司利益的或然性，故可认定该股东查阅账簿目的存在不正当性。股东能够查阅的内容及范围问题，公司法并未对股东查阅复制公司章程、股东会会议记录、董事会会议记录、监事会会议决议和财务会计报告有前置程序或不正当目的的限制。能否请求注册会计师辅助查阅的问题，鉴于查阅内容的专业性考量，股东依据人民法院生效判决查阅公司文件材料的，在该股东在场的情况下，可以由会计师辅助进行；辅助查阅资料的会计师，负有保密义务，若泄露通过辅助股东查阅获得的公司商业秘密，给公司造成损失的，应承担相应赔偿责任。

四川省德阳市旌阳区人民法院依照《中华人民共和国公司法》第三十三条，《最高人民法院关于适用〈中华人民共和国公司法〉若干问题的规定（四）》第八条、第九条、第十条规定，判决如下：

一、被告禾力公司于本判决生效之日起十日内在其公司将2006年6月30日起至本判决生效之日止的公司章程、历次股东会会议记录提供给原告黄某进行查阅复制，原告黄某在被告禾力公司正常营业时间内查阅复制，查阅时间不得超过十个工作日；

二、被告禾力公司于本判决生效之日起十日内在其公司将2006年6月30日起至本判决生效之日止的历年财务会计报告提供给原告黄某及原告委托的会计师进行查阅，原告黄某在被告禾力公司正常营业时间内查阅，查阅时间不得超过十个工作日；

三、驳回原告黄某的其他诉讼请求。

黄某不服一审判决，提起上诉。

四川省德阳市中级人民法院经审理认为：上诉案件的争议焦点为：上诉人黄某能否要求查阅公司会计账簿；上诉人黄某主张的实现债权的费用是否应当得到支持，二审法院同意一审法院裁判意见。

四川省德阳市中级人民法院依照《中华人民共和国民事诉讼法》第一百七十条第一款第一项的规定，判决如下：

驳回上诉，维持原判。

【法官后语】

2017年9月1日，为健全公司治理加强股东权利保护、依法保障供给侧结构性改革、营造良好营商环境、统一适用公司法妥善处理公司治理和股东权利纠纷的迫切需要，最高人民法院施行《关于适用〈中华人民共和国公司法〉若干问题的规定（四）》（以下简称《公司法解释四》），依法强化对股东法定知情权的保护，针对以往适用《中华人民共和国公司法》第三十三条遇到的争议较多的问题，结合司法实践经验，对股东查阅公司会计账簿可能有的不正当目的作了列举，明确划定了公司拒绝权的行使边界，明确规定公司不得以公司章程、股东间协议等方式，实质性剥夺股东的法定知情权，公司以此为由拒绝股东行使法定知情权的，人民法院不予支持，同时为保障股东知情权的行使，对股东聘请中介机构执业人员辅助查阅作出了规定。

本案诉争发生在最高人民法院施行《公司法解释四》后，具有较强典型性。

一是坚持股东知情权法定，不能被剥夺、限制。本案针对禾力公司以股东会决议形式限制股东行使知情权，股东能否再行主张问题，明确股东知情权属股东法定权利，具有固有权属性，法定知情权既不能被剥夺、限制，也不能由股东通过协议主动放弃。

二是从立法目的出发，对“不正当目的”进行合理认定。本案争议之一为禾力公司认为黄某查阅目的存在不正当性是否成立的问题，《公司法解释四》第八条规定：“有限责任公司有证据证明股东存在下列情形之一的，人民法院应当认定股东有公司法第三十三条第二款规定的‘不正当目的’：（一）股东自营或者为他人经营与公司主营业务有实质性竞争关系业务的，但公司章程另有规定或者全体股东另有约定的除外；（二）股东为了向他人通报有关信息查阅公司会计账簿，可能损害公司合法利益的；（三）股东在向公司提出查阅请求之日前的三年内，曾通过查阅公司会计账簿，向他人通报有关信息损害公司合法利益的；（四）股东有不正当目的的其他情形。”本案中，按照该规定的列举情形，黄某作为公司股东并未有证据证明其自营或者为他人经营与公司主营业务有实质性竞争关系业务；也无直接证据指向为了向他人通报有关信息查阅公司会计账簿，可能损害公司合法利益；但从该条文解读，虽然查阅权是股东固有的权利，权利的行使并非绝对的，即不得侵犯公司及其他股东的合法权益，公司提供的证据证明了作为查阅权共同申请人（同时又是黄某方的证人）现在就职的公司与禾力公司在经营范围上具有相似性，同时结合公司列举的黄某与公司处于纠纷状态的证据，鉴于利益冲突，黄某对账簿的查阅具有损害公司利益的或然性，结合该条第一、二种情形综合认定，公司的抗辩理由成立，黄某要求查阅公司会计账簿，不予支持。

三是保障股东知情权的充分行使，兼顾公司经营效率和经营秩序维护。在明确股东可聘请中介机构执业人员辅助查阅的同时，将保密义务一并告知。本案对于黄某可查阅的内容，黄某请求注册会计师辅助查阅，鉴于查阅内容的专业性考量，股东依据人民法院生效判决查阅公司文件材料的，在该股东在场的情况下，可以由会计师辅助进行，查阅时间地点在判决主文中予以确定；同时在说理部分强调辅助查阅资料的会计师，负有保密义务，若泄露通过辅助股东查阅获得的公司商业秘密，给公司造成损失的，应承担相应赔偿责任。

编写人：四川省德阳市旌阳区人民法院　周章琳

12

公司股东担任没有实际经营的竞争公司的股东时不能认定股东行使知情权具有不正当目的

——邓某雄诉江苏博岩投资控股有限公司股东知情权案

【案件基本信息】

1. 裁判书字号

江苏省无锡市锡山区人民法院（2018）苏0205民初998号民事判决书

2. 案由：股东知情权纠纷

3. 当事人

原告：邓某雄

被告：江苏博岩投资控股有限公司（以下简称博岩公司）

【基本案情】

博岩公司系有限责任公司，注册资本1000万元，公司股东是陈某栋、邓某雄、杨某，其中邓某雄占有38.4%的股份，陈某栋、杨某各占有30.8%的股份，博岩公司的经营范围包括投资管理、投资咨询、企业管理咨询等。邓某雄同时担任华融盈海（深圳）控股有限公司（以下简称华融公司）、上海雄堃商务信息咨询有限公司（以下简称雄堃公司）的法定代表人、股东，二公司成立时间分别是2017年7月19日、2017年10月31日，二公司的经营范围均包含企业管理咨询。2017年11月20日，邓某雄以EMS邮政快递的方式向博岩公司邮寄《查阅会计账簿请求函》一份，要求查阅博岩公的财务会计报告、会计账簿及相关原始凭证。后该快递被退件。邓某雄遂于2018年2月27日向法院提出诉讼，要求查阅复制博岩公司2014年度至2016年度的财务会计报告并查阅2014年1月1日起至2017年11月16日的会计账簿及相关原始凭证。审理中，博岩公司以邓某雄设立了多家与博岩公司经营范围相同的经营实体，二者构成同业竞争关系，如向邓某雄披露博岩公司的财务账册将损害公司的合法权益，故以认为邓某雄查阅公司账簿具有不正当目的为由请求驳回邓某雄的诉讼请求。邓某雄则述称，上述二公司成立后并未实际经营。

【案件焦点】

邓某雄行使股东知情权是否具有不正当目的。

【法院裁判要旨】

江苏省无锡市锡山区人民法院经审理认为：股东知情权是股东基本的法定权利，公司主张股东行使知情权具有不正当目的，应当由公司承担举证责任。本案中，虽然邓某雄担任法定代表人、股东的华融公司、雄堃公司与博岩公司的经营范围存在部分重合，但邓某雄称上述二公司成立后从未实际经营，该二公司与博岩公司间不存在任何业务竞争关系。博岩公司既未能举证证明华融公司、雄堃公司的经营业务与博岩公司的主营业务存在实质性竞争关系，又未能证明邓某雄请求查阅公司会计账簿有其他不正当目的且可能损害公司合法利益，应承担举证不能的不利后果，故对博岩公司拒绝邓某雄查阅公司会计账簿的抗辩意见不予采纳。

江苏省无锡市锡山区人民法院依照《中华人民共和国公司法》第十条、第三十三条、第九十七条，《最高人民法院关于适用〈中华人民共和国公司法〉若干问题的规定（四）》第七条第一款、第八条、第十条第一款，《最高人民法院关于民事诉讼证据的若干规定》第二条之规定，判决如下：

博岩公司于本判决生效之日起十日内提供2014年度、2015年度、2016年度的财务会计报告供邓某雄查阅、复制，同时提供自2014年1月1日起至2017年11月16日止的会计账簿及原始凭证供邓某雄查阅；邓某雄在博岩公司正常营业时间内查阅，查阅时间不得超过十个工作日。

【法官后语】

本案的争议焦点是如何认定股东行使知情权具有不正当目的。对此，《最高人民法院关于适用〈中华人民共和国公司法〉若干问题的规定（四)》第八条对认定股东的不正当目的进行了列举式的规定，第一项即为股东自营或者为他人经营与公司主营业务有实质竞争关系业务。从该项规定来看，本案中的原告担任法定代表人的两家公司的经营业务中的企业管理咨询均与被告公司的营业范围重合，似乎可以认定原告行使股东知情权具有不正当目的。但在审理中，法院对该条的适用做了更严格的审查：

首先，从该项规定的主营业务来看，我们认为主营业务是公司稳定利润的主要来源，是指企业为完成其经营目标而从事的日常活动中的主要活动。而具体到本案中，原告作为法定代表人的两家公司的营业执照上登记的业务范围与被告公司仅有一项重合，在此情形下，无法简单认定该重合的业务范围就是被告公司的主营业务。

其次，关于实质竞争关系，一般是指股东与公司之间存在利益冲突，但因现实情况纷繁复杂，因此无法对何谓构成实质竞争关系进行统一的定义。具体到本案中，因原告自述两家公司成立后并未实际开展经营，且被告也无法就原告两家公司与被告公司存在实质竞争关系进行举证，因此法院最终支持了原告的诉求。

审判实践中，对如何理解适用公司法司法解释四第八条中的“股东自营或者为他人经营与公司主营业务有实质性竞争关系业务的”可以认定为“不正当目的”是有一定争议的，关于该条的理解，我们认为可以从如下角度分析。

第一，“股东自营或者为他人经营”，强调的是股东参与竞争公司的实际经营管理，即股东实际掌握公司的经营决策权，能够决定公司的运作及发展方向，因此股东一般要担任竞争公司的董事、高管等职务，如果股东仅是对竞争公司进行投资，从投资中享受收益但不参与公司的具体经营管理，则无法据此认定股东行使知情权具有不正当目的。

第二，“主营业务”，强调的是股东参与经营的公司与公司之间存在同业竞争关系，且认定主营业务时不能仅以工商登记的经营范围作为依据，主营业务与经营范围并不等同，实际上很多公司工商登记载明的经营范围仅是形式登记，而公司真正的主营业务可能只是工商登记中的部分业务，因此在认定主营业务时除参考经营范围外，还应从公司主要利润的来源、具体业务的收入占公司业务比重的大小等多方面来综合考察。

第三，关于实质竞争关系，竞争关系是经济上的概念，认定构成实质性竞争关系应该从市场的角度来考虑，即从经营业务的区域、经营时间、产品种类、客户范围等方面来综合考量股东参与经营的公司与公司之间是否存在竞争关系。而在是否构成实质竞争关系的举证责任分配上，我们认为公司只要能够证明股东经营的业务与公司之间存在竞争关系即可，而不需要进一步证明因该种竞争对公司造成实际的损失，因市场竞争本身就存在诸多变数，无法通过具体的标准衡量公司因股东的竞争而造成的损失或者股东从中获得的利益，因此如果要求公司证明因竞争产生了实际的不利后果对公司而言过于严苛。当然，因现实中的竞争情形纷繁复杂，所以在认定是否构成实质性竞争时要结合具体的个案进行分析认定。正如本案中，正因考虑到原告的两家公司没有实际经营，实际上在现阶段是无法构成与被告公司的实质性竞争关系的，而原告作为被告公司的股东有权要求查阅公司的会计账簿，故法院才支持了原告的诉求。

我们应该看到，现实中股东从事与公司有竞争关系的业务是很常见的，股东利用其熟悉相关业务的优势进行投资符合其追求经济利益的目的，如果对股东从事与公司有一定竞争关系的业务进行从严要求，或对此类股东的知情权进行过度限制，将会对此类股东的权利造成损害，且不利于市场经济的良性竞争发展。因此，如何切实保护股东的知情权又能确保股东行使知情权不侵害公司的合法权益，保持二者权利的平衡，促进公司在市场经济中的良性发展，是特别考验审判者的裁判智慧的。

编写人：江苏省无锡市锡山区人民法院　林双

13

公司内部确认股东资格不需以工商登记为必要

——刘某明、张某军诉邯郸市永年区永大果树种植有限公司、尤某青股东知情权案

【案件基本信息】

1. 裁判书字号

河北省邯郸市永年区人民法院（2018）冀0408民初1117号民事判决书

2. 案由：股东知情权纠纷

3. 当事人

原告：刘某明、张某军

被告：邯郸市永年区永大果树种植有限公司（以下简称永大公司）、尤某青

【基本案情】

永大公司成立于2013年6月18日，登记机关为邯郸市永年区工商行政和食品药品监督管理局，注册资本200万元，实缴资本200万元，股东尤某青持股比例80%、王某英持股比例10%、尤某飞持股比例10%，尤某青为永大公司的执行董事兼总经理，经营范围为果树、蔬菜、花卉种植，永大公司的住所地及实际经营地均在永年区大北汪镇西辛寨村南。2014年12月31日尤某青、王某英、张某军、刘某明共同签署了一份《永大公司14年投资清单》（以下简称《投资清单》），《投资清单》记载了四人各自的入股资金数目等事项，同时写明了四人各自占永大公司股份份额，即：尤某青占55%股份、王某英占10%股份、张某军占15%股份、刘某明占15%股份、尤某飞占5%干股（公司营利后尤某飞有5%分红权）。2014年度和2015年度公司会计账目由张某军管理，公司的现金账目由尤某青和王某英管理。公司每年的财务会计报告和公司章程由王某英在公司住所地保管。公司没有召开过股东会会议，只是于2014年12月31日开会时，形成了《投资清单》，公司没有股

东会会议记录。2015年年底，刘某明、张某军与尤某青发生矛盾，尤某青不再让刘某明、张某军参与永大公司事务，也不再让其二人了解永大公司的运营情况，刘某明、张某军请求法院判令永大公司、尤某青让刘某明、张某军查阅永大公司2014年1月1日至2018年5月16日期间有关账目（账本）、凭证（原始凭证、记账凭证）、章程及股东会议记录、财务会计报告（永大公司每年向工商部门所做的财务会计报告）。刘某明、张某军在向法院起诉（2018年4月12日）之前，未曾向永大公司主张查阅公司会计账簿。

【案件焦点】

1. 刘某明、张某军是否具备永大公司股东资格；2. 刘某明、张某军在向法院起诉前是否应履行《中华人民共和国公司法》（以下简称《公司法》）第三十三条第二款规定的前置程序。

【法院裁判要旨】

河北省邯郸市永年区人民法院经审理认为：永大公司系依法设立的有限责任公司，永大公司与其股东的权利义务应按照《公司法》及永大公司章程的相关规定进行调整。股东资格的确认分为形式要件和实质要件，形式要件为公司章程、股东名册及工商登记材料的记载；实质要件系出资并实际享有股东权利。当股东未完全具备股东的实质要件与形式要件时，应区分法律关系系公司内部的纠纷还是股东与公司以外的第三人产生的纠纷。但在公司内部确认股东资格不需要以工商登记为必要，应当优先考虑合同法规则的适用，根据当事人的约定，以其真实意思表示认定股东资格，也就是说，向公司作出出资行为，并愿意加入公司行使公司权利承担公司义务的人才是公司的股东。本案中，刘某明、张某军、尤某青、王某英四人形成《投资清单》时，便明确了各自的股份及投资情况，且刘某明和张某军参与了公司的经营，应认定其具备永大公司股东的资格。永大公司以刘某明、张某军不是工商登记备案的股东，不能行使股东知情权，该抗辩意见，法院不予采纳。《公司法》第三十三条第一款规定："股东有权查阅、复制公司章程、股东会会议记录、董事会会议决议、监事会会议决议和财务会计报告。"永大公司的公司章程、财务会计报告现在公司住所地存放，应当由刘某明、张某军予以查阅。《公司法》第三十三条第二款规定："股东可以要求查阅公司会计账簿。股东要求查阅公司会计账簿的，应当向公司提出书面请求，说明目的。公司有合理根据认为股东查阅会计账簿有不正当目的，可能损害公司合法利益的，可以拒绝提供查阅，并应当自股东提出书面请求之日起十五日内书面答复股东并说明理由。公司拒绝提供查阅的，股东可以请求人民法院要求公司提供查阅。”根据此规定，刘某明、张某军申请查阅永大公司会计账簿（含有关账目、账本）、凭证（原始凭证、记账凭证），应当向永大公司提出书面请求、说明目的，刘某明、张某军在起诉前没有履行法律规定的上述前置程序。

河北省邯郸市永年区人民法院依照《公司法》第三十三条，《最高人民法院关于适用〈中华人民共和国公司法〉若干问题的规定（四）》第十条之规定，作出如下判决：

一、被告永大公司于本判决生效之日起十日内置备自2014年1月1日至2018年5月16日的公司章程、财务会计报告于公司的工商注册地址（大北汪镇西辛寨村南），供原告刘某明、张某军（包括原告委托的会计师、律师各一名）查阅，查阅期间自查阅之日起不超过三个工作日；

二、驳回原告刘某明、张某军的其他诉讼请求。

【法官后语】

现代经济生活中，公司作为一种典型的社团，所涉及的利益主体众多，法律关系复杂，其有效存续和健康运行是整个市场经济稳定、有序发展的基础。有限责任公司股东身份的认定是有关公司法案件审理中经常涉及的一个问题，也是公司理论和实践中的一个焦点问题。法院在审理有限责任公司股权确认纠纷、股权转让纠纷以及本案涉及的股东知情权纠纷等与公司有关的民事案件中，股东身份的认定都是一个不可避免且必须首先要解决的问题。

司法实践中有关有限责任公司股东身份认定的纠纷，根据其是否涉及有限责任公司之外的第三人，可以分为公司外部纠纷和内部纠纷。公司外部纠纷主要指公司、股东与公司债权人、股权受让人、股权质押人等公司、股东之外的第三人所发生的法律纠纷。公司内部纠纷主要指股东与股东、股东与公司之间所发生的法律纠纷。在认定有限责任公司股东身份时，应该根据不同纠纷的特征和解决需求适用不同的认定标准。

公司股东作为向公司出资或者认购股份并记载在公司章程或股东名册上的人，股东资格的确定需要符合两个条件：一是向公司出资或者认购公司股份；二是股东姓名或者名称被记载在公司章程或股东名册。前者是认定股东身份的实质要件；后者是认定股东身份的形式要件。从保证商事交易安全性及效率的角度出发，商事行为遵循外观主义，法律应当保护基于公信力产生的信赖利益，《公司法》第三十二条规定："有限责任公司应当置备股东名册，记载下列事项：（一）股东的姓名或者名称及住所；（二）股东的出资额；（三）出资证明书编号。记载于股东名册的股东，可以依股东名册主张行使股东权利。公司应当将股东的姓名或者名称向公司登记机关登记；登记事项发生变更的，应当办理变更登记。未经登记或者变更登记的，不得对抗第三人。"故公司应当进行商事登记，其目的在于产生公示效力；对于公司内部而言，股东资格是否存在取决于股东之间的真实意思表示及认缴出资的行为，在公司内部确认股东资格不需要以工商登记为必要，应当优先考虑合同法规则的适用，根据当事人的约定，以其真实意思表示认定股东资格，也就是说，向公司作出出资行为，并愿意加入公司行使公司权利承担公司义务的人才是公司的股东。

就本案而言，刘某明、张某军、尤某青、王某英四人形成《投资清单》时，便明确了各自的股份及投资情况，且刘某明和张某军参与了公司的经营，应认定其具备永大公司股东的资格。永大公司以刘某明、张某军不是工商登记备案的股东，不能行使股东知情权为由进行抗辩，法院不予支持。

编写人：河北省邯郸市永年区人民法院　王斯然

14

股东知情权的行使范围与行使规则

——优创公司投资有限公司诉深圳前海金太平洋互联网金融服务有限公司股东知情权案

【案件基本信息】

1. 裁判书字号

广东省广州市中级人民法院（2018）粤 01 民终 18414 号民事判决书

2. 案由：股东知情权纠纷

3. 当事人

原告（被上诉人）：优创公司投资有限公司（以下简称优创公司）

被告（上诉人）：深圳前海金太平洋互联网金融服务有限公司（以下简称金太平洋公司）

【基本案情】

2015 年 4 月 3 日，优创公司与广州聚融集团有限公司、深圳市香港卫视前海文化产业投资管理有限公司共同设立了金太平洋公司，公司注册资本为 1 亿人民币。2015 年 5 月 27 日优创公司完成首期出资 300 万元。自金太平洋公司成立以来，优创公司从未参与其重大决策和经营管理，也并不了解其经营及财务状况。为行使股东权利、了解财务和经营状况，优创公司于 2016 年 11 月 9 日通过电话及短信的形式通知金太平洋公司实际控制人李某安，于 2016 年 11 月 11 日通过电话及短信的形式通知金太平洋公司法定代表人陈某通，于 2016 年 11 月 14 日前往金太平洋公司现在的办公地址广州市天河区珠江东路 32 号利通广场 34 楼 × × 室书面通知金太平洋公司要求其提供公司章程、股东会会议记录、执行董事决定、监事会决议、财务报告、会计账簿等资料供优创公司查阅、复制，以行使股东知情权，但金太平洋公司均不配合。2017 年 4 月优创公司向广州市公安局经济犯罪侦查大队报案要求金太平洋公司提供相关资料以保证股东知情权。优创公司诉至法院要求金太平洋公司完整提供公司自成立至2017年12月31日的会计账簿（包括总账、明细账、日记账、其他辅助性账簿、原始凭证和记账凭证）供优创公司进行查阅和复制等诉讼请求。金太平洋公司认为优创公司自公司设立至今面对公司的经营困难情况没有履行包括实缴出资、改善公司经营状况等股东义务，反而自2016年起至今一直通过影响公司经营及向法院诉讼、公安经侦部门虚假报案等手段，影响公司的正常经营运作，具有不正当目的，另会计账簿应该作现实性解释。所以不同意原告的全部诉讼请求。

【案件焦点】

1. 优创公司要求金太平洋公司提供公司的会计账簿供其查阅是否具有不正当目的；2. 会计账簿是否应包含原始凭证和计账凭证。

【法院裁判要旨】

广州市天河区人民法院经审理认为：优创公司是金太平洋公司依法登记在册的股东，且在2015年5月27日就完成首期出资，履行了股东的责任。因公司章程约定出资是认缴且期限为十年，金太平洋公司以优创公司未全部履行出资义务为由拒绝提供公司相关资料的做法应不予认可，只要合法取得股东身份公司就应该无条件履行法律赋予股东的知情权，如果认为股东有损害公司权益的行为公司可另行追究股东责任，但不得以此为由抗拒股东知情权的行使。根据金太平洋公司提供的工商登记内档显示，金太平洋公司2016年5月23日的这次股权变更缺乏公司股东会决议，优创公司要求查阅相关资料的请求合情合理。金太平洋公司抗辩优创公司要求查阅会计账簿的诉讼请求具有不正当目的，但是未能举证说明不正当目的的内容，故对其抗辩理由不予采信。优创公司主张金太平洋公司承担其为本案支出的合理费用，但未提交证据予以证明，应不予支持。

广州市天河区人民法院依照《中华人民共和国公司法》第三十三条，《最高人民法院关于适用〈中华人民共和国公司法〉若干问题的规定（四）》第十条，《中华人民共和国民事诉讼法》第六十四条第一款之规定，作出如下判决：

一、被告金太平洋公司于本判决生效之日起十日内，向原告优创公司提供公司自成立至2017年12月31日的公司章程（包括章程修整案）、股东会会议记录、执行董事决定、监事决议和财务会计报告，供原告进行查阅和复制，原告委托的会计师、律师等中介机构执业人员可以辅助进行；

二、被告金太平洋公司于本判决生效之日起十日内，向原告优创公司提供公司自成立至2017年12月31日的会计账簿（包括总账、明细账、日记账、其他辅助性账簿、原始凭证和记账凭证）供原告进行查阅，原告委托的会计师、律师等中介机构执业人员可以辅助进行；

三、被告金太平洋公司提供上述资料给原告优创公司查阅和复制的地点为其实际经营的办公场所，查阅和复制的时间不少于两个月；

四、驳回原告优创公司其他诉讼请求。

金太平洋公司不服原审判决，提起上诉。

广州市中级人民法院经审理认为：《中华人民共和国公司法》第三十三条第二款规定："股东可以要求查阅公司会计账簿。股东要求查阅公司会计账簿的，应当向公司提出书面请求，说明目的。公司有合理根据认为股东查阅会计账簿有不正当目的，可能损害公司合法利益的，可以拒绝提供查阅，并应当自股东提出书面请求之日起十五日内书面答复股东并说明理由。公司拒绝提供查阅的，股东可以请求人民法院要求公司提供查阅。"《中华人民共和国会计法》第十五条规定：会计账簿登记，必须以经过审核的会计凭证为依据，并符合有关法律、行政法规和国家统一的会计制度的规定。会计账簿包括总账、明细账、日记账和其他辅助性账簿。《最高人民法院关于适用〈中华人民共和国公司法〉若干问题的规定（四）》第八条规定："有限责任公司有证据证明股东存在下列情形之一的，人民法院应当认定股东有公司法第三十三条第二款规定的'不正当目的'：（一）股东自营或者为他人经营与公司主营业务有实质性竞争关系业务的，但公司章程另有规定或者全体股东另有约定的除外；（二）股东为了向他人通报有关信息查阅公司会计账簿，可能损害公司合法利益的；（三）股东在向公司提出查阅请求之日前的三年内，曾通过查阅公司会计账簿，向他人通报有关信息损害公司合法利益的；（四）股东有不正当目的的其他情形。"鉴此，优创公司有权据此要求金太平洋公司提供公司的会计账簿供其查阅。金太平洋公司主张优创公司要求查阅公司会计账簿有不正当目的，但金太平洋公司向公安机关报案的行为属于依法行使有关权利的行为，并不属于上述法律、司法解释规定的"股东查阅会计账簿有不正当目的"的情形，现金太平洋公司亦没有提交其他充分证据可以证实优创公司存在其他“不正当目的”的情形，故金太平洋公司以此为由提起上诉，据理不足，法院不予支持。另外，鉴于上述法律规定的会计账簿仅包括总账、明细账、日记账和其他辅助性账簿，而没有包括原始凭证和记账凭证，现优创公司诉请扩大查阅会计账簿的范围，经审查，优创公司的理据并不充分，一审判决对此认定错误，法院依法予以纠正。

关于一审判决第三项是否正确的问题。二审法院认为，《最高人民法院关于适用〈中华人民共和国公司法〉若干问题的规定（四）》第十条第一款规定：“人民法院审理股东请求查阅或者复制公司特定文件材料的案件，对原告诉讼请求予以支持的，应当在判决中明确查阅或者复制公司特定文件材料的时间、地点和特定文件材料的名录。”经审查，一审判决金太平洋公司在其实际经营的办公场所向优创公司提供查阅和复制相关资料，时间不少于两个月，并无不当，应予以确认。金太平洋公司对此的上诉主张，据理不足，应予支持。

综上所述，金太平洋公司的上诉请求部分成立。一审判决认定事实基本清楚，适用法律部分不当，该院依法予以纠正。广东省广州市中级人民法院依照《中华人民共和国民事诉讼法》第一百七十条第一款第二项的规定，判决如下：

一、维持广东省广州市天河区人民法院（2017）粤0106民初24351号民事判决第一项、第三项；

二、撤销广东省广州市天河区人民法院（2017）粤0106民初24351号民事判决第四项；

三、变更广东省广州市天河区人民法院（2017）粤0106民初24351号民事判决第二项为：金太平洋公司于本判决生效之日起十日内，向优创公司提供公司自成立至2017年12月31日的会计账簿（包括总账、明细账、日记账、其他辅助性账簿）供优创公司进行查阅，优创公司委托的会计师、律师等中介机构执业人员可以辅助进行；

四、驳回优创公司的其他诉讼请求。

【法官后语】

现代企业制度的建立，导致股东和公司在财产上相互独立，在人格上彼此分开，实行了所有权和经营权相互分离的经营管理模式，而股东知情权正是建立在这种经营管理模式上的必然产物。所谓股东知情权，是法律赋予股东了解公司经营状况和监督高管人员活动的权利，是股东行使资产收益、参与重大决策和选择管理者等权利的基础性权利，是现代公司制度下，中小股东维护自身权益的前提条件。

依照《中华人民共和国公司法》第三十三条规定："股东有权查阅、复制公司章程、股东会会议记录、董事会会议决议、监事会会议决议和财务会计报告。股东可以要求查阅公司会计账簿。股东要求查阅公司会计账簿的，应当向公司提出书面请求，说明目的。公司有合理根据认为股东查阅会计账簿有不正当目的，可能损害公司合法利益的，可以拒绝提供查阅，并应当自股东提出书面请求之日起十五日内书面答复股东并说明理由。公司拒绝提供查阅的，股东可以请求人民法院要求公司提供查阅。"正确行使股东知情权要平衡好股东和公司两者的关系，对股东而言，既要保护股东的知情权，又要防止权利行使的过滥；对公司而言，既要防止侵害股东知情权，又要防止泄露商业秘密，影响公司利益。

一、会计账簿应包含原始凭证和计账凭证

原始凭证和计账凭证等会计凭证是否应属查阅范围，因《中华人民共和国公司法》及其司法解释均未作出明确规定，实践中仍存有争议，司法审判中亦存在支持与否定的态度。否定说认为，根据《中华人民共和国会计法》第十五条的规定，会计账簿包括总账、明细账、日记账和其他辅助性账簿，即会计账簿并不包括原始计账凭证，又因原始凭证、计账凭证多与商业秘密有关，关系公司重大商业利益，为防止少数股东滥用权利损害公司利息，故将股东知情权的行使范围严格按照法律与司法解释规定予以限定，不进行扩大解释，诚如本案判决。支持说则认为，会计账簿登记必须以经过审核的会计凭证为依据，而会计凭证包括原始凭证和记账凭证，因此，查阅会计账簿应当然及于原始凭证。笔者认为，否定说限制性地理解法律条文，可能使股东知情权的"知情"目的无法真正实现，支持说更为合理，理由如下：

第一，从相关法律的规定来看，《中华人民共和国会计法》第九条第一款规定：各单位必须根据实际发生的经济业务事项进行会计核算，填制会计凭证，登记会计账簿，编制财务会计报告；第十四条规定：会计凭证包括原始凭证和记账凭证。办理本法第十条所列的经济业务事项，必须填制或者取得原始凭证并及时送交会计机构……记账凭证应当根据经过审核的原始凭证及有关资料编制。第十五条第一款规定：会计账簿登记，必须以经过审核的会计凭证为依据，并符合有关法律、行政法规和国家统一的会计制度的规定。会计账簿包括总账、明细账、日记账和其他辅助性账簿。即会计账簿，是指由一定格式并相互联系的账页组成，以经过审核的会计凭证为依据，全面、系统、连续地记录各项经济业务的簿籍；原始凭证记载的各项内容是公司进行业务活动之时即行填制的，计账凭证则是根据审核后的原始凭证及其他资料编制而成的。由此可见，会计账簿中的内容属于经营信息，而非商业秘密，具有公开性，会计账簿的真实性和完整性只有通过原始凭证才能反映出来，若不允许股东查阅公司的原始凭证，股东很难真正了解公司的实际情况，股东的知情权难以实际落实。

第二，从现实状况来看，由于我国财务会计报告造假问题较为严重，此等情形之下股东很难仅通过财务会计报告明确知晓公司经营情况，而原始凭证作为记录公司业务发生的最原始证据，涉及与公司进行经济业务往来的其他企业利益，能够相互形成牵制关系，造假可能性小，造假成本很高。因而相较而言，原始凭证之真实性要远远大于财务会计报告，也更加能够反映出公司经营情况。对股东而言，若一概不允许查阅原始凭证，对股东知情权的保护力度将大为减弱，进而难以约束企业管理者的管理权，其后果必然损害股东及公司的合法权益。

第三，从知情权的立法目的来看，股东查阅会计账簿，其目的在于信息不对称情况下保护自己的合法权益，从《中华人民共和国公司法》立法的本意和公司制度良性运行的角度出发，股东通过查阅与会计账簿记载内容有关的原始凭证、记账凭证可以对公司管理层进行有效监督，规范公司治理与经营，以维护投资权益，防止大股东对其权益之侵害。股东查阅形式的范围应当包括会计账簿（含总账、明细账、日记账和其他辅助性账簿）和会计凭证（含计账凭证、相关原始凭证及作为原始凭证附件入账备查的相关资料）。

二、股东要求查阅会计账簿应具有正当性、合理性、针对性

股东查阅会计账簿的主要目的在于保护自身利益，但公司作为一个多元利益汇聚的组织体，股东与公司之间可能存在利益的冲突，不受约束的会计账簿查阅权不仅可能给公司带来极大的负担，而且可能被用于不当目的。因此，账簿查阅权应在一种权利平衡机制下行使。

根据《中华人民共和国公司法》第三十三条第二款的规定，股东行使知情权前

应当向公司提出书面查阅请求，并详细阐述正当目的，但对于何为正当目的，如何判断查阅是否可能损害公司利益则未作进一步阐释。鉴于一般情况下，公司相对于股东处于明显优势地位，对于股东行使知情权的正当目的说明不应克以严格标准，只要股东是基于了解公司经营状况以充分实现自身投资利益的目的而要求查阅，就应当推定为具有正当性和合理性。《最高人民法院关于适用〈中华人民共和国公司法〉若干问题的规定（四）》第八条规定："有限责任公司有证据证明股东存在下列情形之一的，人民法院应当认定股东有公司法第三十三条第二款规定的'不正当目的'：（一）股东自营或者为他人经营与公司主营业务有实质性竞争关系业务的，但公司章程另有规定或者全体股东另有约定的除外；（二）股东为了向他人通报有关信息查阅公司会计账簿，可能损害公司合法利益的；（三）股东在向公司提出查阅请求之日前的三年内，曾通过查阅公司会计账簿，向他人通报有关信息损害公司合法利益的；（四）股东有不正当目的的其他情形。"根据"谁主张，谁举证"的证据规则，如公司认为股东查阅会计账簿具有"不正当目的"，应由公司进行举证。在公司举证证明股东查阅会计账簿可能存在不正当目的进而可能损害公司合法利益时，股东则需进一步举证证明其查阅行为不会对公司的合法权益造成损害，否则其查阅的请求将不能得到支持。

一份真实的公司会计账簿往往能够反映公司一段时间内的所有经营行为，包含公司各种交易往来记录，关系公司重大经营信息或商业秘密，故股东的查阅权须有具体指向的查阅对象，具有针对性，如财务会计报告中的哪个项目存在问题，需要进一步核实哪项会计凭证的以确定真实性，而并非对公司账簿的全面审计，如无具体指向对象而要求查阅原始凭证，客观上将对公司正常经营造成巨大影响。另外，需注意的是，股东仅能查阅会计账簿，不能随意复制，一般最多只可摘抄而已，股东通过查阅获取公司商业秘密后还负有保密义务，不得泄露公司机密，否则应当对造成公司损失承担赔偿责任。

编写人：广东省广州市天河区人民法院　陈美丹　田天宝

15

股东知情权纠纷案件原、被告主体资格的审查

——邹某孟诉胡某丽、高某伟股东知情权案

【案件基本信息】

1. 裁判书字号

浙江省宁波市中级人民法院（2018）浙02民终3949号民事裁定书

2. 案由：股东知情权纠纷

3. 当事人

原告（上诉人）：邹某孟

被告（被上诉人）：胡某丽、高某伟

【基本案情】

宁波水都净水设备有限公司（以下简称水都公司）成立于2009年12月15日，系原告邹某孟与案外人卓某欣、陈某庆共同出资设立。2011年6月10日，原告邹某孟、案外人卓某欣、陈某庆与被告胡某丽、案外人徐某萍签订《宁波水都净水设备有限公司收购协议》（以下简称《收购协议》）一份，约定原告邹某孟、案外人卓某欣、陈某庆将水都公司100%的股权转让给被告胡某丽、案外人徐某萍。同年8月22日，水都公司对公司股东等工商登记情况进行了变更登记，变更后水都公司的股东为被告胡某丽、案外人徐某萍。2013年11月19日，徐某萍将其名下水都公司10%的股权转让给被告高某伟，并于同年11月20日办理了工商变更登记手续。2015年5月20日，水都公司因股东会决议解散而注销。水都公司注销时的股东系两被告。原告诉至法院，要求两被告向原告提供水都公司自成立起至注销时止的会计账簿（含会计凭证）供原告查阅。

【案件焦点】

原告是否有权行使股东知情权。

【法院裁判要旨】

浙江省慈溪市人民法院经审理认为：本案系股东知情权纠纷。《中华人民共和国公司法》第三十三条规定，股东有权查阅、复制公司章程、股东会会议记录、董事会会议决议、监事会会议决议和财务会计报告。根据该规定，行使知情权的主体是公司股东。原告在提起本案诉讼前已经转让了水都公司的股权，其已经不是水都公司的股东。原告也未提供证据证明在持股期间其可能行使的知情权受到侵害，公司相关信息被隐瞒。同时，水都公司已依法注销，法人资格已消亡，股东对公司享有的股东权也因公司的消亡而消灭。股东知情权的义务主体是公司，公司其他股东不能成为知情权的义务主体，故原告要求两被告履行相关义务无法律依据。综上，本案的原、被告主体均不适格。

浙江省慈溪市人民法院依照《最高人民法院关于适用〈中华人民共和国公司法〉若干问题的规定（四）》第七条，《中华人民共和国民事诉讼法》第一百一十九条规定，作出如下裁定：

驳回原告邹某孟的起诉。

原告邹某孟不服，提起上诉。浙江省宁波市中级人民法院经审理认为：本案邹某孟在起诉前已经转让了水都公司的股权，其在起诉时已不具有水都公司股东资格。且邹某孟未提供证据证明在持股期间其合法权益受到损害，邹某孟关于其依据《最高人民法院关于适用〈中华人民共和国公司法〉若干问题的规定（四）》第七条，享有股东知情权纠纷原告主体资格的上诉理由，不能成立。与此同时，水都公司已被依法注销，其法人资格已消亡，股东对公司享有的股东权也因公司的消亡而消灭。邹某孟要求对已被注销的水都公司行使知情权，依据不足。此外，股东知情权的义务主体是公司，邹某孟上诉主张水都公司的其他股东也能成为股东知情权的义务主体，亦缺乏法律依据。

浙江省宁波市中级人民法院依照《中华人民共和国民事诉讼法》第一百七十条第一款第一项、第一百七十一条规定，作出如下裁定：

驳回上诉，维持原裁定。

【法官后语】

股东知情权是法律规定股东享有的一项固有权利，也是股东实现其他股东权的基础性权利。《中华人民共和国公司法》第三十三条第一款规定："股东有权查阅、复制公司章程、股东会会议记录、董事会会议决议、监事会会议决议和财务会计报告。"第九十七条规定："股东有权查阅公司章程、股东名册、公司债券存根、股东大会会议记录、董事会会议决议、监事会会议决议、财务会计报告，对公司的经营提出建议或者质询。"当股东在公司行使知情权受阻时，有司法救济的权利，可以依法向人民法院提起诉讼。本案即系典型的股东知情权纠纷。

一、原告主体资格

"股东知情权"，顾名思义，行使知情权的主体是股东，即在股东知情权纠纷案件中，原告必须具有公司股东身份，而非其他民事主体。本案中，原告邹某孟在起诉前已将其持有的水都公司的股权转让给了胡某丽、徐某萍，那么，股份转让后的股东能否查阅其持股期间的相关公司文件呢？《最高人民法院关于适用〈中华人民共和国公司法〉若干问题的规定（四）》（以下简称《公司法司法解释（四）》）第七条规定："股东依据公司法第三十三条、第九十七条或者公司章程的规定，起诉请求查阅或者复制公司特定文件材料的，人民法院应当依法予以受理。公司有证据证明前款规定的原告在起诉时不具有公司股东资格的，人民法院应当驳回起诉，但原告有初步证据证明在持股期间其合法权益受到损害，请求依法查阅或者复制其持股期间的公司特定文件材料的除外。"由此可见，第一，公司股权既是财产权也是身份权，当股东转让了股权后，其即丧失了股东身份，失去了股东资格，就不应再享有股东知情权。本案中，原告邹某孟在起诉前已经转让了水都公司股权，其已经不是公司的股东，在起诉时其已不具备水都公司股东资格，不应再享有知情权。第二，在实务中，需要根据个别情况作出公平合理的安排，如脱离股东身份的原股东主张股权价值或者公司经营状态等被控制公司的控制方或者股权受让方隐瞒了，是错误的信息导致其放弃股东身份、转让股权，其合法利益受到侵害的，其请求行使知情权的目的是了解持股期间的公司相关文件，以便获取真实情况及证据等，这时若原告有初步证据证明在持股期间合法权益受到损害的，可以行使知情权。但在本案中，原告邹某孟并未提供证据证明在持股期间其可能行使的知情权受到了侵害、公司的相关信息被隐瞒，故其不应享有知情权。

故原告提起知情权之诉时，可以提交公司股东名册、出资证明书、公司登记机关登记、公司发行的记名股票及无记名股票、证券登记结算机构出具的持股证明或者其他书面文件证明其为公司股东。

二、被告主体资格

本案中，水都公司已依法注销，原告邹某孟起诉了水都公司注销时的股东，即本案两被告，此种情况下原告的请求是否能得到支持?

第一，股东知情权是针对公司而言的，其义务主体必须是存续的公司，公司其他股东或者法定代表人、高管管理人员不能成为知情权的义务主体，即股东知情权纠纷案件的被告必须为存续公司，股东不能以其他股东、董事、监事或者高级管理人员作为被告提起诉讼。第二，公司办理工商注销手续后，一方面，公司的独立法人人格不再存续，而公司的诉讼主体资格又与公司的独立法人人格直接相关。公司因注销工商登记而丧失独立法人资格后，其诉讼主体资格亦发生消灭；另一方面，公司注销登记也会导致原有股东身份的消灭，股东对公司享有的股东权也因公司的消亡而消灭，股东主张其享有知情权将缺乏事实依据。因此，本案中，原告邹某孟要求两被告履行知情权的义务无事实和法律依据。

综上所述，股东转让股权后即丧失了股东身份，不应再享有知情权，有证据证明在持股期间其合法权益受到损害的除外。公司注销后，股东对公司享有的知情权因公司的消亡而消灭。

编写人：浙江省慈溪市人民法院　张潇芳　陈幸科

16

股东知情权纠纷中原则上只对股东身份进行形式审查，不宜直接对股东资格争议进行认定

——郭某荣诉成都金陵机电设备有限责任公司股东知情权案

【案件基本信息】

1. 裁判书字号

四川省成都市中级人民法院（2018）川01民终17130号民事判决书

2. 案由：股东知情权纠纷

3. 当事人

原告（上诉人）：郭某荣

被告（被上诉人）：成都金陵机电设备有限责任公司（以下简称金陵机电公司）

【基本案情】

1996年3月12日，聂某政向工商登记机关申请设立金陵机电公司。1996年3月28日，金陵机电公司成立。工商登记信息显示：股东为聂某政、郭某荣二人，聂某政为公司执行董事，郭某荣为监事等事项；聂某政以货币出资10万元，以实物出资30万元，郭某荣以实物出资10万元；成都市锦江审计事务所出具的《验资报告》亦载明金陵机电公司由聂某政、郭某荣两名股东以货币资金和实物形式共同出资兴办，截至1996年3月12日，公司已筹集资本50万元，其中聂某政以货币10万元和实物30万元出资，郭某荣以实物10万元出资。另，金陵机电公司1996年3月及2006年3月的公司章程均载明公司不设董事会，只设执行董事一名，不设监事会，只设监事一名。

2018年4月25日，郭某荣向金陵机电公司提出书面查阅申请，要求金陵机电公司将自1996年3月28日起至今的财务会计报告等资料提供给郭某荣查阅或复

制。金陵机电公司未予同意。

诉讼中，金陵机电公司辩称郭某荣并非公司真实股东，因公司设立时不允许一人股东，聂某政当时只是借用了郭某荣的身份信息办理工商设立登记，主张公司设立登记资料中“郭某荣”的签字均非郭某荣本人所签，并对“郭某荣”的签字提出笔迹鉴定申请。郭某荣对此不予认可，但自认公司设立时基于对聂某政的信任，将身份证、户口本等交由聂某政全权办理，故工商登记材料中的笔迹可能确非本人所签，并陈述其是用 10 万元的现金出资。

【案件焦点】

郭某荣对金陵机电公司的股东知情权诉求应否得到支持。

【法院裁判要旨】

四川省成都市金牛区人民法院经审理认为：股东知情权是法律规定股东享有的一项重要、独立的权利，是股东实现其他股东权的基础性权利，也是股东参与公司管理的前提和基础，公司不得限制或剥夺股东的此项权利。本案中，双方争议的焦点实际是郭某荣是否是金陵公司的真实股东？股东资格的取得包括原始取得和继受取得，原始取得是指直接向公司认购股份，包括设立取得和增资取得，继受取得包括转让取得、继承取得、赠与取得及因公司合并等方式取得股东资格。实践中，不出资但拥有股东资格的情况普遍存在，除合法的继受股东外，典型的还表现为挂名股东。本案中，显然可以排除郭某荣通过继受方式取得金陵公司股东资格的情况，那么郭某荣是否是通过原始出资方式取得金陵公司股东资格是本案需要审理的重点。首先，根据双方当事人的陈述，金陵公司设立时的工商登记手续全是由公司法定代表人聂某政一人办理，郭某荣系将身份证等资料交由聂某政办理，其本人并未实际参与金陵公司的设立登记。其次，金陵公司自 1996 年设立至今，已正常经营 20 余年，其间郭某荣从未参与过公司的经营管理、盈余分红等事宜，也从未向金陵公司主张过股权权益，如郭某荣是金陵公司的真实股东，显然与常理不符。最后，从金陵公司设立时的验资报告来看，郭某荣是以实物出资 10 万元，而诉讼中郭某荣却陈述是用 10 万元现金出资，其陈述前后矛盾，且郭某荣并未举证证明向聂某政交付了 10 万元现金。综上，仅凭工商登记资料中的记载，不能证明郭某荣是金陵公司的真实股东，对郭某荣的知情权请求，不予支持。

四川省成都市金牛区人民法院依照《中华人民共和国公司法》第三十三条，《中华人民共和国民事诉讼法》第六十四条，《最高人民法院关于适用〈中华人民共和国民事诉讼法〉的解释》第九十条第二款之规定，作出如下判决：

驳回郭某荣的诉讼请求。

郭某荣不服一审判决，提起上诉。

四川省成都市中级人民法院审理认为：在股东知情权纠纷中，法院对当事人股东资格的审查应以形式审查为一般标准。股东资格确认纠纷与股东知情权纠纷并非同一法律，若当事人就股东资格存在争议，可通过其他诉讼或纠纷解决方式予以救济，但后者并不影响法院在现有证据的基础上对股东知情权纠纷进行审理。股东在丧失公司股东身份前仍可按照公司法或章程的规定行使股东知情权。本案中，《出资协议》、金陵机电公司章程、验资报告均载明了郭某荣的出资情况，股东会决议也体现了郭某荣的股东身份，应当确认上述文件及材料的证明效力。聂某政称，郭某荣未实际出资，当初聂某政为了使公司股东不少于两名才以郭某荣名义办理相关手续。即使聂某政所述属实，对于聂某政与郭某荣就相关股权是否存在实际出资人和显名股东的关系，以及是否应否认郭某荣的股东身份而确认聂某政的股东身份，也应通过另案诉讼或其他纠纷解决方式处理，不宜在股东知情权纠纷案件中直接对股东资格争议进行认定，也不宜直接否定郭某荣的股东权利。郭某荣要求查阅、复制金陵机电公司自1996年3月28日起至判决生效之日止的财务会计报告、股东会会议记录的诉讼请求，符合《中华人民共和国公司法》第三十三条第一款规定，予以支持。其中财务会计报告的组成，以《中华人民共和国会计法》的规定为准。鉴于金陵机电公司未设立董事会和监事会，故不存在董事会会议决议、监事会会议决议，对郭某荣要求查阅、复制金陵机电公司董事会会议决议、监事会会议决议的诉讼请求不予支持。《中华人民共和国公司法》第三十三条第二款规定，股东可以要求查阅公司会计账簿，股东要求查阅公司会计账簿的，应当向公司提出书面请求，说明目的；公司拒绝提供查阅的，股东可以请求人民法院要求公司提供查阅。郭某荣于2018年4月25日通过代理人向金陵机电公司提出的书面申请中，要求查阅的公司文件材料不包括会计账簿。现无证据表明郭某荣就要求查阅公司会计账簿完成了通知的前置程序，故对郭某荣要求查阅公司会计账簿的诉讼请求，不予支持。综上所述，郭某荣的上诉请求部分成立。

四川省成都市中级人民法院依照《中华人民共和国公司法》第三十三条第一款、第二款，《中华人民共和国民事诉讼法》第一百七十条第一款第二项规定，判决如下：

一、撤销成都市金牛区人民法院（2018）川0106民初6091号民事判决；

二、金陵机电公司在本判决生效之日起十五日内，在公司住所地向郭某荣提供自1996年3月28日起至判决生效之日止的财务会计报告（包括资产负债表、损益表、现金流量表、利润分配表、财务情况说明书）、股东会会议记录，供郭某荣查阅、复制；郭某荣在金陵机电公司正常营业时间内查阅，查阅时间不得超过十个工作日；

三、驳回郭某荣其他诉讼请求。

【法官后语】

股东知情权是指法律赋予公司股东了解公司信息的权利。股东知情权包括了股东了解公司的经营状况、财务状况以及其他与股东利益有密切关系的权利。《中华人民共和国公司法》第三十三条规定：“股东有权查阅、复制公司章程、股东会会议记录、董事会会议决议、监事会会议决议和财务会计报告。股东可以要求查阅公司会计账簿。股东要求查阅公司会计账簿的，应当向公司提出书面请求，说明目的。公司有合理根据认为股东查阅会计账簿有不正当目的，可能损害公司合法利益的，可以拒绝提供查阅，并应当自股东提出书面请求之日起十五日书面答复股东并说明理由。公司拒绝提供查阅的，股东可以请求人民法院要求公司提供查阅。”从上述规定来看，股东知情权在形式上主要表现为股东查阅公司章程、股东会会议记录、董事会会议决议、监事会会议决议、财务会计报告和会计账簿的权利。从《中华人民共和国公司法》第九十七条“股东有权查阅公司章程、股东名册、公司债券存根、股东大会会议记录、董事会会议决议、监事会会议决议、财务会计报告，对公司的经营提出建议或者质询”的规定来看，股东的知情权实质上还包括了股东对公司提出建议或质询的权利。可以说，知情权是股东实现其他股东权的基础性权利，也是股东参与公司管理的前提和基础。

司法实践中，股东提起知情权之诉大多数情况下归因于公司在经营过程中，小股东被大股东排挤，对公司经营状况无法掌握或者股东之间因各自的利益冲突，矛盾难以平衡。而针对股东提起的知情权诉讼，公司则往往以行使知情权的股东有不正当目的，可能损害公司合法利益为由拒绝提供公司档案资料，也有的以股东在向人民法院提起诉讼之前未按照法律规定，以书面形式向公司提出请求并说明目的为由，抗辩股东的知情权之诉未经过前置程序。像上述案例中，公司以登记股东并非实际出资人，不是公司的真实股东进行抗辩的比较少见。这种情况下，支持股东的知情权诉求就等于认可了其股东身份。那么，在股东知情权纠纷诉讼中，是仅对股东身份进行形式审查，还是对双方关于股东资格的争议问题直接进行认定呢？从案由上来看，股东资格确认纠纷与股东知情权纠纷虽然都是属于与公司有关的纠纷，但二者在法律关系上是完全不同的两个法律关系，当事人如果对股东资格有争议，完全可以通过其他诉讼或者纠纷解决方式予以救济。但后者不应当影响法院基于现有证据对股东知情权作出判决，股东在丧失公司股东身份前仍有权按照公司法或公司章程的规定行使股东知情权，法院不宜在审理股东知情权纠纷中直接对股东的资格争议问题进行认定。

编写人：四川省成都市金牛区人民法院　郭雅丽

四、公司盈余分配纠纷

17

未尽出资义务股东的自益权原则上应当被限制

——厦门华龙兴业房地产开发有限公司诉叶某源、简某琴公司盈余分配案

【案件基本信息】

1. 裁判书字号

福建省厦门市中级人民法院（2018）闽02民终166号民事判决书

2. 案由：公司盈余分配纠纷

3. 当事人

原告（上诉人）：厦门华龙兴业房地产开发有限公司（以下简称华龙公司）

被告（被上诉人）：叶某源、简某琴

第三人：陈某辉

【基本案情】

1999年，陈某辉与叶某源为合作开发“明月园”项目而设立华龙公司，双方订立《股东合作协议》，约定共同出资800万元，其中叶某源出资416万元，占52%，陈某辉出资384万元，占48%；陈某辉在合同签订后三天内，存入华龙公司300万元，验资后作为项目的履约保证金；叶某源在取得市房地产公司合作关系后，在20天内取得市计委立项资格批文，计委立项变更后，陈某辉的300万元保证金归叶某源使用。《股东合作协议》签订后，第一期注册资金300万元由陈某辉

注入，验资后作为保证金由叶某源使用，第二期500万元由叶某源借入，验资后偿还了叶某源。同年，华龙公司登记设立。2009年4月20日，福建高院终审判决认定，叶某源未履行向华龙公司出资的义务，应当向华龙公司履行416万元的出资义务。

2006年2月14日，叶某源与陈某辉签订《补充协议五》，约定：双方合作的项目，叶某源可得店面为B幢101、102、109、110、C幢102、104。同月18日，叶某源与陈某辉签订《股东决议》，决定“明月园”项目中，以成本价按售楼合同给叶某源、陈某辉，并办理股东合同及产权登记。华龙公司在该《股东决议》上签章。同年3月2日，华龙公司作为出卖人、叶某源作为买受人向厦门市土房局备案了五份《商品房买卖合同》，标的物即讼争五套店面，合同价格共计601650元。同年4月19日，叶某源与陈某辉签订《补充协议六》，约定：叶某源所得“明月园”项目实物财产已大部分进行合同备案登记，具体为B幢101、102、109、110单元、C幢102单元，叶某源欲办理产权，需华龙公司开具售房发票，每单元金额以叶某源的合同价开取。同日，华龙公司向叶某源开具了与讼争五套店面对应的发票。讼争五套店面于同年登记至叶某源名下，叶某源未另行向华龙公司支付相应款项。2008年9月23日，厦门地税局认定叶某源取得的讼争五套店面，属于分红行为，应按股息红利扣缴个税。2010年3月18日，法院作出行政判决，确认了厦门地税局认定的上述事实。

【案件焦点】

未履行出资义务的股东，是否有权获得公司分配的利润。

【法院裁判要旨】

福建省厦门市湖里区人民法院经审理认为：叶某源于2006年从华龙公司取得的讼争五套店面，经厦门地税稽查局认定构成分红，即属于从华龙公司获得的利润，该法律事实后经厦门市思明区人民法院作出生效行政判决予以确认。虽然，叶某源在作为华龙公司股东期间未履行出资义务，依法其请求分配利润的股东自益权将受到相应限制。但是，法律对未履行出资义务股东自益权的限制，是为了维护已依约履行出资义务的其他股东的权益和保障公司资本充足，通过该手段促使未履行出资义务的股东按照股东之间的契约及时向公司缴交资本。从《中华人民共和国公司法》第三十四条规定的内容来看，已实际出资的股东可以放弃对未出资股东请求分配利润权利的限制，只要全体股东对公司利润分配作出有效决定，则应当按照该决定予以执行。叶某源依照《补充协议五》、《股东决议》及《补充协议六》取得讼争五套店面，上述依据是华龙公司的全体股东对利润不按出资比例或不按是否实际出资到位予以分配而形成的新约定，并无证据表明该约定存在效力瑕疵，对陈某辉、叶某源及华龙公司具有拘束力。

福建省厦门市湖里区人民法院依照《中华人民共和国民事诉讼法》第六十四条第一款规定，作出如下判决：

驳回华龙公司的诉讼请求。

华龙公司不服一审判决，向福建省厦门市中级人民法院提起上诉。福建省厦门市中级人民法院经审理后同意一审法院裁判意见。

福建省厦门市中级人民法院依照《中华人民共和国民事诉讼法》第一百七十条第一款第一项规定，判决如下：

驳回上诉，维持原判。

【法官后语】

出资是股东最基本、最重要的义务，是股东取得股东权利的对价，是维持公司资本充实的前提，同时也是股东之间以及股东和公司之间的一种约定义务。股东不履行出资义务，损害了公司的利益，进而侵害公司其他股东和公司债权人的利益。实践中，股东未履行出资义务有多种表现形式，其中以股东设立公司时，为了应付验资，将款项短期转入公司账户后又立即转出，公司未实际使用该款项进行经营尤为常见。当股东未尽出资义务时，除依法应当向公司承担补足出资的法律责任外，公司还可以通过章程的规定或者股东会决议限制该股东权利，这是《中华人民共和国公司法》赋予公司的权利，以促使股东履行出资义务。

股东权利以行使目的或权利内容为标准，可以分为自益权和共益权。自益权是股东获取财产利益的权利，内容主要包括利润分配请求权、新股优先认购权、剩余财产分配请求权等。共益权是股东参与公司重大事务管理的权利，内容主要包括表决权、质询权、知情权等。股东权利是一个权利束，内含丰富的具体权能，其产生的基础是股东的出资（认缴或者实缴），股东权利作为出资的对价，其内涵当然具有对未尽出资义务股东权利进行限制的正当性。依照《中华人民共和国公司法》第三十四条和《最高人民法院关于适用〈中华人民共和国公司法〉若干问题的规定(三)》(以下简称《公司法解释三》)第十六条规定，股东自益权原则上应当受到股东实缴出资程度的限制，理由有：第一，股东出资设立公司最直接的目的是获得经济利益，实现该目的的主要手段是通过公司经营产生红利并进行分配，因此可以说股东分取红利是其最为重要的财产权利，其他财产权利都是围绕该权利产生的，而公司红利的产生，有赖于股东的出资。因此，股东未尽出资义务时，其相应的财产性权利应当受到限制，这符合权利义务相一致的民事法律原则。第二，股东权利中的自益权主要表现为财产性权利，是股东为了确保个人经济利益而享有的权利，对其进行限制一般不会对公司整体利益、其他股东利益以及公司债权人利益造成不利影响。第三，对未尽出资义务的股东权利中的自益权进行限制，并非完全否定股东享有的全部权利，股东享有的对公司重大事务参与管理的权利并未被限制，其仍可与其他股东一同参与公司经营管理、监督公司相关行为并对其中的不当行为进行纠正。第四，对未尽出资义务的股东权利中的自益权进行限制，并非完全否定其享有的自益权，而是根据其实缴出资情况，按比例进行相应的合理限制，遵循比例原则。第五，《中华人民共和国公司法》和《公司法解释三》赋予公司全体股东充分的意思自治空间，公司可通过章程、股东会决议等形式，对未尽出资义务股东的自益权限制作出不同于法律规定的约定，以满足不同需求的股东之间通过设立公司建立合作关系的现实需要。

本案中，虽然叶某源在作为华龙公司股东期间未履行出资义务，依法其请求分配利润的股东自益权将受到相应限制。但是，叶某源与陈某辉作为华龙公司的全体股东，约定公司向股东分配利润不以出资比例或不以是否实际出资为前提，该约定对公司及股东具有约束力。叶某源保有获得华龙公司分配的利润的权利。

编写人：福建省厦门市湖里区人民法院　刘惠斌

五、公司决议纠纷

18

以实际行为追认他人代为签名并履行决议内容的，公司决议成立

——李某生、刘某伟诉四川省莲花湖旅游开发有限公司公司决议效力确认案

【案件基本信息】

1. 裁判书字号

四川省成都市中级人民法院（2019）川01民终290号民事判决书

2. 案由：公司决议效力确认纠纷

3. 当事人

原告（上诉人）：李某生、刘某伟

被告（被上诉人）：四川省莲花湖旅游开发有限公司（以下简称莲花湖公司）

第三人：王某年、袁某

【基本案情】

2004年，第三人成立莲花湖公司，注册资本50万元。2012年12月6日，李某生、刘某伟受让第三人王某年、袁某在莲花湖公司的股权成为该公司股东，李某生、刘某伟各占30%的股份，公司注册资本保持不变。2013年1月，王某年告知李某生、刘某伟因其股权受让方祝某悦要求现将注册资本增资到5000万元以后再办理股权变更登记手续，因此其想找一家代办公司评估增资。此后，李某生、刘某

伟未接到公司召开股东会的书面或者口头通知，也未参加任何形式的股东会议，更未签署任何关于公司增加注册资本的股东会决议。2018年1月5日，莲花湖公司起诉王某年、袁某、李某生、刘某伟缴纳增资款，李某生、刘某伟才知晓莲花湖公司于2013年3月25日、2013年4月11日形成了两次增资《股东会决议》。如前所述，李某生、刘某伟作为股东，未接到关于召开公司增资股东会决议的通知，也不知道两次增资的股东会决议，更没有在股东会决议上签字。根据莲花湖公司《公司章程》第21、22、27条的规定，公司增资必须召开股东会且决议必须经全体股东通过。根据《最高人民法院关于适用〈中华人民共和国公司法〉若干问题的规定（四）》第五条规定，请求判令莲花湖公司于2013年3月25日及2013年4月11日关于增资的《股东会决议》不成立。

【案件焦点】

2013年3月25日及2013年4月11日关于增资的《股东会决议》是否成立。

【法院裁判要旨】

四川省彭州市人民法院经审理认为：李某生、刘某伟的主张不能成立。首先，本案李某生、刘某伟并未否认诉争《股东会决议》客观存在的事实，但主张并未召开股东会。根据查明的事实，莲花湖公司在2013年7月之前，公司的股东为李某生、刘某伟、王某年、袁某，法定代表人为袁某，对于增资的事宜，李某生在公安机关陈述，刘某伟在开会时告知了其和王某年、袁某，可以证明四股东通过开会并达成对增资事宜的意思表示。其次，李某生、刘某伟以实际行为追认了他人代为签名的法律效力。本案中，诉争决议上所议定的事项，其二人均以实际行为履行，且在他案诉讼中追认了作为证据的两个决议的真实性，该签名的法律后果及于二人；最后，股东会决议是否成立应以股东对决议内容达成一致或多数意思表示为实质要件，符合法律规定的行为方式为形式要件。综上，诉争的两份《股东会决议》依法成立。

四川省彭州市人民法院依照《中华人民共和国民法总则》第一百三十四条，《中华人民共和国公司法》第三十七条第二款，《最高人民法院关于适用〈中华人民共和国公司法〉若干问题的规定（四）》第五条的规定，作出如下判决：

驳回李某生、刘某伟的诉讼请求。

李某生、刘某伟不服一审判决，提起上诉。四川省成都市中级人民法院经审理认为：首先，诉争的两份股东会决议来源于莲花湖公司的工商登记信息，李某生、王某年、袁某在其他案件中对该两份股东会决议的三性均无异议。其次，刘某伟、李某生在向公安机关的陈述中表示，莲花湖公司该两次增资系刘某伟找代办公司代办。李某生陈述该代办事项在莲花湖公司开会时已告知了王某年和袁某。上述两份股东会决议的形成系得到了李某生、刘某伟的授意。最后，莲花湖公司上述两次增资的增资款均是通过四股东的个人银行账户向公司验资账户支付，四股东以具体的民事行为履行了上述两份股东会决议的内容。综上，决议成立。

四川省成都市中级人民法院依照《中华人民共和国民事诉讼法》第一百七十条第一款第一项的规定，作出如下判决：

驳回上诉，维持原判。

【法官后语】

本案对于厘清《最高人民法院关于适用〈中华人民共和国公司法〉若干问题的规定（四）》（以下简称《公司法司法解释四》）实施后认定公司决议不成立的条件把握具有一定的样本意义。股东会决议是指通过股东的表决而形成的股东会的意思表示，是一种多方法律行为。李某生、刘某伟诉称莲花湖公司备案于工商行政机关的两份诉争《股东会决议》不成立，其实质是主张股东对决议内容并没有形成一致或多数的意思表示。根据《中华人民共和国民法总则》第一百三十四条规定，民事法律行为可以基于双方或者多方意思表示一致成立，也可以基于单方的意思表示成立；法人依照法律或者章程规定的仪式方式和表决程序作出决议的，该决议行为成立。与之相呼应，《公司法司法解释四》第五条规定了公司决议不成立的情形："股东会或者股东大会、董事会存在下列情形之一，当事人主张决议不成立的，人民法院应当支持：（一）公司未召开会议的，但依据公司法第三十七条第二款或者公司章程规定可以不召开股东会或者股东大会而直接作出决定，并由全体股东在决定文件上签名、盖章的除外；（二）会议未对决议事项进行表决的；（三）出席会议的人数或者股东所持表决权不符合公司法或者公司章程规定的；（四）会议的表决结果未达到公司法或者公司章程规定的通过比例的；（五）导致决议不成立的其他情形。"对于公司决议"瑕疵"的诉争类型，也相应形成了确认无效、撤销、不成立的“三分法”。从《公司法司法解释四》第五条的规定来看，公司决议不成立的原因在于决议内容欠缺成立要件，属于程序上的严重瑕疵，具体为决议不存在或者未形成有效决议，基本上属于欠缺意思表示的事实要件。未召开会议，且决议上的部分股东签名属他人所签，虽属于程序上存在瑕疵，但不能轻易以程序瑕疵认定公司决议不成立，若决议内容真实存在，判断决议是否成立应以是否形成了一致的意思表示为核心要件，对于股东以实际行为践行决议涵盖内容的行为应认定对决议的追认，各股东对决议具有“通谋”的意思表示，应认定为决议成立。本案对于厘清《公司法司法解释四》实施后认定公司决议不成立的条件把握具有一定的样本意义。

编写人：四川省彭州市人民法院　曾耀林　王文兵

19

损害股东分红权的股东会决议应予撤销

——黄某新诉南宁市正生工艺美术有限责任公司公司决议撤销案

【案件基本信息】

1. 裁判书字号

广西壮族自治区南宁市江南区人民法院（2018）桂0105民初2974号民事判决书

2. 案由：公司决议撤销纠纷

3. 当事人

原告：黄某新

被告：南宁市正生工艺美术有限责任公司（以下简称正生公司）

第三人：杜某生、陈某锜、梁某萍、曹某英、李某、黎某家、黄某涛、钟某军、周某萍、梁某、梁某琼、李某、关某成、黄某森

【基本案情】

被告正生公司前身为南宁市工艺美术厂，是一家成立于1993年、生产工艺美术品的集体所有制企业。2005年改制时正生公司原集体企业职工的身份被置换转为公司股权，成为实际股东，因股东人数众多，正生公司将职工股东以车间班组为单位进行分组，每组由一个股东代表代为持股，该股东代表成为工商注册登记股东，该十五名股东分别为本案原告及十四名第三人。正生公司章程第二十五条约定："股东权利：1. 股东享有股权和按出资额所占比例分取红利的权利……6. 股东有依照法律和本章程规定转让股权和有限购买其他股东转让的股权以及公司新增资本的权利。出资人死亡后其合法继承人可以继承其股份。7. 股东有依法分得公司解散清算后剩余财产的权利……"

2016年11月，正生公司的房屋被南宁市人民政府征收，获得相应的拆迁补偿款。2018年4月23日，正生公司根据梁某、关梁某成、黄梁某涛、黄梁某森四位股东的提议召开临时股东会议，形成决议内容如下："第一，解放路3号被征用房屋拆迁补偿款11808311.90元及利息扣除非持股退休职工每人2万元（含税）提留后，剩余按福利发放；第二，经表决，李甲、李乙、曹某英、钟某军、梁某萍、梁某琼、梁某、关某成、黄某涛股东同意持有本公司股份的出资人（调离本公司或自动离职的、死亡的出资人除外）按人均发放；第三，解放路3号被征用房屋拆迁补偿款（本息）分三次（4月、5月、6月）发放；第四，本决议作出后5日由本公司财务部门依法依规制表发放；第五，本公司2018年4月3日临时股东会决议作废，本决议为最终决议。"对上述决议内容，13名实到股东中，10名同意，1名不同意，1名弃权。

原告黄某新于2018年5月7日诉至法院，请求撤销2018年4月23日正生公司《临时股东会决议》。

【案件焦点】

1. 公司因拆迁所获得的补偿款是否可以在股东间进行分配；2. 如能分配，股东会决议排除已死亡股东及已调离公司出资人的分红权是否违反公司章程约定，该决议是否应予撤销。

【法院裁判要旨】

广西壮族自治区南宁市江南区人民法院经审理认为：依照《中华人民共和国公司法》第二十二条第二款之规定："股东会或者股东大会、董事会的会议召集程序、表决方式违反法律、行政法规或者公司章程，或者决议内容违反公司章程的，股东可以自决议作出之日起六十日内，请求人民法院撤销。"正生公司2018年4月23日临时股东会的召集方式及表决方式均符合法律规定及章程约定，因此认定2018年4月23日《临时股东会决议》是否可撤销的关键在于审查该决议的内容是否违反公司章程。对此，法院认为，涉讼拆迁补偿款虽不是公司经营的利润，但亦应属于公司资产，该笔款项用于企业必要的安置支出后，可在股东之间进行分配，虽然正生公司的章程对拆迁款等公司资产的分配并无明确约定，但依照《中华人民共和国公司法》的相关规定及公司章程的约定，该笔资产应在全体股东及出资人之间进行分配，而2018年4月23日《临时股东会决议》排除了已调离公司或自动离职的以及已经死亡的出资人的资产分配权利，明显违反了正生公司章程第二十五条的约定。综上所述，正生公司2018年4月23日《临时股东会决议》因违反公司章程，原告要求撤销该决议，符合法律规定，法院予以支持。

广西壮族自治区南宁市江南区人民法院依照《中华人民共和国公司法》第四条、第二十二条第二款、第七十五条之规定，作出如下判决：

撤销被告正生公司于2018年4月23日作出的《临时股东会决议》。

【法官后语】

法院对公司决议是否可撤销的司法审查有范围和时间限制。公司决议，一般包括股东会决议和董事会决议。公司决议是公司的意思决定，是对公司事务的判断，对此公司本身最有发言权，司法不能替代公司作出商业判断，因此对公司决议原则上不进行司法干预，只在特定范围内对其作出司法决断。法院在公司决议撤销纠纷案件中的司法审查范围原则上仅限于对以下三个可撤销原因进行审查：召集程序是否违反法律、行政法规或公司章程；表决方式是否违反法律、行政法规或公司章程；决议内容是否违反公司章程。本案各当事人对讼争公司决议的召集程序和表决方式均无异议，故仅需对决议内容是否符合公司章程进行审查。

企业拆迁补偿款用于必要的安置或经营支出、支付相应税款费用并提留相应款项后，若有剩余，可作为公司利润在股东之间分配。具体的分配方案，依照《中华人民共和国公司法》第三十四条之规定，应按公司章程确定或经全体股东一致同意后确定。本案部分第三人认为“拆迁补偿款不是营业收益，是公司资产，因此就应该平均分配”，该主张并不符合法律规定。作为公司利润分配的剩余拆迁补偿款确实可不按出资比例进行分配，但仅限于“全体股东约定不按照出资比例分取红利”该种情况。

股东分红权是股东固有的基本权利，不应被任何决议剥夺。投资者出资设立公司的根本目的在于取得投资收益，股东取得投资收益的主要方式就是分红，这在《中华人民共和国公司法》第四条、第三十四条上均有体现。被告公司章程的第二十五条也对公司股东的分红权利及股东死亡后其权利应如何继承等进行了明确约定。涉讼股东会决议排除了已调离公司或自动离职的出资人，以及已经死亡的出资人的红利分配权利，显然已经违反公司章程，也损害了相应股东的权益，故涉讼股东会决议应予以撤销。

编写人：广西壮族自治区南宁市江南区人民法院　方扬慧

20

决议不成立之诉是否受决议撤销之诉六十日除斥期间的限制

——李某营诉重庆市中南石油有限责任公司公司决议案

【案件基本信息】

1. 裁判书字号

重庆市第二中级人民法院（2018）渝02民终457号民事判决书

2. 案由：公司决议纠纷

3. 当事人

原告（被上诉人）：李某营

被告（上诉人）：重庆市中南石油有限责任公司（以下简称中南石油公司）

第三人（上诉人）：重庆富成兴商贸有限公司（以下简称富成兴公司）

【基本案情】

中南石油公司登记的股东为中国石化销售有限公司（以下简称中石化公司）与富成兴公司，登记的董事长暨法定代表人为李某营。中石化公司认缴出资额2100万元，持股比例70%，富成兴公司认缴出资额900万元，持股比例30%。中南石油公司章程规定，股东有权参加或委托代理人参加股东会，按照认缴出资比例行使表决权；股东会会议由董事会召集，董事长主持，董事长不能履行职务或者不履行职务的，副董事长主持，副董事长不能履行职务或者不履行职务的，由半数以上董事共同推举一名董事主持；董事会不能履行或者不履行召集股东会会议职责的，由监事会召集和主持，监事会不召集和做主持的，代表十分之一以上表决权的股东可以自行召集和主持；股东会会议由股东按照认缴出资比例行使表决权；股东会会议对所议事项作出决议，须经代表全部表决权的股东通过……2016年1月20日，由中南石油公司副董事长钟某富主持召开股东会，董事秦某平及钟某、监事钟某斌及杨某富列席，股东富成兴公司参会，形成如下股东会决议：对中石化重庆分公司高于市场价向中南石油公司供油，超出结算金额在中南石油公司向中石化重庆分公司付货款中扣除；若中石化重庆分公司违背合资合同继续高于市场价供油给中南石油公司，中南石油公司可自行采购；罢免董事长李某营、总经理秦某平等。2016年8月19日，中石化公司以富成兴公司、中南石油公司为被告向重庆市奉节县人民法院提起诉讼，要求撤销2016年1月20日作出的股东会决议，因其请求已超过公司法规定期限，重庆市奉节县人民法院于2016年11月16日作出（2016）渝0236民初3921号民事裁定书，裁定驳回中石化公司的起诉。中石化公司不服，提起上诉，重庆市第二中级人民法院于2017年2月8日作出（2016）渝02民终2851号民事裁定书，裁定驳回上诉，维持原裁定。中石化公司不服终审裁定，向重庆市高级人民法院申请再审，重庆市高级人民法院于2017年8月9日作出（2017）渝民申920号民事裁定书，裁定驳回中石化公司的再审申请。

【案件焦点】

1. 李某营的原告主体是否适格；2. 李某营请求确认案涉股东会决议不成立是否受六十日除斥期间的限制；3. 案涉股东会会议的召集程序、表决方式是否违反了《中华人民共和国公司法》及中南石油公司章程的规定，即案涉股东会决议是否成立的问题。

【法院裁判要旨】

重庆市奉节县人民法院经审理认为：《最高人民法院关于适用〈中华人民共和国公司法〉若干问题的规定（四）》第一条规定，公司股东、董事、监事等请求确认股东会或者股东大会、董事会决议无效或者不成立的，人民法院应当依法予以受理。本案中，李某营作为中南石油公司的董事长和董事，与诉争的股东会决议内容具有直接利害关系，故李某营是本案的适格原告。《中华人民共和国公司法》第二十二条第二款规定，股东会或者股东大会、董事会的会议召集程序、表决方式违反法律、行政法规或者公司章程，或者决议内容违反公司章程的，股东可以自决议作出之日起六十日内，请求人民法院撤销。本案中，李某营是以董事身份请求确认案涉股东会决议不成立，现行公司法及其司法解释对公司股东、董事、监事等请求确认股东会或股东大会、董事会的决议不成立是否受六十日除斥期间的限制并未作出明确规定，故本案并不适用前述规定，亦不应受前述规定中关于六十日除斥期间的限制。案涉股东会会议系由副董事长主持，中南石油公司、富成兴公司并未举示证据证明董事会不召集或不能召集以及董事长不能或不履行职务，故案涉股东会会议的召集程序存在瑕疵。中南石油公司的章程规定，股东会会议对所议事项作出决议，须经代表全部表决权的股东通过，而案涉股东会决议并未经过持有公司70%股份的股东中石化公司表决同意。因此，依据《最高人民法院关于适用〈中华人民共和国公司法〉若干问题的规定（四）》第五条规定，案涉股东会会议的表决结果并未达到公司章程规定的通过比例，案涉股东会决议不成立。

重庆市奉节县人民法院依照《中华人民共和国民法总则》第三条，《最高人民法院关于适用〈中华人民共和国公司法〉若干问题的规定（四）》第五条、第二十七条，《中华人民共和国民事诉讼法》第六十四条第一款之规定，作出如下判决：2016年1月20日的中南石油公司股东会决议不成立。

中南石油公司、富成兴公司不服一审判决，提起上诉。重庆市第二中级人民法院经审理认为：二审法院同意一审法院裁判意见。

重庆市第二中级人民法院依照《中华人民共和国民事诉讼法》第一百七十条第一款第一项之规定，作出如下判决：

驳回上诉，维持原判。

【法官后语】

召开股东会或者股东大会、董事会会议，是公司治理的主要方式，对所议事项作出的决定即为决议。《最高人民法院关于适用〈中华人民共和国公司法〉若干问题的规定（四）》施行以前，我国公司法对决议效力瑕疵的分类，仅局限于决议无效和决议可撤销两种类型。经过司法实践和理论发展的证明，“二分法”模式存在缺陷，因此，新的司法解释增加了决议不成立制度，从此构建了我国公司法关于决议效力瑕疵的“三分法”格局，该分类亦与《中华人民共和国民法总则》中关于具有效力瑕疵民事法律行为的分类一脉相承。

公司决议效力瑕疵的三种类型中，决议不成立和决议可撤销都属于程序瑕疵，但二者的瑕疵程度并不相同。决议可撤销的程序瑕疵严重程度弱于决议不成立。《中华人民共和国公司法》第二十二条第二款明确规定，股东会或者股东大会、董事会的会议召集程序、表决方式违反法律、行政法规或者公司章程，或者决议内容违反公司章程的，股东可以自决议作出之日起六十日内，请求人民法院撤销。即决议撤销之诉受六十日除斥期间的限制，除斥期间经过，可撤销的决议即被补正。而对于决议不成立，因其程序瑕疵严重，以至于无法承认决议在法律上存在，即决议不成立的程序瑕疵无法被补正，故现行公司法及其司法解释并未规定请求人民法院确认决议不成立的需自决议作出之日起六十日内提出，即决议不成立之诉不受六十日除斥期间的限制。

本案中，中南石油公司的股东中石化公司曾诉讼请求人民法院撤销案涉股东会决议，但因中南石油公司违反了《中华人民共和国公司法》第二十二条第二款的规定，未在决议作出之日起六十日内提出，而被人民法院裁定驳回。因此，对于案涉股东会决议是否存在召集程序、表决方式上的效力瑕疵问题，人民法院并未作出实体审理。在《最高人民法院关于适用〈中华人民共和国公司法〉若干问题的规定（四）》施行后，中南石油公司的董事即本案原告李某营依据该司法解释第一条、第五条的规定，以案涉股东会决议的召集程序、表决方式违反公司法以及中南石油公司章程的规定为由，诉讼请求人民法院确认案涉股东会决议不成立。因现行公司法及其司法解释对公司股东、董事、监事等请求确认股东会或股东大会、董事会的决议不成立是否受六十日除斥期间的限制并未作出明确规定，故本案并不受决议撤销之诉中六十日除斥期间的限制，对于李某营提起的本案诉讼，人民法院应当依法予以受理，并对案涉股东会决议的召集程序、表决方式等进行实体上的效力瑕疵审查。

编写人：重庆市第二中级人民法院　胡玉婷

21

请求确认公司决议有效的诉讼不具有诉的利益

——叶某启诉霞浦县福宁汽车服务有限公司公司决议案

【案件基本信息】

1. 裁判书字号

福建省宁德市霞浦县人民法院（2018）闽0921民初3536号民事裁定书

2. 案由：公司决议纠纷

3. 当事人

原告：叶某启

被告：霞浦县福宁汽车服务有限公司（以下简称霞浦汽车服务有限公司）

第三人：鲍某福

【基本案情】

2010年4月8日，陈某斌、吴某霞注册登记成立霞浦汽车服务有限公司，注册资本500000元。2016年10月26日，陈某斌、吴某霞与叶某启、鲍某福签订《转让协议》，约定将公司股权连同公司购买的福宁大沙工业集中区2号仓储用地（3894.8平方米）的国有土地建设用地使用权一并转让给叶某启、鲍某福，总价款为1869000元。协议签订后，叶某启依约支付定金500000元。2013年11月5日，陈某斌、吴某霞将公司股权变更登记至叶某启、鲍某福名下，持股比例：叶某启44%，鲍某福56%。协议签订后，叶某启、鲍某福未支付股权转让款，导致双方未能按《股权转让协议》的约定履行付款义务。陈某斌、吴某霞向霞浦县人民法院起诉，(2015) 霞民初字第474号民事判决书判决叶某启、鲍某福应共同向陈某斌、吴某霞支付股权转让款1369000元。该判决已生效且陈某斌、吴某霞已申请强制执行。霞浦汽车服务有限公司、叶某启多次催促鲍某福缴款未果。2017年4月15日，霞浦汽车服务有限公司向鲍某福送达《催告函》，要求其在60日内履行出资义务，逾期不履行的，公司将依法解除其股东资格。因鲍某福仍未缴纳出资，2017年7月10日，公司依法召开临时股东会，作出解除鲍某福股东资格的决议。

【案件焦点】

叶某启请求确认解除第三人股东资格的公司决议有效是否具有可诉性，是否属于法院的受理范围。

【法院裁判要旨】

福建省宁德市霞浦县人民法院经审查认为：《中华人民共和国公司法》第二十二条规定，股东认为股东会决议违反法律规定和公司章程的，会议召集程序、表决方式违反法律规定和公司章程的，有权提起决议无效和撤销之诉。但公司法以及其他法律规定均没有规定股东有权提起确认股东会决议有效之诉。公司法在此问题上的规定，旨在赋予可能受瑕疵决议损害的股东行使法定的股东救济权利，以保护其合法利益。但如果该股东不主动依据公司法上的上述规定提起诉讼，法院则不应通过国家强制力直接干预公司自治范畴内的事务。因此，本案没有诉的利益，不属于法院受理民事诉讼的范围。依照《中华人民共和国民事诉讼法》第一百一十九条第四项、《最高人民法院关于适用〈中华人民共和国民事诉讼法〉的解释》第二百零八条第三款规定，裁定如下：

驳回叶某启的起诉。

【法官后语】

确认股东会决议有效是否具有可诉性是本案的裁判基石。区别于通常由异议股东提起股东会决议无效或撤销之诉的情形，本案系无异议股东起诉要求确认解除第三人股东资格的股东会决议有效。对于该类纠纷，法律对此无明文规定。法院应否受理此类案件主要在于判断原告的起诉是否具有诉的利益。

所谓诉的利益是为了考量“具体请求的内容是否具有进行本案判决之必要性以

及实效性而设置的一个要件”。本案原告叶某启请求确认解除鲍某福股东资格的决议有效，为确认之诉。确认之诉是指请求法院确认当事人之间争议的法律关系是否存在或者存在状态的诉。对于确认之诉是否属于法院受理范畴，可从确认之诉之必要性、如何判定确认之诉的利益之角度展开研判。

当事人提起诉讼，意在通过司法程序就具体纠纷适用法律以维护自身权利。而司法本身具有在对立性的双方及纠纷之间由司法机关居中适用法律规则的内在属性。这就要求当事人提起的诉讼，双方存在争议且这一争议存在可诉性。具体来说，当事人提起诉讼应具备两个基本前提：(1) 当事人之间存在具有法律利益的具体争讼；(2) 该争讼可以通过法律判决得到解决。本案确认决议有效之诉的原告对决议无异议，对于不具有民事争议的决议，不存在可诉性，原告无权提起诉讼。私法领域尊重意思自治，公司法更多的是赋予市场主体通过章程自主约定，自主管理公司经营事项。对于公司解除股东资格的决议，属于公司自治的范畴，股东会决议内容，只要不违法违规，公司有权自主决定。因此，如果异议股东没有提起决议无效、撤销的诉讼，法院就不应干预公司自治范围内的事务。认为股东会决议有效，对于不按决议履行的股东或者公司，可以提起履行相关决议内容的诉讼，也可以提起损害赔偿诉讼，因此，无异议股东提起确认公司决议有效的诉讼没有可诉性。

编写人：福建省宁德市霞浦县人民法院　周巧玲

22

确认公司决议有效之诉应否予以受理的认定标准

——全某、周某康诉深圳市梧桐会投资发展有限公司、苗某学公司决议效力确认案

【案件基本信息】

1. 裁判书字号

广东省深圳市中级人民法院（2018）粤 03 民终 11880 号民事判决书

2. 案由：公司决议效力确认纠纷

3. 当事人

原告（上诉人）：全某、周某康

被告（被上诉人）：深圳市梧桐会投资发展有限公司（以下简称梧桐会公司）、苗某学

【基本案情】

梧桐会公司系成立于2003年11月10日的有限责任公司，注册资本50万元，其股东由全某、苗某学、周某康组成，3人依据出资额确定的出资比例分别为：全某33.75%、周某康25%、苗某学41.25%。苗某学任梧桐会公司法定代表人、执行董事。

2017年1月19日，全某向苗某学发出《关于召开梧桐会公司2017年第一次临时股东会会议的通知》，载明：根据公司法及章程规定，股东全某提议于2017年2月16日11：00~12：00在深圳软件产业基地4栋D座创新谷2楼VIP2室召开临时股东会会议，会议议题为：讨论、商议变更梧桐会公司执行董事的事项；其他事项。该通知由全某签字，通过快递邮寄，周某康、苗某学均于2017年1月20日签收。

2017年2月16日，梧桐会公司形成《梧桐会公司关于变更执行董事的股东会决议》，载明：会议于2017年2月16日召开完毕，应到股东3人，实到股东2人，全某、周某康代表梧桐会公司股权额58.75%。出席上述会议的股东一致通过以下决议：一、决定解除股东苗某学梧桐会公司执行董事职务；二、决定由股东全某担任梧桐会公司执行董事职务，并根据公司章程由其担任法定代表人，任期按照公司章程确定；三、本决议经出席会议股东签字后生效。

因苗某学担任梧桐会公司执行董事，其未在法定期限内就涉案决议提起瑕疵决议之诉，又不予配合履行涉案决议，故全某、周某康起诉请求：1. 确认2017年2月16日的《梧桐会公司关于变更执行董事的股东会决议》有效；2. 判令梧桐会公司、苗某学根据股东会决议内容协助办理工商变更登记。

【案件焦点】

全某、周某康诉请确认股东会决议有效是否属于人民法院受理案件范围。

【法院裁判要旨】

广东省深圳市南山区人民法院经审理认为：法律明确规定与公司股东会或者股东大会、董事会的决议内容有利害关系的公司股东可以提起无效之诉和撤销之诉，这是公司法赋予的可能受瑕疵决议损害的股东行使的法定救济权，若公司股东未提起上述诉讼，法院不应通过国家公权力直接干预公司自治范畴内的事项。同时，法律未规定股东有权提起确认股东会决议有效之诉，以使公司决议由公权力来确定其有效性，故本案全某、周某康的起诉无法律依据，不属于法院受案范围。

广东省深圳市南山区人民法院依照《中华人民共和国民事诉讼法》第一百一十九条之规定，作出如下裁定：

驳回全某、周某康的起诉。

全某、周某康不服一审裁定，提起上诉。广东省深圳市中级人民法院经审理认为：公司法上的确认公司决议无效或者不成立之诉是民事诉讼法上一般确认之诉的特别类型，其并未排除当事人在符合条件时提起民事诉讼法上的一般确认之诉，不能因法律仅规定了确认公司决议无效或者不成立之诉及公司决议撤销之诉就当然否定当事人提起的确认公司决议有效之诉。

考察司法是否有必要介入公司治理，应主要考量个案中股东确认股东会决议有效的请求是否具有可诉性，是否有必要以司法裁判的形式给当事人以救济，即股东对此是否具有诉的利益。本案中，因全某、周某康与苗某学对涉案股东会决议的效力存在争议，致无法变更公司执行董事和法定代表人的登记，该股东会决议作出后实际未得到及时、有效履行。全某、周某康要求梧桐会公司及苗某学按照股东会决议协助履行办理工商变更登记手续，需以请求确认该股东会决议有效为前提。故全某、周某康对确认股东会决议有效的请求具有诉的利益，其提起确认股东会决议有效之诉，应属于人民法院受理案件范围。

广东省深圳市中级人民法院依照《中华人民共和国民事诉讼法》第一百七十一条、《最高人民法院关于适用〈中华人民共和国民事诉讼法〉的解释》第三百三十二条之规定，作出如下裁定：

一、撤销广东省深圳市南山区人民法院（2017）粤 0305 民初 5972 号民事裁定；

二、本案指令广东省深圳市南山区人民法院审理。

【法官后语】

《中华人民共和国公司法》及《最高人民法院关于适用〈中华人民共和国公司法〉若干问题的规定（四）》，规定了三种公司决议效力瑕疵纠纷类型，分别为：公司决议无效之诉、公司决议不成立之诉、公司决议撤销之诉。但确认公司决议有效之诉应否予以受理，无明确规定，司法实践中存在不同观点。

笔者对此认为，首先，《中华人民共和国民事诉讼法》第一百二十四条确定了民事诉讼的负面清单，对于起诉符合《中华人民共和国民事诉讼法》第一百一十九条规定条件且不属于第一百二十四条规定情形的，人民法院应当予以受理。

其次，公司法上的确认公司决议无效或者不成立之诉是民事诉讼法上一般确认之诉的特别类型，其并未排除当事人在符合条件时提起民事诉讼法上的一般确认之诉，不能因《中华人民共和国公司法》及《最高人民法院关于适用〈中华人民共和国公司法〉若干问题的规定（四）》仅规定了确认公司决议无效或者不成立之诉及公司决议撤销之诉就当然否定当事人提起的确认公司决议有效之诉。

再次，公司是股东自治的产物，公司的管理与运营是公司自治的范畴，法院以公权力的司法介入只是对公司自治机制的补充和救济。通常情况下，公司作出的决议，对全体股东均具有拘束力，其有效性无须通过司法确认加以确定。考察司法是否有必要介入公司治理，应主要考量个案中股东确认公司决议有效的请求是否具有可诉性，是否有必要以司法裁判的形式给当事人以救济，即股东对此是否具有诉的利益。实践中，由于公司及股东在人格与财产方面相互独立，必然决定公司决议往往与股东权利或利益发生联系。公司决议的效力情况、执行情况与股东利益密切相关，可能发生因公司决议而侵害股东权利的情况。公司对已形成的决议不予履行，与决议存在瑕疵一样可能令部分股东权利受到损害。

最后，“有损害即有救济”是传统民法原则，受损害股东理应得到救济，通过诉讼以保护自身合法权利。至于股东选择直接起诉要求履行决议还是仅起诉要求确认决议效力，之后再依据判决结果进一步选择救济途径，是当事人对自己诉讼权利及诉讼方式的选择。

就本案而言，因苗某学系梧桐会公司法定代表人、执行董事，在苗某学未就涉案决议提起瑕疵决议之诉，又不予配合履行涉案决议的情况下，实际损害了全某、周某康的股权权利。故全某、周某康对确认股东会决议有效的请求具有诉的利益，其提起确认股东会决议有效之诉，应属于人民法院受理案件范围。

编写人：广东省深圳市中级人民法院　王勇

23

违法除名股东导致公司决议无效情形

——任某恒诉北京新华创世教育科技有限公司公司决议效力确认案

【案件基本信息】

1. 裁判书字号

北京市石景山区人民法院（2018）京0107民初554号民事判决书

2. 案由：公司决议效力确认纠纷

3. 当事人

原告：任某恒

被告：北京新华创世教育科技有限公司（以下简称新华公司）

【基本案情】

2017年10月27日，新华公司召开股东会并作出《股东会决议》。决议事项为讨论是否解除任某恒股东资格问题。新华公司股东康某、王某出席股东会，任某恒未到会。股东会决议载明：表决投票结果：1. 康某、王某一致投票同意解除任某恒的股东资格，占有表决权股东的100%。2. 任某恒没有表决权，未进行投票。决议如下：1. 解除任某恒股东资格，任某恒退出股东会，不再享有股东的权利和义务。2. 任某恒原持有的15%公司股权由康某、王某各自持有7.5%。3. 修改公司章程。修改后，康某持有公司50%股权，王某持有公司50%股权。4. 其他事项不变。出席股东会股东康某、王某在股东会决议上签字确认。任某恒以上述股东会决议违反了《最高人民法院关于适用〈中华人民共和国公司法〉若干问题的规定（三）》第十七条规定为由向法院请求确认上述股东会决议无效。

另查，新华公司于2012年4月17日登记设立。设立之初股东为赵某术、李某、齐某及赵某。公司注册资本100万元，实缴出资100万元。此后，康某、王某受让上述四人股权成为新华公司股东。2015年5月2日，新华公司召开股东会并作出决议，康某及王某将其所持有的新华公司各7.5%股权转让给莫某晶，并办理了工商变更登记。2016年1月18日，新华公司召开股东会并作出决议同意莫某晶将其持有的新华公司15%股权转让给任某恒，并办理了工商变更登记。工商登记机关备案的新华公司公司章程未对股东资格除名作出特别约定。

【案件焦点】

股东会决议将任某恒股东资格予以除名是否有效。

【法院裁判要旨】

北京市石景山区人民法院经审理认为：具备股东资格是股东在公司行使股东权利的基础。股东可因转让、受赠、继承等法律行为继受股东权利，获得股东资格。本案中，莫某晶自康某、王某处受让新华公司股权，任某恒自莫某晶处受让新华公司股权，股权转让程序合法且办理了工商变更登记手续。任某恒具备新华公司股东资格。基于有限责任公司的人合性特征，《最高人民法院关于适用〈中华人民共和国公司法〉若干问题的规定（三）》第十七条规定确立了股东除名规则。鉴于股东除名行为的后果是使股东丧失股东资格，对股东的权利影响重大，因此在公司章程中未对股东除名条件和程序作出特别约定情况下，公司其他股东应遵循特定程序和议事规则在上述法律规定的情形出现时方可将股东予以除名。该条规定明确有限责任公司的股东未履行出资义务或者抽逃全部出资，经公司催告缴纳或者返还，其在合理期间内仍未缴纳或者返还出资，公司可以以股东会决议解除该股东的股东资格。故法定条件下解除股东资格只适用于股东严重违反出资义务的情形。本案中，新华公司2017年10月27日作出的股东会决议将任某恒股东资格予以除名，新华公司辩称系因莫某晶、任某恒二人都没有向转让的股东支付任何股权转让款，故而作出上述股东决议。而即使未支付股权转让款，股权转让人也有权追究受让人违约责任，而非动辄就排除股权受让人股东权利，剥夺其股东资格。依据《中华人民共和国公司法》第二十二条规定，公司股东会决议内容违反法律、行政法规的无效。现新华公司2017年10月27日作出的股东会决议因违反了法律规定的股东除名规则，应给予其否定性评价。

北京市石景山区人民法院依照《中华人民共和国公司法》第二十条、第二十二条之规定，判决如下：

确认新华公司于2017年10月27日作出的《股东会决议》无效。

【法官后语】

目前，司法实践中存在公司违法解除股东身份导致公司决议无效的情形。股东召开股东大会作出决议，违法解除股东身份时有发生。本案即任某恒以北京新华创世教育科技有限公司召开股东大会违法解除其股东身份为由，要求确认公司决议无效。本案主要涉及两个点，一是关于有限责任公司股东除名的条件和程序，二是公司决议有效的法律构成要件。《最高人民法院关于适用〈中华人民共和国公司法〉若干问题的规定（三）》第十七条规定确立了股东除名规则：有限责任公司的股东未履行出资义务或者抽逃全部出资，经公司催告缴纳或者返还，其在合理期间内仍未缴纳或者返还出资，公司以股东会决议解除该股东的股东资格，该股东请求确认该解除行为无效的，人民法院不予支持。该条法律明确了有限责任公司的股东行使除名权的唯一法定情形是："有限责任公司的股东未履行出资义务或者抽逃全部出资"。其可能情形包括：一是被除名股东没有任何出资行为，即使是出资了一部分，也不能适用该规定；二是被除名股东抽逃的是全部出资而不是部分出资；三是被除名的规定必须是经过催告，该股东在合理的催告期内仍不履行出资义务。本案中新华公司章程中未对公司除名权作出相关约定，公司除名权的行使只能适用法定情形。本案中任某恒取得股权，是经过新华公司召开股东会并作出决议同意莫某晶将其持有的新华公司15%股权转让给任某恒，并办理了工商变更登记。新华公司以莫某晶、任某恒二人都没有向转让的股东支付任何股权转让款为由行使公司除名权，不符合《最高人民法院关于适用〈中华人民共和国公司法〉若干问题的规定（三）》第十七条的规定，因此公司的这一决议违法。再者是公司决议效力的问题。首先有限责任公司的决议有效需要符合以下程序要件：一是表决方式的合法性；二是股东大会召集程序的合法性；三是股东大会决议内容合法。关于表决方式的合法性方面，在公司章程没有特殊约定的情况下，《中华人民共和国公司法》第四十三条规定：股东会会议作出修改公司章程、增加或者减少注册资本的决议，以及公司合并、分立、解散或者变更公司形式的决议，必须经代表三分之二以上表决权的股东通过。本案中关于公司除名权的行使尚不需要代表三分之二以上表决权的股东通过，另，本案中召开股东大会的两名股东的表决权为100%，因此表决的形式合法。关于股东大会召集程序合法性方面，本案中股东大会的召开符合公司章程的相关规定，也验证了公司人合性的特征。关于股东大会决议内容的合法性方面，《中华人民共和国公司法》第二十二条规定：公司股东会或者股东大会、董事会的决议内容违反法律、行政法规的无效。本案中新华公司于2017年10月27日作出的股东会决议内容违反法律强制性规定的股东除名条件，故股东会决议无效。

综上，一审法院认定新华公司于2017年10月27日作出的《股东会决议》无效的结果是正确的。

编写人：北京市石景山区人民法院　查元贞

24

延期表决不能弥补召集程序的瑕疵及轻微瑕疵的认定

——马某诉北京某某科技有限公司公司决议撤销案

【案件基本信息】

1. 裁判书字号

北京市朝阳区人民法院（2018）京0105民初15755号民事判决书

2. 案由：公司决议撤销纠纷

3. 当事人

原告：马某

被告：北京某某科技有限公司（以下简称北京某某公司）

【基本案情】

马某系北京某某公司的股东。2018年1月13日，北京某某公司向马某发送电子邮件告知公司2018年度股东会将于2018年1月29日上午9：30召开以及六项会议审议事项，马某未收到六项议案之具体文件。2018年1月24日，北京某某公司通过电子邮件向马某发送了上述六项议案之具体文件。马某于2018年1月28日以公司股东身份向公司及其他股东发送了电子邮件，告知本次股东会的召集程序违反了法律和公司章程的规定，马某不予参会，并请求公司纠正违法行为。2018年1月29日上午，北京某某公司召开股东会。北京某某公司于2018年1月30日通过电子邮件告知马某：对该次股东会的相关决议和议案进行延期表决，最迟于2018年2月2日之前进行表决，未在规定期限内进行表决，视为股东放弃表决权利。后，北京某某公司于2018年2月11日通过电子邮件向股东代表发送了《北京某某公司2018年度股东会会议决议》。马某要求撤销形成于2018年1月29日的北京某某公司2018年度股东会会议决议与形成于2018年2月2日的北京某某公司股东会会议决议。北京某某公司不同意马某的诉讼请求。

【案件焦点】

1. 延期表决能否弥补召集程序的瑕疵；2. 轻微瑕疵如何认定。

【法院裁判要旨】

北京市朝阳区人民法院经审理认为：首先，北京某某公司于2018年1月29日召开的股东会在召集程序方面是否存在瑕疵、延期表决能否弥补该瑕疵。股东会的召集程序要确保股东提前获知会议议题所需要的信息，以便于提前了解会议内容、做好相应的会议准备，进而形成相关意见，参与会议表决，充分行使股东权利。因此，股东会召集过程中，公司应当将会议议题的相关内容、具体审议事项作为会议通知的一部分按照法律及公司章程规定的时间向股东送达。北京某某公司虽于2018年1月24日向马某发送了六项审议事项的具体文件，但此时距离股东会召开仅有五天时间，在涉及多项议题且内容繁多、复杂的情况下，无法保障股东能够充分行使相应的权利。因此，该次股东会在召集程序方面存在瑕疵。股东会的后五项议题虽然延期表决，但未能就相关议题通过召开会议的方式进行深度讨论、交换意见，失去了股东会的召开意义。因此，延期表决不足以弥补北京某某公司在股东会召集程序中存在的瑕疵。

其次，是否属于轻微瑕疵。实际情况中，可以是否会导致各个股东无法公平地参与多数意思的形成以及获取对此所需的信息为判定标准。该次股东会涉及的议题包括《关于修订〈公司章程〉的议案》《关于拟订〈股东会议事规则〉的议案》

《关于选举第一届董事会及提名董事候选人的议案》《关于选举第一届监事会及提名非职工代表监事候选人议案》等内容，均为公司治理方面的重要内容，且均较为复杂，股东需要足够的时间以获取相应的信息。结合《增资扩股协议》的内容来看，各方针对增资扩股后公司的运作、管理包括股东会、监事会的组成人员等进行了约定，而该次股东会的内容系针对公司治理结构的进一步细化，并且在董事会的构成等内容方面与《增资扩股协议》的约定有所变更，在此情况下，仅仅提前五天发送议题内容，无法保障马某有充分的时间研读、分析议题内容，进而公平参与会议、发表意见、充分行使股东权利。因此，该次股东会会议在召集程序方面的瑕疵不属于轻微瑕疵，并且该瑕疵能够避免。

因此，北京某某公司于 2018 年 1 月 29 日召开的股东会的召集程序违反法律及公司章程的规定，且不属于轻微瑕疵，应予撤销。

综上，北京市朝阳区人民法院依照《中华人民共和国公司法》第二十二条第二款之规定，判决如下：

撤销被告北京某某公司形成于 2018 年 1 月 29 日的 2018 年度股东会会议决议与形成于 2018 年 2 月 2 日的 2018 年度股东会会议决议。

【法官后语】

该案例涉及公司决议轻微瑕疵的认定。根据法律及司法解释的规定，当公司做出的股东会决议在召集程序或者表决方式方面存在轻微瑕疵，且对决议未产生实质影响的，该决议不应予以撤销。司法实践中，延期表决能否弥补召集程序的瑕疵，轻微瑕疵的认定标准等问题，亟须明确。

首先，延期表决能否弥补召集程序的瑕疵。从决议可撤销制度的立法宗旨来看，该制度的设立宗旨在于规范公司治理，防止中小股东的权利被架空，通过否定以违法程序假借多数决的公正意思而成立的决议的效力，抑制股东无视决议程序侵害少数股东利益的现象，有助于贯彻程序正义的原则。而法律或者公司章程关于“召开股东会应于会议召开十五日前通知全体股东”的规定的意义，除告知股东会议召开的时间、地点等基本信息外，更为重要的是确保股东提前获知会议议题所需要的信息，以便于提前了解会议内容，做好相应的会议准备，进而形成相关意见，参与会议表决，充分行使股东权利。因此，股东会召集过程中，公司应当将会议议题的相关内容、具体审议事项作为会议通知的一部分按照法律及公司章程规定的时间向股东送达。本案的特殊之处在于北京某某公司于2018年1月13日向马某发送会议通知，却于2018年1月24日向马某发送了六项审议事项的具体文件，此时距离股东会召开仅有五天时间，北京某某公司在2018年1月29日当天仅针对第一项议题进行表决，后五项议题决定延期表决。但是，召开股东会会议的意义之一即为通过股东在会议中的发言交换意见，使可能与己方意见不同的股东接受其主张或者通过了解其他股东的意见修正己方的主张，进而影响最终的决议内容，会议虽然延期表决，但召集程序的瑕疵却导致股东失去了通过充分准备会议而充分表达自我观点、影响他人意见以及吸纳他人意见、修正自我观点的机会，因此，延期表决不足以弥补在股东会召集程序中存在的瑕疵。

其次，轻微瑕疵的认定应以公平为原则。司法实践中，可以是否会导致各个股东无法公平地参与多数意思的形成以及获取对此所需的信息为判定标准。如果没有妨碍股东公平地参与多数意思的形成和获知对其作出意思表示所需的必要信息，则可以认定为轻微瑕疵，反之，则不属于轻微瑕疵。本案中，股东会的六项议题均为公司治理方面的重要内容，并且每一项议题的具体内容均较为复杂、对股东权益影响重大，股东需要足够的时间以获取相应的信息，判断进而形成自己的意见；而结合《增资扩股协议》的内容，各方针对增资扩股后公司的运作、管理包括股东会、监事会的组成人员等进行了约定，而该次股东会的内容系针对公司治理结构的进一步细化，并且在董事会的构成等内容方面与《增资扩股协议》的约定有所变更，在此情况下，北京某某公司在正式召开股东会会议前五天发送议题内容，无法保障马某有充分的时间研读、分析议题内容，更没有充分的时间咨询专业人士，进而公平参与会议、发表意见、充分行使股东权利，对决议的内容产生实质影响。

因此，该次股东会会议在召集程序方面的瑕疵不属于轻微瑕疵，且对决议内容产生了实质影响，应予撤销。

编写人：北京市朝阳区人民法院　初森

25

有限公司股东原则上按照认缴出资比例行使表决权

——潘某诉厦门盛健医疗器械有限公司公司决议案

【案件基本信息】

1. 裁判书字号

福建省厦门市中级人民法院（2018）闽02民终1736号民事判决书

2. 案由：公司决议纠纷

3. 当事人

原告（上诉人）：潘某

被告（被上诉人）：厦门盛健医疗器械有限公司（以下简称盛健公司）

第三人：冯某勇、袁某丽

【基本案情】

2015年7月30日，盛健公司登记股东为冯某勇一人。2015年9月11日，林某文（甲方）、潘某（乙方）、袁某丽（丙方）以及盛健公司（丁方）签订《增资入股协议》，确认丁方注册资本500万元，实缴340万元，丙方持有公司100%股权，甲方、乙方欲入股公司。各方约定：甲方于2015年9月30日前向丁方出资120万元，乙方入股90万元，用于置换丙方所持丁方70%股权，甲方占40%，乙方占30%。同月，陈玉珠向盛健公司缴纳120万元，潘某向盛健公司缴纳90万元，盛健公司向袁某丽、冯某勇分别转账100万元。2015年10月8日，冯某勇将其40%股权转让给陈玉珠，30%股权转让给潘某。冯某勇、陈某珠、潘某签署《盛健公司章程》，载明：公司股东有冯某勇、陈某珠、潘某；股东会会议由执行董事召集和主持；召开股东会会议应于会议召开十五日前通知全体股东；股东会会议由股东按照出资比例行使表决权；法定代表人由总经理担任。

2017年7月24日，陈某珠将其21%股权转让给冯某勇，19%股权转让给潘某。

上述股权变动后至2017年9月12日，盛健公司工商登记信息为：法定代表人饶某荣；股东冯某勇（占51%）、潘某（占49%）。

2017年9月6日，冯某勇以盛健公司执行董事名义签署《召开临时股东会议通知》并通过EMS向潘某寄出，主要内容为：盛健公司定于2017年9月20日15时召开临时股东会，地点位于厦门市安岭路998、1000号203室，召集人、主持人为执行董事，出席对象为冯某勇、潘某，议题为免去饶某荣总经理职务、聘任冯某勇为公司总经理。上述邮件显示于次日由他人签收。潘某称该通知是其在办公桌上看到的，具体日期记不清。同月14日，潘某在"盛健医疗"微信群中发布消息要求20日召开的临时股东会增加"解散公司"议题。同月20日，冯某勇作出一份《临时股东会决议》，主要内容为：免去饶某荣总经理职务及公司法人资格，聘任冯某勇为总经理并担任公司法人。潘某于同日到会并在该《临时股东会决议》上签署"不同意本决议"的意见。当日的股东会除了《临时股东会决议》之外没有形成其他记录。

【案件焦点】

股东未实缴出资是否享有表决权。

【法院裁判要旨】

福建省厦门市湖里区人民法院经审理认为：盛健公司在工商部门登记、备案的资料载明公司现股东为冯某勇（出资比例51%）、潘某（出资比例49%），在公司章程未作另行规定的情况下，冯某勇有权依照《中华人民共和国公司法》第四十二条的规定按照出资比例行使表决权。至于潘某主张冯某勇抽逃出资或未实际出资到位，故不得行使表决权或表决权应受限制的问题，与本案不属于同一法律关系，不属于本案审理范围。即便存在抽逃出资或未履行出资义务的行为，依照《最高人民法院关于适用〈中华人民共和国公司法〉若干问题的解释（三）》（以下简称《公司法解释三》）第十六条的规定，在公司章程或股东会决议未对股东的表决权作出限制的情况下，亦无法直接认定股东对公司决议无表决权或表决权应受限制。虽然冯某勇未在临时股东会议召开前十五天通知潘某，但潘某在会议召开六天前要求增加会议议题，并于会议当日到会且在《临时股东会决议》上签署意见。因此，临时股东会的召集程序仅有轻微瑕疵，对决议未产生实质影响。潘某要求撤销《临时股东会决议》的理由不能成立，不予支持。

福建省厦门市湖里区人民法院依照《中华人民共和国公司法》第二十二条第一款、第二款，《最高人民法院关于适用〈中华人民共和国公司法〉若干问题的规定（四）》第四条，以及《中华人民共和国民事诉讼法》第六十四条第一款，《最高人民法院关于适用〈中华人民共和国民事诉讼法〉的解释》第九十条、第九十二条第一款规定，作出如下判决：

驳回潘某的诉讼请求。

潘某不服一审判决，向厦门市中级人民法院提起上诉。厦门市中级人民法院经审理后同意一审法院裁判意见。

福建省厦门市中级人民法院依照《中华人民共和国民事诉讼法》第一百七十条第一款第一项规定，判决如下：

驳回上诉，维持原判。

【法官后语】

出资是股东最基本、最重要的义务，是股东取得股东权利的对价，是维持公司资本充实的前提。当股东未履行出资义务时，《中华人民共和国公司法》赋权公司可以通过章程的规定或者股东会决议对该股东的相应权利进行限制，以促使股东按规定履行出资义务。股东行使表决权是其参与公司事务的重要途径，现行《中华人民共和国公司法》及其司法解释对股东表决权的行使均有明确规定。但是，从《中华人民共和国公司法》规定的“股东按照出资比例行使表决权；但是，公司章程另有规定的除外”的文本中，无法直接得到“当公司章程未作特别规定的情况下，股东究竟是按照实缴出资比例还是认缴出资比例行使表决权”的答案。本案对上述问题进行了回答，认为《中华人民共和国公司法》第四十二条规定的“出资比例”应当解释为认缴出资比例而非实缴出资比例，该结论符合司法实践中的多数观点。具体理由分析如下：

1. 2005年《中华人民共和国公司法》修订时，将原《中华人民共和国公司法》第四条规定的“公司股东按投入公司的资本额享有所有者的资产收益、重大决策和选择管理者的权利”修改为“公司股东依法享有资产收益、参与重大决策和选择管理者等权利”。2013年《中华人民共和国公司法》修正时，取消了公司注册资本实缴制的规定。《中华人民共和国公司法》的上述修改历程，淡化了实际出资对股东权利的限制。

2. 从实然的角度而言，民事主体取得股东资格不需要申请、审批等严格的入会程序，不以实际出资为基础，仅需认缴出资即可。如果一方面承认民事主体认缴出资即取得股东资格，另一方面却不赋予其股东权利，显然不符合法理和情理。

3. 从权利义务平衡的角度而言，未实际出资的股东对外同样要承担瑕疵出资的法律责任。如果在公司内部不承认其享有股东权利，则会出现一方面要求该股东对外承担责任，另一方面又排除其在公司内部的权利，明显会导致权利义务的失衡，有失公平。

4. 民事主体成为股东后，根据其享有权利的内容及目的，可将股权分为自益权和共益权，其中共益权是股东以参与公司经营管理为目的或是以个人利益为目的兼具为公司利益而行使的权利，如表决权、质询权等。表决权表现为对公司经营决策的参与和对公司机关行为的监督与纠正，虽与股东获取的财产权存在一定关联，但没有直接的财产内容，与实缴出资联系不紧密。从绝对本质意义上来看，表决权是每个股东参与公司管理事务的民主权利，其行使是为了保证公司正常运转、确保各股东获取更大利益、维护公司及债权人的根本利益，将使公司运行更加有效，符合《中华人民共和国公司法》作为组织法的规范意旨。因此，股东作为公司内部组成人员，除非经过除权程序，否则其参与公司经营管理的权利不应被限制。

5. 从《中华人民共和国公司法》第三十四条、第四十二条规定的体系解释及《公司法解释三》第十六条规定的反面解释看，利润分配请求权、新股优先认购权、剩余财产分配请求权等自益权原则上应当受到是否实缴出资的限制，表决权等共益权原则上不应当受到是否实缴出资的限制。如股东有需要，《中华人民共和国公司法》已赋予股东较大的自治空间，允许通过章程、股东决议等形式作出限制。

编写人：福建省厦门市湖里区人民法院　刘惠斌

26

员工代股东在股东会决议签字的“惯例”不合法

——钟甲诉四川润森建筑工程有限公司公司决议效力确认案

【案件基本信息】

1. 裁判书字号

四川省巴中市中级人民法院（2018）川19民终1222号民事判决书

2. 案由：公司决议效力确认纠纷

3. 当事人

原告（被上诉人）：钟甲

被告（上诉人）：四川润森建筑工程有限公司

第三人：钟乙、廖某

【基本案情】

原告钟甲与第三人钟乙系同胞弟兄。原告钟甲与第三人廖某系夫妻关系，第三人钟乙与卓某系夫妻关系。2009年6月14日，原告钟甲与第三人钟乙出资成立四川润森建筑工程有限公司，原告占公司股份60%，第三人钟乙占公司股份40%，法定代表人为第三人钟乙。2014年2月7日，原告钟甲与第三人廖某登记结婚。

2014年8月16日，四川润森建筑工程有限公司召开股东会议，形成决议：……（2）在与恩阳区政府签好协议后正式迁入前，将省工商局登记的股东股份进行变更。钟乙、钟甲股份变更为各占公司50%的股份；在本决议后公司在巴中市、恩阳区范围内的经营成果及风险均按各50%的股权进行分配和承担。股份变更涉及的转让价格和支付方式见第七条。同时变更钟甲（或钟甲指定的人——其妻子廖某）为公司法定代表人。如公司无法迁入恩阳区，股东的股份及法人代表不变更，维持原状。本决议生效后，原《2014年第1号股东会决议》作废，不再具有法律效力。原告钟甲、第三人钟乙在该决议上签字，并加盖公司印章。

2017年7月27日，巴中市恩阳区工商和质量技术监督管理局根据公司的申请，将四川润森建筑工程有限公司法定代表人由钟乙变更为卓某。2017年11月15日，四川省住房和城乡建设厅根据公司的网上申请将公司钢结构工程专业承包二级资质的法定代表人由钟乙变更为卓某。原告钟甲经工商档案查询，公司在2017年7月17日申请变更时，向登记机关提交了2017年7月6日四川润森建筑工程有限公司股东会议决议一份，该决议载明：召集人：钟乙，参加人：钟甲、钟乙，列席人：卓某；决议内容：1. 全体股东一致同意免去钟乙执行董事（法定代表人）职务，聘任卓某为公司执行董事（法定代表人），任期三年；2. 原组织结构其他任职人员不变；3. 同意制定并通过公司新的章程，原章程作废。该决议上原告钟甲、第三人钟乙的签字系公司驻恩阳的工作人员所签，钟甲不知情亦未授权。保存于四川省住房和城乡建设厅电子档案中的股东会会议决议上钟甲的签字，原告钟甲予以否认是其本人所签。

【案件焦点】

在股东签名存在员工代签情形下，2017年7月6日股东决议的效力应当如何认定。

【法院裁判要旨】

四川省巴中市恩阳区人民法院依照《中华人民共和国公司法》第十三条、第二十二条、第三十七条，《中华人民共和国民法总则》第一百三十四条，《最高人民法院关于适用〈中华人民共和国公司法〉若干问题的规定（四）》第一条、第三条、第五条之规定，判决如下：

一、确认被告四川润森建筑工程有限公司二〇一七年七月六日的股东会决议及章程不成立；

二、确认被告四川润森建筑工程有限公司二〇一四年八月十六日的股东会决议合法有效；

三、限被告四川润森建筑工程有限公司于本判决生效后十日内向公司登记机关撤销变更公司法定代表人卓某的登记，同时按2014年8月16日的股东会决议将公司的法定代表人变更为第三人廖某。

上诉人四川润森建筑工程有限公司不服一审判决，提起上诉。

四川省巴中市中级人民法院经审理认为：依据《最高人民法院关于适用〈中华人民共和国公司法〉若干问题的规定（四)》第五条的规定，被上诉人钟甲否认在2017年7月6日召开过股东会，而在工商登记管理机关留存的2017年7月6日股东会决议，并非原审第三人钟乙和被上诉人钟甲两位股东的签字，其在四川省住房和建设厅留存的备案资料中的2017年7月6日股东会决议非原件，无法证实2017年7月6日召开股东会的程序和内容合法，故原审认定2017年7月6日股东会决议和四川润森建筑工程有限公司章程不成立符合法律规定。上诉人四川润森建筑工程有限公司认为2014年8月16日的决议是董事会会议决议不是股东会决议，不具有合法性。而从四川润森建筑工程有限公司组成看，该公司仅有两名股东，其公司章程规定公司不设董事会，仅设执行董事一名，其执行董事为公司法定代表人，且2014年8月16日的决议中明确载明“本决议生效后，原《2014年第1号股东会决议》作废”，故原审认定该决议为股东会决议是准确的。但该公司的公司章程对法定代表人的产生有明确规定，故2014年8月16日的董事会会议决议（实为股东会决议）中钟甲指定其妻子廖某为公司法定代表人的内容无效。同时，依据《中华人民共和国公司法》第二十二条规定，原审依照2014年8月16日的决议内容变更法定代表人为第三人廖某明显违反法律规定。综上，上诉人四川润森建筑工程有限公司认为2017年7月6日的股东会决议及章程成立的上诉理由不能成立，法院不予支持。其认为变更四川润森建筑工程有限公司法定代表人为第三人廖某错误的理由成立，法院予以支持。而原审确认2014年8月16日的董事会会议决议（股东会决议）的内容全部有效明显不当。

四川省巴中市中级人民法院判决：

一、确认被告四川润森建筑工程有限公司2017年7月6日的股东会决议及章程不成立；

二、确认上诉人四川润森建筑工程有限公司2014年8月16日作出的编号2014年2号董事会会议决议（股东会决议）第2条中“（或钟甲指定的人——其妻子廖某)”的内容无效，该决议的其余内容有效；

三、驳回原审原告钟甲的其他诉讼请求。

【法官后语】

《中华人民共和国公司法》（下称《公司法》）第十一条明确规定："设立公司必须依法制定公司章程。公司章程对公司、股东、董事、监事、高级管理人员具有约束力。"所以，公司章程并非无关紧要，而是公司依法制定的，规定公司名称、住所、经营范围等重大事项的基本文件，也是公司必备的规定其组织及活动基本规则的书面文件。公司章程是股东共同一致的意思表示，堪称"公司的宪章"，既是公司成立的基础，也是公司赖以生存的灵魂。故而，公司章程制定和修改的程序非常严格。该公司为有限责任公司，依据《公司法》第四十三条第二款规定："股东会会议作出修改公司章程、增加或者减少注册资本的决议，以及公司合并、分立、解散或者变更公司形式的决议，必须经代表三分之二以上表决权的股东通过。"股东会是公司的权力机构，应当将所议事项的决定作成会议记录，出席会议的股东应当在会议记录上签名。同时，该法第三十七条列举了应由股东会行使的十一项职权，其中包括对公司增加或者减少注册资本作出决议、修改公司章程，并明确"股东以书面形式一致表示同意的，可以不召开股东会会议，直接作出决定，并由全体股东在决定文件上签名、盖章"。故而，二审法院确认"该公司的公司章程对法定代表人的产生有明确规定，故2014年8月16日的董事会会议决议（实为股东会决议）中钟甲指定其妻子廖某为公司法定代表人的内容无效"。

股东在股东会决议上签字，是法律赋予股东行使职权的体现，也是其承担相关法律责任的基础。伪造股东签名是对股东合法权益的侵害毋庸置疑，通过伪造签名进而完成公司章程、法人等重大事项的变更登记，就可能导致社会上产生错误的信赖，影响交易安全。为保障高质量发展，切实维护社会稳定大局，一审法院案后向辖区市场监督管理局发出司法建议：细化举措、强化工作人员责任心，在办理相关工商登记事项尤其是变更登记事项时，加强对股东签字的审查。被建议部门积极回应，并根据两审法院判决结果及《公司法》第二十二条"公司根据股东会或者股东大会、董事会决议已办理变更登记的，人民法院宣告该决议无效或者撤销该决议后，公司应当向公司登记机关申请撤销变更登记"之规定，迅速与四川润森建筑工程有限公司取得联系，向其陈述相关情况，并要求其限期申请撤销2017年7月27日法定代表人变更登记。被建议单位已于2019年4月24日完成撤销登记。

编写人：四川省巴中市恩阳区人民法院　张可

六、股权转让纠纷

27

出资瑕疵股东转让股权依法受保护

——陈某洪诉万某强股权转让案

【案件基本信息】

1. 裁判书字号

江西省九江市中级人民法院（2018）赣04民终1748号民事判决书

2. 案由：股权转让纠纷

3. 当事人

原告（被上诉人）：陈某洪

被告（上诉人）：万某强

【基本案情】

2015年1月20日，陈某洪与万某强签订股权转让协议，约定由陈某洪将其持有的瑞昌市增强实业有限公司25%股权转让给万某强，股权作价25万元。协议签订后次日陈某洪依约将其持有的25%的股权在工商部门办理了变更登记，登记在万某强名下。但万某强以陈某洪未出资不是公司法意义上的股东和本案股份转让系零元转让为由拒绝支付股权转让款25万元。陈某洪为维护其自身合法权益，诉至法院，要求万某强支付股权转让款25万元。

【案件焦点】

1. 未实际出资或出资不到位的股东能否转让股权；2. 瑕疵股权转让协议的法律效力问题。

【法院裁判要旨】

江西省瑞昌市人民法院经审理认为：陈某洪与万某强签订的股权转让协议是双方当事人的真实意思表示，不违反法律规定，合法有效。陈某洪作为股东，虽对公司出资不到位，但在双方签订股权转让协议时，万某强已明知上述情形，万某强作为完全民事行为能力人，在明知陈某洪未完成出资的情况下，仍与陈某洪签订该协议，其应承担相应的法律责任。

江西省瑞昌市人民法院依照《中华人民共和国合同法》第六十条之规定，作出如下判决：

由万某强于本判决生效之日起十日内一次性偿付陈某洪股权转让金25万元。

万某强不服一审判决，提起上诉。江西省九江市中级人民法院经审理认为：原判决对于陈某洪是否依约履行了购买瑞昌市增强实业有限公司出资款事实不清。

江西省九江市中级人民法院依照《中华人民共和国民事诉讼法》第一百七十条第一款第三项规定，作出如下裁定：

一、撤销江西省瑞昌市人民法院（2017）赣0481民初1753号民事判决；

二、本案发回江西省瑞昌市人民法院重审。

重审中，江西省瑞昌市人民法院经审理认为：公司法规定未履行出资义务或未足额出资的股东对公司负有补缴出资或补足出资额、对其他股东负有违约责任，并未规定未履行出资义务的股东因此而丧失股东资格。公司法规定有限责任公司记载于股东名册的股东，可以依股东名册主张行使股东权利。可见，股东即使未出资，仍可依据经工商行政管理机关登记的股东名册、公司章程等主张股东权利。原、被告均是增强实业公司股东，原告有权将其股权转让给被告。原、被告合伙经营增强实业公司时，关于陈某洪的出资情况，万某强是明知且认可的，在签订案涉股权转让协议时，原告将其股权作价25万元，被告自愿接受，可见原、被告签订的股权转让协议是双方当事人的真实意思表示，且没有违反法律、行政法规的强制性规定，合法有效。

江西省瑞昌市人民法院依照《中华人民共和国合同法》第六十条、第一百零七条，《中华人民共和国公司法》第三十二条第三款、第七十二条第一款，《中华人民共和国民事诉讼法》第六十四条第一款之规定，经审判委员会讨论决定，作出如下判决：

万某强于本判决生效之日起十日内向陈某洪支付股权转让款 25 万元。

万某强不服重审判决，提起上诉。江西省九江市中级人民法院同意一审法院裁判意见，依照《中华人民共和国民事诉讼法》第一百七十条第一款第一项之规定，作出如下判决：

驳回上诉，维持原判。

【法官后语】

该案例涉及未出资股东或出资不到位股东能否转让股权的问题。被告万某强自始至终都认为原告没有出资，不是公司法意义上的股东，不能行使股权转让的权利，因此应当驳回原告陈某洪的诉讼请求。对此，司法实践中也有争议，有不同案例，有的认为应当支持，有的则认为不应支持。但根据我国公司法的规定，股东即使未出资，仍可依据经工商行政管理机关登记的股东名册、公司章程等主张股东权利，股东未出资或出资不到位不影响其行使股权转让的权利，且有权收取股权转让价款。

关于出资瑕疵股东转让股权的合法性。《中华人民共和国公司法》第七十一条规定，有限责任公司的股东之间可以相互转让其全部或者部分股权。第三十二条规定，有限责任公司记载于股东名册的股东，可以依股东名册主张行使股东权利；公司应当将股东的姓名或者名称向公司登记机关登记。依照该规定，记载于股东名册的股东可依股东名册行使包括股权转让在内的各项权利，但并未规定未履行出资义务的股东因此而丧失股东资格。因此，出资瑕疵股东转让股权没有违反公司法的相关规定，具有合法性。

关于出资瑕疵股东收取股权转让款是否会导致利益失衡。本案二审发回重审，理由就是出资不清将可能导致受让方与转让方之间利益失衡。笔者认为，出资瑕疵股东收取股权转让款不会导致转让方与受让方之间的利益失衡。根据公司法规定，股东应当按期足额缴纳公司章程中规定的各自所认缴的出资额，股东不按照前款规定缴纳出资的，除应当向公司足额缴纳外，还应当向已按期足额缴纳出资的股东承担违约责任。本案中，原告陈某洪虽然出资存在瑕疵，但是其收取股权转让款是其行使股权转让的权利，并不能因其出资瑕疵而剥夺其收取股权转让款的权利，被告万某强不得以原告陈某洪出资瑕疵作为其拒付股权转让款的抗辩事由。在重审中，合议庭综合认定分析了争议焦点，判决被告万某强向原告陈某洪支付股权转让款，得到了二审法院的支持，足以表明股东出资瑕疵不会导致股权转让受让方与转让方之间的利益失衡。

关于瑕疵股权转让合同的效力问题。公司设立的前提条件就是股东应当按期足额缴纳公司章程中规定的各自所认缴的出资额，这也是股东的法定义务。在实践中，公司股东出资瑕疵的情形大量存在，致使在其转让瑕疵股权时引发纠纷。其中，瑕疵股权转让合同的效力认定是妥善处理该类纠纷的核心问题和前提条件。认定出资瑕疵股东转让股权的效力时，除了当事人适格、股权可以依法转让等法定条件以外，尤其应当根据受让人的意思表示是否真实来处理。当转让人隐瞒出资瑕疵事实，受让人对此不知亦不应当知道时，股权转让合同属于可变更、可撤销的合同；如果受让人明知或应知转让股东出资瑕疵的事实的，那么股权转让合同应认定为有效合同。

综上所述，法院在处理本案时，充分考虑了该案的特殊性，综合评析双方当事人争议的焦点问题，准确适用公司法规定，使得这起股权转让纠纷得以解决，也为今后类似的案件提供了一定的参考。

编写人：江西省瑞昌市人民法院　章俊棋

28

“夫妻公司”的财产如何分割

——肖某俊、黄某锡诉张某薇股权转让案

【案件基本信息】

1. 裁判书字号

四川省攀枝花市仁和区人民法院（2018）川0411民初825号民事判决书

2. 案由：股权转让纠纷

3. 当事人

原告：肖某俊、黄某锡

被告：张某薇

第三人：肖某

【基本案情】

原告肖某俊、黄某锡系死者肖某父母，被告张某薇系肖某前妻，第三人肖某系肖某、张某薇婚生子；肖某于2017年2月15日身亡。

2016年7月8日，肖某与张某薇在攀枝花市仁和区民政局协议离婚，并就子女抚养、住房财产、债权债务等问题达成《自愿离婚协议书》。在该份离婚协议书中载明："……三、……生意：攀枝花市宇阳公司资产财产价值叁拾伍万元，由女方张某薇全权经营，并支付男方肖某现金贰万元。四、债务：夫妻共同确认婚姻关系存续期间共同债务（胡某刚批发的预收账款）共计约肆万元（小写4万元）由女方张某薇负责清偿。"

宇阳公司系有限责任公司（统一社会信用代码：91510411595084521J），成立于2012年5月18日，注册资本为叁万元人民币，股东为肖某、张某薇，各持有该公司50%股权，公司住所地为攀枝花市仁和区嘉园巷9号4栋1单元×号。

2016年8月10日，肖某（甲方）与张某薇（乙方）签订《股权转让协议》，双方对转让宇阳公司股权事宜达成以下协议：一、甲方自愿将所持攀枝花市宇阳商贸有限责任公司股权1.5万元（大写：壹万伍仟元整）转让给乙方；二、乙方需在本协议生效之日起十五日内将股权转让款以现金形式支付给甲方；三、本协议经甲乙双方签字生效。肖某、张某薇在该份转让协议上签字捺印予以确认。同日，根据一名股东提交的股权转让协议，宇阳公司召开股东大会，并形成如下决议：一、同意肖某将所持公司的股权1.5万元转让给张某薇。二、上述股东将股权转让后，即退出股东会，不再享有股东的权利和义务……2016年8月16日，宇阳公司的股东变更为张某薇一人。2016年9月5日，宇阳公司发布《股权转让公告》，该份公告上载明："攀枝花市宇阳产（商）贸有限责任公司股东肖某转让100%之股权于本公司股东张某薇，本公司之前所有债务和自2016年8月16日后所产生债权债务由股东张某薇承担。”

另查明，2016 年 7 月 11 日，肖某向张某薇出具《收条》一份，该份收条上载明：“收到攀枝花市宇阳商贸有限责任公司股权转让金壹万伍仟元整。”

【案件焦点】

案涉《股权转让协议》中所约定的攀枝花市宇阳商贸有限责任公司股权 1.5 万元的合同对价应如何确定。

【法院裁判要旨】

四川省攀枝花市仁和区人民法院经审理后认为：原宇阳公司实为“夫妻公司”，公司股东为肖某、张某薇夫妻二人，夫妻双方将共同共有财产中的一部分作为各自在有限责任公司中的出资，只不过是设立公司的需要，并不是要改变他们之间的夫妻财产制形式，而且公司的股东地位，只是就对外关系而言，在夫妻关系内部，仍根据婚姻法为夫妻共同共有。在庭审中，被告张某薇对此亦予以认同，明确认可宇阳公司的法人资产与夫妻共同财产混同。因此，宇阳公司注册的夫妻股权比例不反映夫妻实际权益的分配，工商登记不能当然作为财产所有权人份额的依据。在夫妻关系存续期间，宇阳公司的在夫妻各自名下的股份均系夫妻共同共有的股权；在夫妻关系解除后，双方应就共同共有的股权予以分割。肖某与张某薇在离婚协议书中约定“支付男方现金贰万”，仅系夫妻双方对张某薇在离婚后获得宇阳公司的经营管理权达成一致，而非为肖某转让其股份所获得的对价。

本案所审理的《股权转让协议》，各方当事人均承认其属于有偿合同，所约定转让标的为宇阳公司的股份。但是在协议中，约定将肖某所持宇阳公司 1.5 万元股权转让给张某薇，却没有约定对价。依照《中华人民共和国合同法》第十二条规定，有偿合同应当约定价款或报酬。该法第六十一条、第六十二条规定，当事人就价款没有约定或约定不明的，可以协议补充；不能达成补充协议的，按照合同有关条款或交易习惯确定；仍不能确定的，按照订立合同时履行地的市场价格履行。故价款或报酬是有偿合同的必备条款，缺少该内容，合同则无法履行。

公司股份不同于有形财产，其价值由多种因素构成，如固定资产和流动资金、知识产权或专有技术以及产品盈利能力和人员素质等。公司股份只有经过评估机构专门评估后，方能确定其价值，公司股份的价值才能体现或接近客观真实；在该基础上约定股份转让对价，才能体现当事人签订股份转让协议的真实意愿。本案中，肖某已于2017年2月15日去世，被告张某薇个人持有着宇阳公司的财务账册等公司基础资料，故对宇阳公司共同共有股权进行价值评估的条件已不具备，双方进行协商议价也不可能。依据《自愿离婚协议书》中第三条、第四条中可知，肖某、张某薇夫妻对宇阳公司的公司财产价值、公司债务作出了共同的意思表示，可以作为法院确认宇阳公司股权价值的证据，故法院认定宇阳公司的股权价值为310000元，被告张某薇应向肖某支付股权转让款155000（310000元÷2）元，已支付15000元，还应支付140000元。二原告作为肖某的第一顺序继承人，主张66.6%的股权转让款于法有据，法院予以支持93240元。被告抗辩称已足额向肖某支付了股权转让款15000元，肖某为此配合被告办理了宇阳公司股权变更登记就是证明。法院认为，股东的工商变更登记属于对抗性登记，与实体权利转移无关，不应作为股权变动的标志。因此，法院对其抗辩理由，不予采信。

四川省攀枝花市仁和区人民法院依照《中华人民共和国》第六条、第十二条、第六十条、第六十一条、第六十二条、第一百零七条、第一百零九条和《中华人民共和国民事诉讼法》第一百四十二条之规定，判决如下：

一、被告张某薇应于本判决生效后三十日内支付原告肖某俊、黄某锡股权转让款93240元；

二、驳回原告肖某俊、黄某锡的其他诉讼请求。

一审宣判后，被告张某薇在上诉期内提起上诉。

四川省攀枝花市中级人民法院二审判决：驳回上诉，维持原判。

【法官后语】

“夫妻公司”是指股东仅为夫妻二人的公司。在离婚案件中对这类“夫妻公司”的财产如何分割，审判实践中的做法并不统一，各种观点也迥异。第一种观点认为，应当否定“夫妻公司”的法人人格，并向工商登记部门提出司法建议，恢复其私营企业或者个体工商户的性质，然后再将其资产作为夫妻共同财产进行分割。理由是：《中华人民共和国公司法》要求有限责任公司的股东人数为二人以上，而《中华人民共和国婚姻法》规定在婚姻关系存续期间所得财产原则上属于夫妻共同财产（有约定的除外），夫妻双方以共同财产投资设立有限责任公司，虽然登记的股东为两人，但实质上是一个集合集体，夫妻之间不构成真正意义的《中华人民共和国公司法》上的股东关系，该类公司仅具有公司的外壳而无公司之实质，以夫妻共同财产设立公司，实为以单一主体设立有限责任公司，势必损害公司财产的独立性，因此在处理离婚案件时，应当否定“夫妻公司”的法人人格。第二种观点认为，《中华人民共和国公司法》规定有限责任公司的股东在二人以上，并没有对股东之间的身份关系作出限制。因此夫妻可以共同出资设立有限责任公司，对于双方在公司中的投资比例可视为夫妻双方对财产的约定。离婚案件中，不应将其系统地认定为夫妻共同财产，而应按照工商登记中确定的比例进行分割。第三种观点认为，《中华人民共和国公司法》对于股东并无身份上的限制，夫妻双方共同投资设立有限责任公司并不违反法律规定。夫妻双方将共同财产中的一部分作为各自在有限责任公司中的出资，只不过是设立公司的需要，并不是要改变他们之间的夫妻财产制形式，结合我国以法定财产制为主的现实国情，也难以认定夫妻双方有改变夫妻财产制形式的意思表示，而且公司的股东地位，只是就对外关系而言，在夫妻关系内部，仍应根据《中华人民共和国婚姻法》有关夫妻财产的规定来处理。

夫妻设立公司非单一主体设立公司，按照我国民事立法的规定，夫妻共同财产制为民法中的共同共有关系，这一共同共有关系并不意味着其法律主体的单一，恰恰相反，共同二字本来即两人以上的法律主体。因此，以未分割的夫妻共同财产设立公司，并非单一主体设立公司。实际上以未分割之夫妻共同财产出资，将形成夫妻共同共有股权的现象。以未分割之夫妻共同财产出资设立公司并不必然构成对公司法人财产独立的损害。当然，由于夫妻之间的特殊关系，夫妻公司容易出现个别股东操纵公司、损害公司法人人格独立性的现象，但并不意味着夫妻公司必然导致这种现象，故对否认“夫妻公司”的法人人格应当采取谨慎的态度。以夫妻共同财产投资的有限责任公司，公司股东仅为夫妻二人，此类公司注册的夫妻股权比例的设置往往带有一定的随意性或是仅仅出于形式上的需要，并不反映夫妻实际权益的分配。工商登记不能当然作为财产所有权份额的依据，工商登记中载明的夫妻投资比例并不等同于财产约定。如果有证据证明夫妻当初在工商登记的股权比例只是为设立公司而做的表面文章，而其真实意思还是夫妻各半持有公司的股份，那么就应按夫妻真实的意思表示去处理，不应简单地根据工商登记中载明的投资比例将公司财产判归各方所有。在处理有关“夫妻公司”问题时，要注意与《中华人民共和国公司法》的有关规定相衔接，可以考虑：(1) 离婚后夫妻双方都有经营能力，并且也都愿意继续共同经营的，可依照《中华人民共和国婚姻法》有关处理夫妻财产的规定，直接分割双方的股权比例；(2) 夫妻双方都要求解散清算公司，则可以在清算后对公司剩余财产按照《婚姻法》有关规定进行分割；(3) 夫妻一方要求保留公司，另一方要求退出公司并获得相应补偿的，可以考虑通过将股权部分转让给第三人的方法来解决，既能使退出一方的补偿获得实现，又能使公司继续存续下去等。

编写人：四川省攀枝花市仁和区人民法院　赵谦

29

夫妻一方单独转让婚后增值的股权是否构成无权处分，股权转让合同的效力应如何认定

——秦某兰诉顾某君、顾某平股权转让案

【案件基本信息】

1. 裁判书字号

江苏省无锡市中级人民法院（2018）苏02民终768号民事判决书

2. 案由：股权转让纠纷

3. 当事人

原告（上诉人）：秦某兰

被告（被上诉人）：顾某君、顾某平

【基本案情】

无锡市佳飞金属制品有限公司（以下简称佳飞公司）系有限责任公司，由顾某平与顾某春共同出资设立，其中顾某平出资41万元，占80.39%的股份，顾某春出资10万元，占19.61%的股份。2006年6月19日，顾某平以25.5万元的金额将其

持有的佳飞公司50%的股权转让给顾某君。2007年4月9日，秦某兰与顾某君登记结婚。2015年10月22日，顾某君与顾某平签订股权转让协议一份，约定顾某君将其在佳飞公司的50%的股权计25.5万元以25.5万元的价格转让给顾某平。双方签订上述股权转让协议后办理了相应的股权变更登记手续。2016年4月1日，顾某君向无锡市惠山区人民法院（以下简称惠山区法院）起诉离婚，惠山区法院经审理后于2016年5月5日作出（2016）苏0206民初1656号民事判决，不准顾某君与秦某兰离婚。2016年12月22日，顾某君再次向惠山区法院起诉离婚，后又于2017年3月20日撤回起诉。秦某兰认为，顾某君持有的佳飞公司股权在双方婚后持续增值，该增值部分应当属于夫妻共同财产。顾某君私自于2015年10月22日与其父顾某平签订案涉股权转让协议，将其持有的佳飞公司50%的股权以25.5万元的价格转让给顾某平，顾某君单方将虽登记在其名下但部分属于夫妻共同财产的佳飞公司股权以不合理的低价转让给顾某平的行为存在主观恶意且侵害了秦某兰的合法权益，为此，秦某兰向无锡市锡山区人民法院起诉请求：确认顾某君、顾某平于2015年10月22日签订的股权转让协议无效。顾某君认为，佳飞公司是由其父顾某平与案外人顾某春共同于2004年出资设立。在其2006年大学毕业后，顾某平就向其转让了佳飞公司50%的股权，其受让该部分股份时尚未与秦某兰登记结婚，故该部分股权系其个人婚前财产，秦某兰在婚后也从未参与佳飞公司生产经营。因近年来佳飞公司经营不善，其就于2015年将佳飞公司50%的股权归还给了顾某平，其与顾某平签订案涉股权转让协议及转让股权的行为均是有效的，请求法院依法驳回秦某兰的全部诉讼请求。

【案件焦点】

顾某君是否有权单独处分登记在其名下的佳飞公司股权。

【法院裁判要旨】

江苏省无锡市锡山区人民法院经审理认为：股权（股东权）是一种综合性权利，是以身份权、管理权、财产权为主要内容，集身份、财产与管理等权利于一体的独立的权利形态。根据公司法的规定，公司股东依法享有资产收益、参与重大决策和选择管理等权利，据此，股权系股东基于其股东资格而享有的权利，非股东不享有上述权利，即便是股东的配偶。股权不能等同于一般财产，股东配偶仅能对因股权所得的财产收益按约或法律规定享有共有权利，而不能与股东共同行使股权。就本案而言，因顾某君与秦某兰登记结婚前即持有佳飞公司50%的股权，其持有的该部分股权系婚前财产，在顾某君与秦某兰婚前关系存续期间亦未有就上述股权由二人共同共有的约定，故应认定顾某君原持有的佳飞公司50%的股权系其个人财产，秦某兰并非该部分股权的共有权人。因顾某君对其原持有的佳飞公司50%的股权享有所有权，其有权在不违反法律及公司章程规定的情况下向他人转让股权。顾某君、顾某平于2015年10月22日签订的股权转让协议，系双方自愿、真实的意思表示，且内容不违反法律、行政法规的强制性规定，合法有效。另，关于秦某兰主张的顾某君原持有的佳飞公司50%的股权在婚姻关系存续期间是否发生增值的问题。法院认为，如顾某君原持有的佳飞公司50%的股权确在婚姻关系存续期间发生了增值，顾某君在转让股权中获得的该增值部分的收益，根据婚姻法的相关规定，应认定为夫妻共同财产，但秦某兰享有的是在离婚时按双方约定或法律规定要求分割该部分共同财产的权利，如因顾某君的行为对其该部分夫妻共同财产份额造成损害，秦某兰亦有权向顾某君提起损害赔偿之诉，但秦某兰并无限制顾某君转让股权的权利。本案并非离婚诉讼，秦某兰提出在本案中对顾某君原持有的佳飞公司50%的股权在婚姻关系存续期间是否发生增值进行司法鉴定，因该鉴定申请与秦某兰的诉讼请求及待证事实并无关联，故法院对该申请不予准许。秦某兰现要求确认案涉股权转让协议无效的诉讼请求，于法无据，法院不予支持。

江苏省无锡市锡山区人民法院依照《中华人民共和国公司法》第七十一条，《中华人民共和国民事诉讼法》第一百四十四条，《最高人民法院关于适用〈中华人民共和国民事诉讼法〉的解释》第一百二十一条第一款之规定，作出如下判决：

驳回秦某兰的全部诉讼请求。

秦某兰不服原审判决提起上诉。江苏省无锡市中级人民法院同意一审法院裁判意见。

江苏省无锡市中级人民法院依照《中华人民共和国民事诉讼法》第一百七十条第一款第一项的规定，判决如下：

驳回上诉，维持原判。

【法官后语】

认定顾某君单独转让婚前即登记在其名下的股权系有权处分还是无权处分，股权转让合同是否有效，需要理解以下内容：

第一，股权的性质。依照《中华人民共和国公司法》第四条的规定，股权可以理解为股东依法享有的资产收益、参与重大决策和选择管理者等权利。从上述规定中可以得出，股权既具有财产属性又具有身份属性，实际上是多重权利的集合，或者理解为是一种复合权利，而正是基于股权的这种权利复合性，股东在进行转让股权等处分行为时，既是处分股权中的财产权属性，又是处分股权中的身份权属性，而正是因为股权的处分行为包含处分身份权的内涵，所以能够处分股权的权利主体只能是股东本人，其他人不能进行处分。从这个角度出发，顾某君既是案涉股权的登记股东，又是实际股东，其有权单独处分股权，其转让股权的行为是有权处分而不是无权处分。

第二，涉及股权的夫妻共有财产如何正确理解。本案中，顾某君持有的股权在婚前即登记在其名下，本身属于婚前财产，但该股权在婚后如产生增值，因股权的增值系公司经营发展的结果，故该股权增值部分不属于《最高人民法院关于适用〈中华人民共和国婚姻法〉若干问题的解释（三）》第五条规定中的“自然增值”，该增值部分的“收益”应当属于夫妻共同财产，即夫妻一方婚前持有的股权本身并不是夫妻共同财产，但该股权在婚后增值部分的收益属于夫妻共同财产，且只有当增值部分通过一定的处分行为转变为财产收益时，该增值的财产收益才属于夫妻共同财产。就本案而言，顾某君在处分其名下的股权时属于有权处分，但当处分股权获得的收益相比婚前有增值部分，该增值部分的收益应当属于夫妻共同财产。如顾某君对秦某兰的该部分共同财产份额造成损害的，秦某兰有权向顾某君提起损害赔偿之诉以救济自身权利。

退一步讲，即使构成无权处分，是否影响股权转让合同的效力。本案中，秦某兰以顾某君无权处分为由主张案涉股权转让合同无效，亦不符合现行法律规定。自《中华人民共和国物权法》开始，我国立法已经开始区分处分行为和负担行为，《中华人民共和国物权法》第十五条、《最高人民法院关于审理买卖合同纠纷案件适用法律问题的解释》第三条第一款中均规定，无权处分影响的是能否实现物权的变动，而不影响物权变动的原因行为即债权行为的效力。本案中，无论顾某君对案涉股权的处分行为是否构成无权处分，均不影响股权转让合同的效力，案涉股权转让合同应为有效。

编写人：江苏省无锡市锡山区人民法院　吕纯阳

30

股东主张优先购买权应以积极主动的形式在合理期间内明确提出，否则应视为放弃其优先购买权

——谭某某诉周某某等股权转让案

【案件基本信息】

1. 裁判书字号

湖南省株洲市石峰区人民法院（2018）湘0204民初114号民事判决书

2. 案由：股权转让纠纷

3. 当事人

原告：谭某某

被告：周某、周某某、程某平、宁某云、龙某辉、邓某保、陈某、易某辉、聂某良、聂某英、彭某波、陈乙、刘某、王某祥、朱某龙、谢某望、魏某良

【基本案情】

金虹公司原有注册股东22人，原告为股东之一。2017年7月5日，金虹公司召开股东大会，会议同意授权董事会进行对外股权转让相关事宜的洽谈，并对公司章程进行了部分修改。原告参加了此次股东大会并在相关决议上签字同意。7月26日，金虹公司召开股东会，16名股东同意按17倍价格转让股权，原告参加了此次会议，但不同意按上述价格转让，故未签字同意。8月2日至8月4日，被告周某分别与被告周某某等13名被告签订股权转让协议及补充协议，主要内容为上述13名股东同意将持有的股权全部转让给周某，周某同意以17倍的价格全部受让。8月

5日，金虹公司原董事长张某良告知原告，70%以上股东表决同意对外转让公司股权，原告享有优先购买权，如主张优先购买权，请将收购资金证明及方案在8月9日前书面提交董事会或法律顾问。原告回复认为公司已剥夺其优先购买权，其会通过法律维权，主张股权买卖无效，其有优先购买权。8月9日，原董事长张某良及法律顾问再次通知原告，表明原告仍有优先购买权，如要行使优先购买权，在公司章程规定期限内、在同等条件下主张优先购买权。8月11日，原告回复其优先购买权已被侵犯。同日，原董事长张某良和法律顾问以短信、微信的方式将优先购买权告知函发送给原告，如行使优先购买权，在收到后十个工作日内向董事会提交行使优先购买权的告知书，并提供银行资信证明，逾期视为放弃。原告回复为一份迟到的函告，公司律师刚刚发了。2017年9月11日，金虹公司向原告送达定于9月19日召开临时股东会的相关通知，议题为修改章程及选举执行董事。9月19日，金虹公司召开临时股东会，同意部分股东在金虹公司的股权共计注册资本56万元转让给周某，同意新增周某为股东，并选举为执行董事。原告到达了会议现场，但未进行会议签到及相关表决签字。11月3日，周某与朱某龙等3名被告签订股权转让协议并支付股权收购款项。另查，金虹公司已进行了投资人（股权）工商登记变更，法定代表人变更为周某。

【案件焦点】

1. 被告周某分别与被告周某某、程某平、宁某云、龙某辉、邓某保、陈某、易某辉、聂某良、聂某英、彭某波、陈乙、刘某、王某祥之间的股权转让是否侵犯了原告谭某某的优先购买权；2. 原告谭某某对被告周某与被告朱某龙、谢某望、魏某良之间的股权转让是否享有优先购买权。

【法院裁判要旨】

湖南省株洲市石峰区人民法院审理认为：周某与周某某等13名被告之间的股权转让未侵犯原告的优先购买权。首先，金虹公司2017年7月5日的股东会，共有19名注册股东同意股东对外转让股权，并授权董事会进行对外股权转让相关事宜的洽谈，原告参加了此次股东会并在决议上签字同意，其对公司股东进行对外股权转让是知情的。其次，出让股权的股东授权董事会告知与第三方股权收购条件以及公司其他股东享有优先权及优先权的主张方式。原告参加了7月26日的股东会，对按股权出资额17倍向外转让股权应是知情的。同时根据原告对公司的复函明确表明公司是以出资额17倍的价格转让股权。最后，股东主张优先购买权应在同等条件下明确提出，否则应视为放弃其优先购买权。原告在本案中仅强调侵犯了其优先购买权，但从未明确表示其要主张优先购买权，因此不能视为原告主张了优先购买权。另，虽然本案股权转让款在签订转让协议时就进行了支付，但双方在协议中明确约定股权变更登记前，公司其他股东仍可行使优先购买权，若其他股东行使导致协议无效，双方互不承担违约责任。原告对股权对外转让条件及其享有优先购买权是知晓的，且公司原董事长及法律顾问已明确告知原告享有优先购买权，但直到2017年10月11日进行股权工商变更，原告仍没有表示其要行使优先购买权。综上，法院认为原告无证据证明其按公司章程的规定主张了自己的优先购买权，应视为其已放弃优先购买权，周某与周某某等13名被告之间的股权转让没有侵犯原告谭某某的优先购买权并已完成工商变更登记；原告对周某与朱某龙等3名被告之间的股权转让不享有优先购买权。被告周某通过前述股权转让成为金虹公司注册股东，并完成股权变更登记，其与被告朱某龙等3名被告之间的股权转让系公司股东之间的转让，无须征得原告同意，原告对此不享有优先购买权。综上，湖南省株洲市石峰区人民法院判决：驳回原告谭某某的诉讼请求。

【法官后语】

现行《中华人民共和国公司法》对股东优先购买权制度的规定尚属原则性与指导性规定，缺乏规则性的指导，对实践中股东优先购买权的行使带来了诸多难题和争议，使得股东优先购买权之诉日益增多，并伴随着问题复杂化的趋势。《最高人民法院关于适用〈中华人民共和国公司法〉若干问题的规定（四）》（以下简称《公司法解释四》）对公司股东优先购买权制度作了具体规定，《公司法解释四》第十七条第一款、第二款对股东优先购买权的通知做了详细规定。转股股东应当以“书面或者其他能够确认收悉的合理方式”通知其他股东，并且由此衍生出的举证规则是转股股东要对其通知方式，以及通知发出之后其他股东已经收悉的事实承担举证责任。《公司法解释四》第十九条明确规定了其他股东行使优先购买权的期间。明确公司章程约定优先，章程中明确规定的就依据公司章程进行，章程中没有规定的依据以下情形确定：（1）股权转让通知载明了行使期间的，以该期间为准；（2）股权转让通知未载明期间，或者该期间短于30日的，行使期间为30日。

本案是一起典型的股东优先购买权之诉。根据原、被告双方提交的证据，结合法院审理查明的事实，法院认为股东主张优先购买权应当在合理期间内并在同等条件下以积极主动的形式明确提出，否则应视为放弃其优先购买权。本案原告在2017年7月26日参加股东大会时就已知晓股权转让的事实，但不同意转让价格，2017年8月5日，公司董事长告知原告享有优先购买权，2017年8月11日，再次通知原告享有优先购买权，并在十个工作日内提交行使优先购买权相关材料。直至2017年9月11日，通知原告参加2017年9月19日临时股东会。在原告知晓且公司履行了股权优先购买权的通知义务情况下，原告均未明确主张优先购买权，亦未表示同等条件下购买，只是一味强调侵犯其优先购买权，原告的行为已经超过行使优先购买权的合理期间。

被告周某与被告周某某、程某平、宁某云、龙某辉、邓某保、陈某、易某辉、聂某良、聂某英、彭某波、陈乙、刘某、王某祥之间的股权转让在签订协议当天即完成了股权转让款的支付，看似侵犯了原告的优先购买权，但上述被告之间的股权转让协议的效力待定，并授权公司董事会通知其他股东享有优先购买权。自金虹公司召开股东会同意进行股权对外转让以来，原告知情，其虽不同意股权对外转让的价格，拒绝在公司股东会议上签到，但在公司多次告知其享有优先权以及优先购买权的行使方式及要求的情况下，直至股权工商登记变更之前，原告仍未明确表示其要主张优先购买权，也未提交收购股权的资信证明等公司章程规定的方式行使优先购买权，原告这种仅是强调侵犯其优先购买权，但不表示其要行使优先购买权的行为，不能视为其主张了优先购买权。也无证据证明原告按公司章程的规定主张了优先购买权，应视为其已放弃了股权优先购买权，上述被告之间的股权转让未侵犯其优先购买权。对于被告周某与被告朱某龙、谢某望、魏某良之间的股权转让，因被告周某与其他被告之间完成了股权转让而成为公司股东，故之后的股权转让系公司股东内部之间转让，原告无权主张优先购买权。

编写人：湖南省株洲市石峰区人民法院　吴灿林

31

股权转让的内部效力适用和多重股权转让中善意取得制度的适用

——陈某诉成都泰和置地有限公司股权转让案

【案件基本信息】

1. 裁判书字号

四川省成都市中级人民法院（2018）川01民终1842号民事判决书

2. 案由：股权转让纠纷

3. 当事人

原告（反诉被告、被上诉人）：陈某

被告（反诉原告、上诉人）：成都泰和置地有限公司

第三人（上诉人）：李某晶、赵某刚

【基本案情】

2012年8月15日，被告成都泰和置地有限公司全资设立泰和农业公司用于在彭州市濛阳镇南佛村进行农业生产经营，后泰和农业公司与南佛村村民签订土地流转协议。泰和农业公司在经营过程中亏损严重，出现大面积土地抛荒，引来众多村民投诉，彭州市濛阳镇南佛村村民委员会多次向泰和农业公司发函要求整改。被告认为流转的土地由于多方面因素不利于从事农业生产经营，因此急于将亏损的泰和农业公司股权转让。2016年7月18日，原告作为乙方、被告作为甲方签订《股权转让协议》，约定由原告受让被告持有的泰和农业公司100%股权，被告在协议签订之日起三十日内完成股权转让工商变更登记，并承担相关费用。同时约定被告按30万元/年的标准于当年7月1日前向原告支付补偿款，时间为2016年7月1日到2022年7月1日，共六年。若甲方无故迟延向乙方支付补偿费的，每逾期1天，甲

方按逾期未付款的千分之三向乙方支付违约金。2016 年 7 月 19 日，被告向原告转账支付了 2016 年度的补偿款 30 万元。

2017 年 5 月 14 日，成都泰和公司作为甲方与李某晶、赵某刚作为乙方签订《股权转让协议》，约定乙方受让甲方持有的泰和农业公司的 100% 股权，其中李某晶受让 51%，赵某刚受让 49%。受让价格为 50 万元，由李某晶支付给甲方。同年 5 月 15 日，泰和农业公司法定代表人由张某松变更为李某晶。8 月 16 日，李某晶通过银行账户向成都泰和公司转款 50 万元。8 月 17 日，泰和农业公司股东由成都泰和公司变更为李某晶、赵某刚。

原告主张被告违约并提起诉讼，请求法院判决被告继续履行《股权转让协议》。成都泰和公司提出反诉，请求判令《股权转让协议》已解除，并由原告退还成都泰和公司已支付的 2016 年补偿款 30 万元并支付资金占用利息。

【案件焦点】

1. 在股权转让纠纷中，在转让人与受让人之间，即使股权没有进行转让登记，只要转让协议合法有效，股权亦产生转让效力；2. 在股权转让纠纷中，转让人将股权转让受让人后，未进行转让登记，又将股权转让给第三人并进行转让登记，可适用善意取得制度判断第三人是否为股权所有人。

【法院裁判要旨】

四川省彭州市人民法院经审理认为：《股权转让协议》明确约定被告成都泰和置地有限公司在协议签订之日起三十日内完成股权转让工商变更登记，并承担相关费用。该约定表明履行股权变更登记的义务方是被告，原告陈某负有配合义务。依照《中华人民共和国合同法》第九十四条规定的法定解除情形，作为违约方，被告无权行使合同解除权。相应其要求原告退还已付 30 万元的补偿款请求也不能成立。

原告与被告签订股权转让协议后，被告依约支付了首期补偿款 30 万元，原告实际经营泰和农业公司，已享受了转移资产的受益权，被告完成了股权的交付，原告已取得公司股权。被告再行转让股权，对原告而言，已构成无权处分。就本案而言，第三人李某晶、赵某刚尽管已经变更登记为泰和农业公司股东，也支付了对价，但从其受让身份、受让时间、变更登记时间、交易主体等情形判断，其在受让时并不善意。被告应当协助原告办理股权变更登记。第三人因向村民支付租金而受到的损失，也可通过另外的途径向真正的义务人原告主张。原告在继续履行的诉讼请求中请求被告支付从2016年7月1日到2022年7月1日每年的补偿金30万元，除2017年度外，其余部分支付义务未到期，对未到期部分，不予支持。

被告因在本案中对原告的违约主张提出了根本性抗辩，经一审释明，提出了调低违约金的请求。原告在本案中未举出因被告不支付补偿款受到的损失，而合同约定的延期支付补偿金的违约金标准过高，故应予调整。

四川省彭州市人民法院依照《中华人民共和国公司法》第三十二条，《中华人民共和国合同法》第六十条、第九十四条，《中华人民共和国物权法》第一百零六条，《最高人民法院关于适用〈中华人民共和国公司法〉若干问题的规定（三）》第二十七条第一款，《最高人民法院关于适用〈中华人民共和国合同法〉若干问题的解释（二）》第二十九条第一款，《中华人民共和国民事诉讼法》第六十四条第一款，《最高人民法院关于民事诉讼证据的若干规定》第二条之规定，判决如下：

一、被告成都泰和置地有限公司和第三人李某晶、赵某刚于本判决生效后十日内协助原告陈某将成都泰和现代农业有限公司100%的股权登记到原告名下；

二、被告成都泰和置地有限公司于本判决生效后十日内向原告陈某支付2017年度补偿费30万元及违约金（以30万元为基数，从2017年7月2日始至本判决确定之日止，按中国人民银行同期同类人民币贷款基准利率上浮30%计算）；

三、驳回原告陈某的其他诉讼请求；

四、驳回被告成都泰和置地有限公司的反诉请求。

被告成都泰和置地有限公司不服一审判决，提起上诉。四川省成都市中级人民法院经审理认为：泰和公司连续两个年度净亏损，陈某虽以“零对价”受让泰和农业公司股权，但同时也承受了泰和农业公司未来经营的全部风险。因此，泰和公司没有证据证明其意思表示系将案涉股权进行赠与，其与陈某签订股权转让协议实质上亦并非单务无偿。故泰和公司的该项上诉理由不能成立。

泰和公司系与陈某签订的《股权转让协议》中约定的办理股权转让工商变更登记的义务人，本案中，泰和公司未提供证据证明其在合同签订后三十日启动了变更登记工作，也未举证证明此期间要求陈某履行配合义务，因此泰和公司已然违约，其依据《中华人民共和国合同法》第九十四条的规定行使法定解除权于法无据，其关于股权转让协议已经解除的理由不能成立，法院不予采纳。

泰和公司与陈某签订股权转让协议并生效后，即对当事人双方产生股权转让效力，股权权能由转让方移转至受让方，而股东名册、工商登记仅对应产生对抗目标公司、第三人的效力。因此，陈某已取得泰和农业公司股权，泰和农业公司向他人转让案涉股权的行为构成无权处分。第三人李某晶、赵某刚泰和公司职工，根据其陈述，称其不知道案涉泰和农业公司股权变更至其与赵某刚名下一事明显缺乏合理性，其也应当知道陈某已于2017年7月21日向一审法院提起诉讼、对案涉股权主张权利，其主观上的善意难以成立。另外，赵某刚作为案涉股权的收购人，理应对收购股权情况进行了解，因此将案涉股权变更登记到李某晶、赵某刚名下的行为，不能认定系出于善意，该变更登记行为应视为不正当促成第三人对抗条件的成就，不能对陈某产生对抗效力。李某晶、赵某刚受让案涉股权的行为不能认定为善意，即使该股权已登记到李某晶、赵某刚名下，亦不能对陈某产生对抗效力，案涉股权仍应为陈某所有。

四川省成都市中级人民法院依照《中华人民共和国民事诉讼法》第一百七十条第一款第一项规定，判决：

驳回上诉，维持原判。

【法官后语】

公司股权转让是企业募集资本、产权流动重组、资源优化配置的重要形式。我国公司法和相关法律规定公司股权进行转让后，应当将股东进行更名登记。当发生公司股权多重转让时，或转让人未进行股东变更登记，或先行转让未变更登记，而后次转让却变更登记等，围绕谁是真正的股权实质权利人引发大量纠纷并产生认知分歧和误区。如何认定股权转让效力，如何认定真正的股东，对司法实务而言具有极强的理论需求和应用意义。

（一）在股权转让纠纷中，应区分内部、外部的不同情形确认实质权利所有人

股权转让协议的内部效力应当如何认定，在实践中存在不少认识误区。有人认为，因股权转让后应当进行股东变更登记，与不动产交易模式一致，故应遵从物权法的相关原理。甚至在股权转让协议中，也存在原因行为与结果行为的区分原则，即凡未进行股东变更登记的，不发生股权转让效力。本案被告泰和公司即持此种认识。物权区分原则历经实践和理论的探索，终于被我国物权法所采纳，已成为共

识。但该原则主要调整物权变动时的法律关系。股权转让合同与一般的买卖合同并无本质的差异，而特殊性仅在于公司作为市场交易的主体，在促进资源配置，维护交易安全的过程中，需要给予交易对象或第三人明确的公司关键信息，其中就包括股东、资产等。故法律规定了工商登记的管理任务，并进而提出了登记对抗主义。对于股权转让中的转让方和受让方而言，就按一般的买卖合同规则予以规制。换言之，当事人订立股权转让协议后，应当按照合同约定的义务交付股权，比如交付无记名股票、转移资产受益权、共同办理工商变更登记等，即使未完成公司登记、工商登记，合同生效后只要实际交付，股权权能即发生了转移，由转让方移转至受让方。股权转让的内部效力应有两层含义：一是股权转让协议生效并实际交付后，股权发生变更，任何一方不得以未登记为由而否认转让效力；二是转让效力仅发生于协议双方当事人之间，未经变更登记，对公司、第三人无法律约束力，双方当事人均不得以协议生效并实际交付为由，向公司、第三人对抗。

（二）受让方依内部协议取得股权后，应审查是否存在变更登记的履行障碍，进而判断合同解除抑或继续履行

公司为交易而产生，交易必然关涉多方交易主体。股权转让仅在内部协议之间产生效力，如未进行变更登记，缺乏公示效力，在交易市场中必定存在巨大的风险。因此，但凡股权转让协议，无论是公司法的要求，还是交易目的的驱使，双方必然会约定有关股东名册变更、股权变更等事宜的登记义务。而变更登记是否必然能完成，在实践中并不必然。如无法限制转让方的“一权多让”，也无法预测阻却变更的客观事实，故必然存在履行不能的风险。因此，在股权转让纠纷中，即使确认了受让方的实质权利人身份，但能否实现变更登记，还需要依案而论。存在几种可能情形：一是无阻碍情形，依《中华人民共和国合同法》第一百零七条之规定，当事人一方不履行合同义务或履行合同义务不符合约定的，首先应当承担“继续履行”的违约责任。二是发生多重转让，且后手受让方已获得变更登记的，应先行判定后手受让方是否为善意取得，如为善意取得人，意味着无法完成前手受让方的权利变更登记。三是发生《中华人民共和国合同法》第一百一十条规定的情形，即“法律上或者事实上不能履行”“债务的标的不适于强制履行或者履行费用过高”“债权人在合理期限内未要求履行”，将无法完成变更登记。出现上述第二、三种情形，受让方只能请求解除股权转让协议并有权要求转让方承担违约责任。相关法律

后果按解除合同的法定后果确定。

（三）善意取得制度在股权转让中适用的识别路径

传统民法理论一般认为，善意取得仅限于动产，《中华人民共和国物权法》规定不动产也适用善意取得，突破了仅适用动产的限制，其理论基础即源于公示公信原则。该原则蕴含了在不动产领域和须登记的动产领域适用登记生效主义以及作为其题中之意的权利推定原则，在一般动产领域则推定占有即有所有权。在无权处分的情形中，第三人的“善意”是对外观上权利公示的信赖因而应予保护。股权虽非动产，但既然不动产物权已进行了理论的突破和实践的应用，物权之外的权利，包括知识产权、股权等，只要具有一定权利的外观表征为基础，就存在善意取得的可能。正是基于此，《最高人民法院关于适用〈中华人民共和国公司法〉若干问题的规定（三）》第二十七条第一款规定：股权转让后尚未向公司登记机关办理变更登记，原股东将仍登记于其名下的股权转让、质押或者以其他方式处分，受让股东以其对于股权享有实际权利为由，请求认定处分股权行为无效的，人民法院可以参照《中华人民共和国物权法》第一百零六条的规定处理。

究竟怎样识别股权转让中的善意取得呢？可从四个条件把握：

一是转让人应为无权处分人。《中华人民共和国物权法》第一百零六条确立的善意取得制度，其前提是无处分权人转让不动产或动产。现实中不动产的“一房多卖”“一地多卖”与股权转让中的“一权多让”有着类似的表现形式，但物权变动的区分原则已揭示了不动产权所有权人在多重买卖关系中，其均是有权处分人，只是依照法律确立的权利认定顺位规则，判定多重买受人谁才能取得最后的物权。而股权所有人的多重股权转让中，除首次转让时为有权处分外，后来的处分行为均为无权处分。因为如前论述，以股权转让协议签订为股权转让的时点，当双方达成转让合意，股权即在双方之间实现转移。在股权转让内部，受让人即为实质权利人。如果原股东再次转让，则实质构成了处分受让人股权，为无权处分行为。正因如此，亦才有善意取得制度在股权转让中适用的前提条件。二是受让人在受让时主观上应当是善意。善意是行为人的主观心理活动，只有通过客观的行为推定判断行为人是否为善意。在判定股权转让中的善意与不动产买卖中的善意时从要件而言并无差异，但对登记产生的信赖利益其法律意义不一样。股权转让登记并非设权性登记，其意义仅仅在于保护善意第三人因为对公司登记制度之信任所产生的信赖利益，如果第三人对转让人达成股权转让合意之前，已经知悉股权发生了移转，则没有信赖利益需要保护，第三人无法取得该股权。从实践而言，判断第三人（后受让人）是否为善意，其逻辑推理是：应先推定第三人善意，然后由实质权利人（先受让人）对后手受让人是否具有恶意进行举证，如不能证明其为恶意，则推定为善意。此思路契合了《最高人民法院关于适用〈中华人民共和国物权法〉若干问题的解释（一）》第十五条的规定，即“受让人受让不动产或者动产时，不知道转让人无处分权，且无重大过失的，应当认定受让人为善意。真实权利人主张受让人不构成善意的，应当承担举证证明责任”。三是合理对价。善意取得制度本身是价值衡量的结果，形成优先善意第三人的利益。只有善意第三人支付了等价有偿的合理对价，其利益才需要优先保护。四是第三人股权已办理了转移登记。如果没有先行登记，就缺乏对抗前手转让的特殊性和必要性。只有具备了上述四个要件，才能确认后受让人系善意取得。

编写人：四川省彭州市人民法院　曾耀林　曹腊月

32

股权转让双方未对转让价款进行明确约定的，应视为股权转让双方未达成合意，股权转让协议不成立

——何某、邓某梅诉胡某华股权转让案

【案件基本信息】

1. 裁判书字号

云南省昆明市中级人民法院（2018）云01民终6513号民事判决书

2. 案由：股权转让纠纷

3. 当事人

原告（上诉人）：何某、邓某梅

被告（被上诉人）：胡某华

【基本案情】

原告何某、邓某梅向法院提出诉讼请求：1. 被告向原告何某支付股权转让款156097.67元；2. 被告向原告邓某梅支付股权转让款312195.33元；3. 诉讼费由被告承担。事实和理由：2017年7月10日，原、被告双方共同出资成立了云南好贝母婴护理服务有限公司，被告任法定代表人，原告何某任监事。2017年11月5日，原、被告双方作出股东会决议，被告同意原告何某、邓某梅转股，以第三方公司评估金额为基准，股权转让给被告。2017年11月16日，被告委托的第三方公司出具《云南好贝母婴护理有限公司财务处理建议报告》，认定截至2017年11月5日，原告何某的股权转让结算价为156097.67元，原告邓某梅的股权转让结算价为312195.33元。后原、被告双方就股权转让款的支付时间协商不成，原告多次要求被告按约支付股权转让款，被告均予拒绝，遂成此诉。

被告胡某华答辩称：1. 被告与两原告未签订任何书面股权转让协议，也未口头约定过股权转让；2. 两原告也未实际通过工商变更登记将股权转至被告名下。综上，两原告要求被告支付股权转让款无事实及法律依据，请求驳回两原告的诉讼请求。

【案件焦点】

两原告与被告之间是否形成了股权转让的合意。

【法院裁判要旨】

云南省昆明市五华区人民法院经审理查明：云南好贝母婴护理服务有限公司（以下简称好贝母婴公司）于2017年7月10日登记成立，注册资本为100万元，两原告及被告均为好贝母婴公司登记在册股东，其中被告胡某华认缴出资42万元，占股比例42%，原告何某认缴出资21万元，占股比例21%，原告邓某梅认缴出资37万元，占股比例37%。2017年11月1日，好贝母婴公司作出《股东会议》并决议如下："1. 关于邓某梅退股事宜决策：32万元高利贷（1.5利息）。①评估店面价值，11月5日前退，请评估公司评估员评估公司制度及现值价格。②工资5~10月。③拒绝错的事务决策和检讨问题。④邓某梅未作出退股书面申请。⑤乙方未作出同意丙方退股书面申请……6. 何某对退股事情：合一起合，不合一起散伙。请评估公司评估后列转股协议，转股，邓某梅同意。如最终退股或转股，请结算在

9.14－10.31运营垫资资金，结算入股金额16万（壹拾陆万元整）从5～10月每月1.89分的利息。”全体股东在《股东会议》上签字。2017年11月5日，好贝母婴公司再次作出《股东会议》并决议：“胡某华同意邓某梅、何某转股。以第三方公司评估金额为基准，股权转让给胡某华。”全体股东在《股东会议》上签字。2017年11月16日，经好贝母婴公司委托，云南三闲信息技术有限公司就好贝母婴公司资产及股权退出额度作出《财务处理建议报告》，上述报告载明了两原告的股权结算款金额，其中建议原告何某股权结算款为16万元（股本）＋股东分红（－3902.33元）＝156097.67元，原告邓某梅股权结算款为32万元（股本）＋股东分红（－7804.67元）＝312195.33元，同时还对好贝母婴公司股权转让协议提出了建议方案。

云南省昆明市五华区人民法院依照《中华人民共和国合同法》第十二条，《中华人民共和国民事诉讼法》第六十四条、第一百一十八条之规定，判决如下：

驳回原告何某、邓某梅的诉讼请求。

一审宣判后，原告何某、邓某梅持原起诉意见提起上诉。

云南省昆明市中级人民法院经审理认为：《中华人民共和国合同法》第四条规定：“当事人依法享有自愿订立合同的权利，任何单位和个人不得非法干预。”当事人订立合同应当是双方的真实意思表示，并且合同内容应当具体明确。本案中，上诉人主张双方2017年11月5日形成的《股东会议》即股权转让协议，股权转让的价款以“第三方公司评估的金额为基准”，故上诉人依据一审提交的《财务处理建议报告》提起诉讼。被上诉人则主张该《股东会议》的内容不具有股权转让协议的性质，双方并未对股权转让形成最终的合意。二审中，双方当事人对委托云南三闲信息技术有限公司就好贝母婴公司资产及股权退出额度，进行财务数据梳理及相关财务处理建议均无异议，从《财务处理建议报告》的内容来看，该报告不仅对股权结算款作出建议，而且对违约责任的承担也给出了协议方案。在《财务处理建议报告》作出后，双方均未对股权转让的价款等合同条款进一步予以明确，无论依照《股东会议》还是《财务处理建议报告》，双方均未就股权转让价款等主要合同内容达成合意。因此，《股东会议》不发生股权转让的合同效力，亦不产生合同义务，上诉人要求被上诉人支付股权转让款的请求无事实及法律依据，法院不予支持。综上所述，上诉人何某、邓某梅的上诉请求不能成立，应予驳回。一审判决认定事实清楚，适用法律正确，法院依法予以维持。

云南省昆明市中级人民法院依照《中华人民共和国民事诉讼法》第一百七十条第一款第一项规定，判决如下：

驳回上诉，维持原判。

【法官后语】

本案的争议焦点为：两原告与被告之间是否形成了股权转让的合意？该争议焦点涉及在有限责任公司的股东之间未签订正式书面股权转让协议，仅约定股权转让比例的情况下，如何认定股权转让双方之间的股权转让合意？对此，需要厘清以下问题：

1. 有偿合同与无偿合同的区别

以当事人获得权益是否支付代价为标准，合同可以分为有偿合同和无偿合同。[①] 有偿合同，是指双方当事人从合同的缔结到债务的履行整个过程中，均作出相互具有对价性质的付出（并不限于财产的给付，也包括劳务、事务等）的合同。在有偿合同中，当事人一方享有合同规定的权益必须向对方支付相应的对价。无偿合同是指只有一方当事人作出给付，或虽为双方作出给付，但双方的给付不具有对价意义的合同。在无偿合同中，当事人一方享有合同规定的权益无须向对方支付一定的对价。[②] 除无偿转让股权，视为赠与合同，是无偿合同外，其余股权转让协议因转让双方互付具有对价性质的给付，均为有偿合同。而股权转让的对价则为股权受让方需要在获取股权后向股权转让方给付的财产利益，即股权转让款。

2. 股权转让款是否是股权转让协议的必备条款

合同条款分为一般条款和必备条款。必备条款是指依据合同的性质和当事人的特别约定所必须具备的条款，缺少这些条款将影响合同的成立。根据《中华人民共和国合同法》第十二条第一款规定："合同的内容由当事人约定，一般包括以下条款：（一）当事人的名称或者姓名和住所；（二）标的；（三）数量；（四）质量；（五）价款或者报酬；（六）履行期限、地点和方式；（七）违约责任；（八）解决争议的方法。"以上这些条款并不是所有合同的必要条款，而是否是合同的必备条

---

① 王玉梅：《合同法》，中国政法大学出版社2014年版，第3页。

② 最高人民法院民事审判第二庭编：《最高人民法院关于买卖合同司法解释理解与适用》，人民法院出版社2012年版，第674页。

款，应依据合同的性质和当事人的特别约定来确定。所以，必备条款主要包括两个方面：一是依据合同的性质所必须具备的条款。二是根据当事人的特别约定所必须具备的条款，对于任何非必要条款来说，只要当事人在合同中特别约定并将其作为合同成立的必备条款，则这些非必要条款都可以成为必要条款。[①] 根据前述对股权转让协议的性质分析，股权转让协议的性质为有偿合同，而价款或者报酬是有偿合同的必备条款，因此，股权转让价款应为股权转让协议的必备条款。

3. 双方未对股权转让协议价款达成一致的法律后果

如前所述，股权转让协议是有偿合同，股权转让价款是股权转让协议的必备条款，当股权转让双方未签订正式书面合同，仅在股东会会议或股东会决议中明确除股权转让价款之外的其他股权转让事项时，如股权转让比例、股权转让时间等，是否能够通过第三方评估机构对股权价值的测算或估值认定双方已经就股权转让价款达成合意？股权转让协议的标的为股权，股权又称股东权，是股东基于股东资格而享有的权利。《中华人民共和国公司法》第四条规定："公司股东依法享有资产收益权、参与重大决策和选择管理者等权利。"股权的特殊性在于，它并非单一的人身权或者财产权，而是有限责任公司或者股份有限公司的股东对公司享有的人身和财产权益的一种综合性权利。因股权的价值由多种因素构成，包括股东出资及其增值或贬值部分、公司在经营过程中所获得的有形或无形资产、公司对外债权债务、流动资金、知识产权等，而第三方评估机构有的按照股权转让方实际认缴的投资额来确定股权价值，有的按照公司资产评估价格来确定股权价值，还有的按照所有者权益确定，即在考虑投资方实际认缴注册资本的基础上，兼顾资本公积、未分配利润等要素来确定股权价值。但因股权性质不同于一般商品，以上对于股权价值的测算或估值也因无法涵盖股权价值的所有构成因素而不具有可替代股权转让双方对于股权转让价格所达成的合意的作用。股权转让双方未就股权转让协议的必备条款达成合意的，股权转让协议应当视为未成立。

4. 对案件的评析与探讨

本案中原告何某、邓某梅与被告胡某华之间是否就股权转让达成合意，法院从以下几个方面进行了评判，首先，审查了双方股权转让的行为是否符合《中华人民

---

① 江必新：《融资租赁合同纠纷》，法律出版社2014年版，第8页。

共和国公司法》等法律法规的规定，是否符合公司章程约定等。原告何某、邓某梅与被告胡某华均系云南好贝母婴护理服务有限公司股东，有限责任公司股东内部转让股权，我国相关法律法规并未作出限制性规定，且公司章程对股东内部之间转让股权也未有特殊约定，故双方虽未签订书面的股权转让协议，但因股权转让协议不是法定的书面要式合同，且双方通过两次股东会决议对于股权转让的事项进行了记载，可以视为双方均有股权转让的意思表示；其次，对于股权转让价款，根据两次股东会决议记载的内容可知，原告何某、邓某梅与被告胡某华之间对于股权转让价款的约定仅为“以第三方公司评估金额为基准”，该约定对于股权转让的具体金额并未明确，也未明确计算方式，且第三方对股权转让价款的计算方法为股东出资额加上公司利润分红，由于前述股权价值构成因素的多样性，法院亦无法也不应当对上述计算方式所得金额的合理性进行评判；最后，因为股权转让协议是有偿合同，对价即股权转让款是必备条款，双方对于合同必备条款未能达成一致的，根据《中华人民共和国合同法》的规定，应当认定合同不成立。综上所述，两原告主张与被告胡某华之间的股权转让协议依法成立并生效，要求被告胡某华依据第三方对股权转让价款的测算或者评估价格支付相应款项的诉讼请求，不能得到法院支持。

由此案得出审理该类股权转让纠纷的要点如下：第一，股权转让行为的合法性及转让双方的意思表示。有限责任公司股东内部进行股权转让的，审查双方转让股权行为是否符合《中华人民共和国公司法》等法律法规规定，是否符合公司章程约定，之后对双方是否达成书面股权转让协议进行审查，若有书面转让协议或虽无书面转让协议，但可以依据有效的股东会决议对于股权转让事项进行约定的，应当视为双方有股权转让的意思表示。第二，对于股权转让价款约定不明时的判定。首先，应当明确，股权转让协议是有偿合同；其次，应当充分尊重双方当事人的意思表示，若双方事后未能达成一致，因股权性质非一般商品，也不能适用《中华人民共和国合同法》对于价格约定不明时的处理的规定，且不能通过第三方评估价格对股权转让价值予以评判。第三，对于股权转让价款约定不明，且事后未能达成一致的股权转让协议应当视为合同不成立；对于转让方依据尚未成立的股权转让协议所做的股权变更登记或公司章程、股东名册的变更等，应当释明当事人予以再次变更，恢复原状。

编写人：云南省昆明市五华区人民法院　符雅琪　段格

33

股权转让中行使合同解除权依据“无法实现合同目的”的认定标准

——徐某明诉朱某刚等股权转让案

【案件基本信息】

1. 裁判书字号

北京市第一中级人民法院（2018）京01民终9639号民事判决书

2. 案由：股权转让纠纷

3. 当事人

原告（上诉人）：徐某明

被告（被上诉人）：朱某刚、夏某栋、肖某舒

【基本案情】

视秀公司成立于2015年10月，公司注册资本500万元（认缴500万元，已实缴200万元），法定代表人为朱某刚，股东为朱某刚、夏某栋、肖某舒。2016年6月16日，朱某刚、夏某栋、肖某舒与徐某明四方签订《股权转让协议》，约定朱某刚、夏某栋、肖某舒三方分别转让视秀公司的全部或部分股权于徐某明，徐某明出资436.4万元用于收购股权，并向其他三方出借人民币300万元用于补足视秀公司出资，其他三方承诺将该笔款项专用于实缴视秀公司注册资本，且向徐某明完成股权转让手续后，各方对该笔借款再无借贷关系，徐某明合计获得视秀公司60%的股权。另约定股权出让方保证视秀公司在股权转让前财务清晰，没有对外进行担保或贷款，没有无法履行的重大合同，没有重大对外负债或“或有负债”的事项。朱某刚和肖某舒承诺在目标公司任职期间，非经本次交易完成后的股东会书面同意，不得到与视秀公司有竞争关系的其他用人单位任职，或不得自营、参与、投资与目标

公司有竞争关系的企业，除非股东会、董事会一致决议或调整，其二人在目标公司的服务期不低于两年。徐某明按照协议约定支付300万元补足视秀公司出资，出资436.4万元完成股权转让手续，在工商管理部门进行了股东登记事项变更，将股东由“夏某栋、朱某刚、肖某舒”变更为“徐某明、朱某刚、肖某舒”，后变更为徐某明、朱某刚、肖某舒、北京视秀科技研发中心（有限合伙）。公司法定代表人为朱某刚，并任执行董事。根据视秀公司公司章程，股东会会议由股东按照出资比例行使表决权，代表十分之一以上表决权的股东可以自行召集和主持股东会会议。2016年12月5日，视秀公司做出股东会议纪要，决议由肖某舒任CEO主持各项工作推进（暂定三个月），朱某刚离任，但对公司决策具有参与权和知情权；朱某刚配合调整期内缩减人员开支及稳定核心团队等各项工作；该纪要关于人员缩减调整没有载明朱某刚的工资支付及调整情况。另，视秀公司在经营期间向绿非公司转账35万元，肖某舒系点易公司和趣味投公司的股东，且以上公司的经营范围与视秀公司存在部分重合。视秀公司于2017年11月停止经营活动。徐某明认为，视秀公司在《股权转让协议》签订后有35万元的履行重大债务行为；朱某刚、肖某舒作为公司核心团队成员，未履行在视秀公司服务两年的承诺；肖某舒在点易公司及趣味投公司投资和工作，违反了《股权转让协议》中关于竞业禁止方面的规定，视秀公司已无法开展正常的经营活动，徐某明收购视秀公司的目的已经落空，要求解除《股权转让协议》，恢复股权收购前的原状，同时要求朱某刚、夏某栋、肖某舒返还借款300万元，故提起本案诉讼。

【案件焦点】

朱某刚、夏某栋、肖某舒作为股权转让方，是否存在违约行为。

【法院裁判要旨】

北京市石景山区人民法院经审理认为：首先，涉案协议中关于转让前债务情况条款的文义是出让方承诺视秀公司没有未经披露的对外负债或者担保。徐某明未就视秀公司将35万元付至绿非公司的原因进行查证，也未就交易异常提供初步证据予以证明，仅依据转账行为，无法确定该笔资金的性质，徐某明主张该笔支出违反“无对外负债”约定，依据不足。徐某明以4364000元受让视秀公司60%的股权，35万元的或有债务尚不足以导致股权转让合同目的无法实现。其次，肖某舒一直在视秀公司任职。视秀公司于2017年11月停止经营活动，在此情况下，肖某舒不在视秀公司继续任职，不构成对其服务承诺的违反。关于朱某刚任职时间问题，根据视秀公司2016年12月5日股东会议纪要，视秀公司股东会一致同意朱某刚离任，仅有配合调整缩减人员开支、稳定核心团队等工作。在徐某明通过股东会决议表决方式，对朱某刚工作性质、内容以及作用作出了明显有别于《股权转让协议》的约定，朱某刚已不具有核心作用的情况下，又以朱某刚系核心团队成员、任职时间违反《股权转让协议》约定为由，要求朱某刚承担违约责任，缺乏事实和法律依据。最后，根据一审期间徐某明提供的公证书显示，证明肖某舒投资、经营了与视秀公司存在同业竞争的点易公司和趣味投公司，并陈述该证据是朱某刚担任视秀公司CEO期间制作完成并交给徐某明，该事实表明徐某明自2016年10月底即知晓肖某舒违反《股权转让协议》关于竞业禁止的规定，但并未就此向肖某舒主张违约，而是于2016年12月作出股东会决议，同意由肖某舒继任视秀公司CEO职务，表明徐某明同意或者认可了肖某舒的行为，现徐某明在视秀公司停止经营后，又以肖某舒违反竞业禁止为由要求解除《股权转让协议》，缺乏事实依据。

北京市石景山区人民法院依照《中华人民共和国合同法》第六十条，《中华人民共和国公司法》第十一条、第七十一条、第七十三条规定，判决如下：

驳回原告徐某明的全部诉讼请求。

徐某明不服原审判决，提起上诉。北京市第一中级人民法院同意一审法院裁判意见，依照《中华人民共和国民事诉讼法》第一百七十条第一款第一项规定，判决如下：

驳回上诉，维持原判。

【法官后语】

本案系股权转让各方当事人是否完全履行合同义务、存在违约行为，股权转让协议的履行是否存在“不能实现合同目的”的法定解除情形而产生的纠纷。

股权的转让是财产权利在平等主体之间的流转，此时的股权转让合同，作为交易性合同，理应受到《中华人民共和国合同法》的调整。受让方是否享受解除股权转让协议的权利应当区分不同情况分别处理，一是《中华人民共和国合同法》第九十三条第二款规定的约定解除权：“即当事人可以约定一方解除合同的条件。解除合同的条件成就时，解除权人可以解除合同。”二是《中华人民共和国合同法》第九十四条规定的法定解除权：“（一）因不可抗力不能实现合同目的的；（二）在履行期限届满之前，当事人一方明确表示或者以自己的行为表明不履行主要债务；（三）当事人一方迟延履行主要债务，经催告后在合理期限内仍未履行；（四）当事人一方迟延履行债务或者有其他违约行为致使不能实现合同目的；（五）法律规定的其他情形。”可以看出法定解除权的行使均围绕合同的履行是否能够实现合同目的而展开。故根据股权转让的定义及一般商事规则，股权转让的目的是受让方支付相应对价用以受让目标公司股份，从而取得目标公司的股东地位。

股权作为一种综合性的财产权利，不仅包括财产收益权还包括公司经营决策权等多种权利。股权转让合同的签订与履行不仅直接影响合同当事人的利益，而且还会影响目标公司的员工、债权人及其他相关第三人的利益。因此，解除股权转让合同除应依据法律的明确规定外，还应考虑股权转让合同的特点。尤其在股权已经变更登记，受让方已经支付大部分款项且已经实际控制目标公司的情况下，解除股权转让合同应结合合同的履行情况、违约方的过错程度以及股权转让合同目的能否实现等因素予以综合判断。

本案中，股权受让方徐某明已向朱某刚、夏某栋、肖某舒支付相应股权转让价款，朱某刚、夏某栋、肖某舒所转让的股权已经完成转移并已登记至徐某明名下，徐某明已经通过股权转让的行为获得视秀公司（目标公司）的股东地位，是持有股东会决议表决权60%的大股东，在公司治理及运营上拥有实际控制权，可以认为股权转让的转让方已经履行合同主要义务。因徐某明无法提供有效证据，涉案35万元转账款无法明确具体性质，因此不属于约定的“未经披露的对外负债或者担保”，且根据查明的事实和股东会决议，朱某刚离任系股权转让后履职行为，肖某舒的竞业禁止行为也经过股东徐某明同意和认可，涉案协议不符合“不能实现合同目的”的情形，因此股权受让方徐某明无权行使合同解除权。

编写人：北京市石景山区人民法院　宋颖　张乃伦

34

双方签订个人独资企业的股权份额转让协议后，因股权份额无法转让，受让人主张因受到欺诈而撤销转让协议，不应支持

——陶某勇诉游某敏、成都智远星汽车维修中心股权转让案

【案件基本信息】

1. 裁判书字号

四川省成都市中级人民法院（2019）川01民终532号民事判决书

2. 案由：股权转让纠纷

3. 当事人

原告（上诉人）：陶某勇

被告（被上诉人）：游某敏

被告：成都智远星汽车维修中心（以下简称智远星维修中心）

【基本案情】

2017年8月10日，游某敏（转让方、甲方）与陶某勇（受让方、乙方）签订《成都智远星汽车维修股份有限公司股权转让协议》，约定：甲方同意将所持有智远星维修公司20%的股权（认缴注册资本150万元，实缴注册资本265万元）以53万元的价格转让给乙方，乙方同意按此价格和条件购买该股权。乙方同意在本协议签订之日起180日内，将转让费53万元以转账方式分2次支付给甲方（第一次于2017年8月10日支付20万元，第二次于2017年12月31日前支付33万元）。违约方应向协议他方支付股权转让价格10%的违约金。该股权转让协议骑缝处加盖有智远星维修中心公司印章。

协议签订后，2017年8月10日至2017年8月21日，陶某勇分多笔向游某敏

支付20万元。2017年10月18日，游某敏向陶某勇出具收条，载明：于2017年10月18日收到陶某勇付房租费11.4万元。陶某勇在庭审中确认11.4万元是以房租名义交的投资款，游某敏认可该款项为投资款。

陶某勇从2017年7月开始与游某敏共同经营智远星维修中心，陶某勇任智远星维修中心运营总监一职。陶某勇作为智远星维修中心联系人与环球车享成都汽车租赁有限公司签订《车辆定点维护合同及规章》。2017年7月20日，陶某勇向北京百度网讯科技有限公司支付3800元用于智远星维修中心在百度的推广。2017年8月28日，陶某勇为智远星维修中心制作展示牌支付费用450元。

【案件焦点】

1. 案涉《股权转让协议》是否应予撤销；2. 若应撤销，游某敏是否应向陶某勇返还314000元投资款并支付工资损失及资金利息损失58160.4元；3. 若不应撤销，陶某勇是否应向游某敏支付股权转让款216000元及违约金21600元。

【法院裁判要旨】

四川省成都市青羊区人民法院经审理认为：陶某勇在2017年7月开始参与智远星维修中心的经营，且陶某勇的名片上印制的也是“成都智远星名汽车维修中心”，2017年8月10日双方签订股权转让协议，在该协议骑缝处也加盖的是智远星维修中心印章，由此可以认定陶某勇应当知道游某敏经营的主体是智远星维修中心。故对于陶某勇主张其受欺诈而签订合同，法院不予采信，对陶某勇主张撤销股权转让协议及退还转让费和损失，法院不予支持。

陶某勇与游某敏签订的《股权转让协议》系双方当事人的真实意思表示，且协议内容不违反法律、行政法规的禁止性规定，属合法有效。双方均应按照约定享受权利，履行义务。陶某勇应按照协议约定支付剩余股权转让款21.6万元（53万元－20万元－11.4万元），故游某敏主张陶某勇支付股权转让款21.6万元，法院予以支持。依照《中华人民共和国合同法》第一百一十四条之规定，当事人可以约定一方违约时应当根据违约情况向对方支付一定数额的违约金，也可以约定因违约产生的损失赔偿额的计算方法。本案中，陶某勇未按照约定支付股权转让款，应按照协议约定支付违约金5.3万元（53万元×10%），但鉴于陶某勇已支付股权转让款31.4万元，故法院酌减违约金为未付股权转让款的10%即2.16万元。

四川省成都市青羊区人民法院依照《中华人民共和国合同法》第一百一十四条,《中华人民共和国民事诉讼法》第六十四条、第一百四十二条的规定,判决如下:

一、原告(反诉被告)陶某勇于本判决生效之日起十日内向被告(反诉原告)游某敏支付股权转让款21.6万元及违约金2.16万元;

二、驳回原告(反诉被告)陶某勇的诉讼请求;

三、驳回被告(反诉原告)游某敏的其他反诉请求。

陶某勇不服一审判决,提起上诉。四川省成都市中级人民法院经审理,确认一审法院认定的事实和证据,认为陶某勇的上诉请求不成立,一审判决认定事实清楚,适用法律正确,应当维持。

【法官后语】

经济活动中,一些商事主体因缺乏法律专业知识导致签订的合同存在不规范之处,当出现矛盾后,一方易就此提出诉讼。本案就一方当事人能否仅以个人独资企业不存在股权份额,不能进行股权转让为由,主张受到欺诈,从而撤销股权转让协议作出分析。

一、商事主体签订个人独资企业股权转让合同的实质

根据《中华人民共和国个人独资企业法》第二条"本法所称个人独资企业,是指依照本法在中国境内设立,由一个自然人投资,财产为投资人个人所有,投资人以其个人财产对企业债务承担无限责任的经营实体"之规定,个人独资企业并不存在股权,商事主体签订的虽名为股权转让合同,其实质是一种合伙投资关系,法律并未禁止在个人独资企业中实际投资人或隐名合伙人的存在。对于司法领域来说,法无禁止即可为。

根据《中华人民共和国个人独资企业法》第十五条"个人独资企业存续期间登记事项发生变更的,应当在作出变更决定之日起的十五日内依法向登记机关申请办理变更登记"之规定,在性质上该条属于管理性的强制性规范而非效力性的强制性规范。当个人独资企业的投资人发生变更的,应向工商登记机关申请办理变更登记。但该变更登记不属于转让行为有效的前提条件,未办理变更登记,依照法律规定应当受到相应的行政处罚,但并不影响转让的效力。

二、合同民事欺诈行为的认定

（一）合同民事欺诈行为的表现及主要方式

表现为合同当事人一方为了获取非法利益，故意捏造虚假情况，或歪曲、掩盖真实情况，使相对人陷入错误认识，并因此作出不合真意的意思表示，从而订立、履行合同的行为。《最高人民法院关于贯彻执行〈中华人民共和国民法通则〉若干问题的意见（试行）》解释为“一方当事人故意告知对方虚假情况，或者故意、隐瞒真实情况，诱使对方当事人作出错误意思表示”。其主要方式为：(1) 虚假的质量欺诈行为；(2) 虚假的商品标识欺诈行为；(3) 虚假的合同主体欺诈行为；(4) 虚假的宣传欺诈行为；(5) 虚假的价格欺诈行为。

（二）合同民事欺诈行为的构成要素

1. 欺诈人的欺诈故意

欺诈故意是指行为人具有故意欺诈他人的意思，即行为人明知自己的行为会使被欺诈人陷入错误认识，并且希望这种结果发生的一种心理状态。其包括直接故意和间接故意。

2. 欺诈人的欺诈行为

欺诈行为指欺诈人语言、文字或活动有隐瞒事实而告知虚假情况的行为。其可体现为作为和不作为。前者是欺诈人以积极的方式，虚构事实、变更事实，从而使相对人陷入错误的认识行为，其与直接故意相联系。后者指在法律上、契约上或交易习惯上有告知事实真相的义务而故意不履行告知义务，致使相对人陷于错误，加深错误或保持错误的行为，一般与间接故意相联系。

3. 被欺诈人因欺诈而产生错误认识

被欺诈人的错误非因自己疏忽大意，而是因欺诈人的欺诈所致。所谓错误，是指对合同内容及其他重要情况的认识缺陷。

4. 被欺诈人因错误而为意思表示

意思表示是表意人将心理状态表示于外部的行为。被欺诈人在为意思表示时，主观上认为是自己真实意思的表示，会引起法律上的效力，而其事实上正在受对方的欺骗，其表示意思不会发生所希望的效力。可见，被欺诈人的意思表示与陷入错误之间存在因果关系，错误认识是进行意思表示的直接动因，表示意思是错误认识的最终结果。

5. 欺诈违反法律及诚实信用原则

诚实信用原则是为了平衡当事人与当事人、当事人与社会之间的利益关系。欺诈行为破坏了上述两个利益关系的平衡，没有尊重他人利益，未以对待自己事务注意去对待他人事务，保障法律关系的当事人都得到自己应得的利益，从而损害第三人及社会的利益。

三、就案评述

本案中，法律并未禁止个人独资企业中其他投资人的加入，陶某勇与游某敏签订的虽名为股权转让合同，其实质是一种合伙投资关系，该转让合同应是有效的。同时，陶某勇主张受到欺诈，但从本案查明的事实来看，合同民事欺诈行为的要素并未构成。首先，陶某勇是先在智远星维修中心工作，后才签订股权转让协议的，说明陶某勇应对智远星维修中心有一定的了解。其次，智远星维修中心有工商备案信息，该信息属于对外公示的内容，陶某勇作为商事主体应有途径知晓该内容。最后，本案中，没有证据证明游某敏存在欺诈的故意和行为，反而是陶某勇自身存在疏忽大意。故陶某勇主张受到欺诈，受误导签订合同，要求撤销合同的诉请缺乏事实及法律依据，其诉请无法得到法院的支持。

编写人：四川省成都市青羊区人民法院　李琳

七、损害股东、公司利益责任纠纷

35

夫妻二人制公司股东损害公司利益仍应当对公司承担损害赔偿责任

——成都天天新物业管理有限责任公司诉刘某静损害公司利益责任案

【案件基本信息】

1. 裁判书字号

四川省成都市中级人民法院（2018）川01民终13316号民事判决书

2. 案由：损害公司利益责任纠纷

3. 当事人

原告（上诉人）：刘某静

被告（被上诉人）：成都天天新物业管理有限责任公司（以下简称天天新公司）

【基本案情】

魏某大与刘某静系夫妻关系，二人于2005年7月30日从案外人陈某湖、张某玲处购买了天天新公司全部股权，并承诺每年按照公司物管业务收入全部税前利润的40%支付给陈某湖、张某玲。2008年，天天新公司法定代表人魏某大确诊为喉癌，治疗期间，委托授权刘某静代行董事长权利。2016年，天天新公司委托会计师事务所对2009年至2014年刘某静从天天新公司取走资金并未用于公司的金额进行鉴定。后会计师事务所出具的《会计鉴定意见书》载明：2009年1月至2014年12月，刘某静以支出形式从天天新公司取走资金4016320元，其中现金形式925000

元，通过银行账户3091320元，取走资金记账凭证后除领款单无费用报销凭证及其他证明。该鉴定结论同时与天天新公司的银行卡流水及2009年5月31日至2012年1月31日公司的原始记账凭证、领款单等亦相互印证。另，刘某静于2012年2月24日向诚兴公司宋某转账支付80万元。刘某静主张该80万元系出借给诚兴公司借款，年利率15%。天天新公司对此不予认可，并主张在本次诉讼中系要求刘某静返还80万元及收益592000元。诉讼中，天天新公司仅认可2008～2012年刘某静管理天天新公司期间通过银行转账向诚兴公司支付了利润分成1318678.71元。

诉讼中，刘某静提交了一份手书的《家庭财产处理协议书（初稿）》，该协议甲方载明为魏某大，乙方载明为刘某静，主要内容系关于甲、乙双方婚前、婚内共有财产，在婚内的管理办法和在甲方将来去世后的处理办法。该协议未经魏某大、刘某静二人签字确认。刘某静同时提交手书的《维护股东权益的相关资料》一份，载明：魏某大与刘某静从公司法角度是股东与股东的关系，从婚姻法角度是丈夫与妻子的关系，本资料只涉及股东纠纷；2008年7月，甲方因病委托乙方行使董事长职权，这是股东对股东的委托，而非丈夫对妻子的委托……该份材料落款时间为2014年6月，同时亦未经魏某大、刘某静签字确认。刘某静同时提交一份手书的《支出》，该材料列明各项支出情况。上述三份手书证据均未经魏某大、刘某静签字确认。天天新公司在诉讼中陈述三份手书材料确实系魏某大本人书写，但因对支出的真实性不认可，双方最终并未达成一致意见。

【案件焦点】

公司的股东之间系夫妻关系，如夫妻一方做出有损公司利益的行为，应否对公司承担赔偿责任。

【法院裁判要旨】

四川省成都市金牛区人民法院经审理认为：本案系损害公司利益责任纠纷，系天天新公司基于股东刘某静损害公司利益行为提起的诉讼，审理范围应当为刘某静作为天天新公司股东是否具有损害公司利益的行为，刘某静与魏某大的夫妻关系是与本案不同的另一法律关系，刘某静因本案所产生的债务完全可以在其处理与魏某大的婚姻关系问题时另行解决，对刘某静抗辩与天天新公司另一股东魏某大系夫妻关系，所做行为均系受魏某大指示，不予支持。

四川省成都市金牛区人民法院依照《中华人民共和国公司法》第二十条、第一百四十八条，《中华人民共和国民事诉讼法》第六十四条第一款之规定，作出如下判决：

一、刘某静于本判决生效之日起十日内向天天新公司返还资金 2697641.29 元，并自 2012 年 7 月 1 日起至实际付清之日止，按照中国人民银行公布的同期同档贷款基准利率计付资金利息；

二、驳回天天新公司的其他诉讼请求。

四川省成都市中级人民法院二审认为，本案中，双方争议的是刘某静是否应将 2697641.29 元返还给天天新公司。刘某静主张，即使天天新公司主张的刘某静占有公司款项的事实存在，由于刘某静与天天新公司法定代表人魏某大系夫妻，诉争款项借支事实发生于双方夫妻关系存续期间，属于夫妻共同债务，应当追加魏某大为本案共同诉讼人。对于刘某静该项主张，一审判决已阐明不应通知魏某大和魏某参加诉讼的理由，二审法院予以认可。一审法院不存在遗漏必要共同诉讼人违反法定程序的情形。

综上所述，刘某静的上诉请求不成立，不予支持；一审判决认定事实清楚，适用法律正确，应予维持。据此，四川省成都市中级人民法院依照《中华人民共和国民事诉讼法》第一百七十条第一款第一项之规定，判决如下：

驳回上诉，维持原判。

【法官后语】

从公司法的角度来看，公司一经登记设立即具有独立的法人人格，拥有独立的法人财产，公司股东不得滥用股东权利损害公司利益。损害公司利益责任纠纷，是指公司股东滥用股东权利或者董事、监事、高级管理人员违反法定义务，损害公司利益而引发的纠纷。股东滥用股东权利损害公司利益责任纠纷，是指因股东滥用股东权利给公司造成损害的，应当承担损害责任的民事纠纷。公司股东依照法律和公司章程正当行使权利，是股东的基本义务。

《中华人民共和国公司法》第二十条规定："公司股东应当遵守法律、行政法规和公司章程，依法行使股东权利，不得滥用股东权利损害公司或者其他股东的利益；不得滥用公司法人独立地位和股东有限责任损害公司债权人的利益。公司股东滥用股东权利给公司或者其他股东造成损失的，应当依法承担赔偿责任……”第一百四十八条第二款规定：“董事、高级管理人员违反前款规定所得的收入应当归公司所有。”上述法律规定为公司提起损害公司利益之诉提供了法律依据。司法实践中，股东滥用股东权利损害公司利益的情形比较多见，但像案例中的情况，即股东之间同时又是夫妻关系，夫妻一方作为公司法定代表人以公司名义提起对夫妻另一方的诉讼较为少见。因为股东间的这种特殊身份关系，夫妻二人在公司经营期间作出的决策很难说完全是一人所为，从现实情形来看，夫妻在经营期间作出的重大决策多数情况下应该是夫妻二人共同决定的结果，而二人的共同意思表示本质上就是股东会决议，因为公司就只有两个股东。但是，当夫妻之间的婚姻关系出现问题时，公司与股东之间的矛盾就凸显出来了，一方以公司名义向另一方主张权益，表面上是代表主张公司权益，实质上是在为分割夫妻共同财产作准备。但是，《中华人民共和国公司法》与《中华人民共和国婚姻法》属于完全不同的法律体系，二人之间因婚姻关系产生的共同财产纠纷与公司和股东之间的利益纠纷适用的法律也完全不同，如果因为股东之间具有夫妻关系而将公司与股东之间的关系与婚姻关系混同，就会错误地认为公司就是夫妻二人的私人财产，不仅导致案件陷入难以裁判的困境，也会对公司债权人的利益造成损害。

因此，公司股东之间的夫妻关系不应当影响股东是否损害公司利益的认定，对于股东是否损害公司利益仍应当严格遵循《中华人民共和国公司法》的规定，如一方做出损害公司利益的行为，仍应当对公司承担赔偿责任。至于另一方是否也同时存在损害公司利益的情形，或者一方因损害公司利益而形成的债务是否属于夫妻共同债务，完全可以在双方处理婚姻关系时依照《中华人民共和国婚姻法》的规定予以处理，切勿将两种不同的法律关系混同。

编写人：四川省成都市金牛区人民法院　郭雅丽

36

公司商业机会认定之例外事由

——南京新德新能源科技有限公司诉孙某权、南京岱言商业管理有限公司损害公司利益责任案

【案件基本信息】

1. 裁判书字号

江苏省南京市中级人民法院（2018）苏01民终8075号民事判决书

2. 案由：损害公司利益责任纠纷

3. 当事人

原告（上诉人）：南京新德新能源科技有限公司（以下简称南京新德公司）

被告（被上诉人）：孙某权、南京岱言商业管理有限公司（以下简称南京岱言公司）

第三人：中电电气集团有限公司（以下简称中电公司）

【基本案情】

2014年5月26日，南京新德公司成立，法定代表人为孙某权，注册资本500万元；2015年4月15日，中电公司聘孙某权为中电公司总裁助理；2016年12月1日，宿迁新德新能源技术有限公司（以下简称宿迁新德技术公司）成立，法定代表人为孙某权，股东为南京新德公司、孙某权；同年12月8日，宿迁新德新能源工程有限公司（以下简称宿迁新德工程公司）成立，法定代表人为孙某权，股东为宿迁新德技术公司。

2017年1月25日，中电公司撤销孙某权中电公司总裁助理职务；同日，南京新德公司临时股东会通过股东会决议，同意免去孙某权执行董事职务；2017年2月22日，南京新德公司法定代表人由孙某权变更为陆某；2017年4月20日，宿迁新德技术公司法定代表人由孙某权变更为王某桥，股东变更为南京岱言公司。

2016年6月23日，宿迁经济技术开发区管理委员会（甲方）、南京新德公司（乙方）签订《宿迁投资合同书》，约定：由乙方在宿迁经济技术开发区投资建设光伏发电项目，项目计划总投资3000万美元，其中一期计划投资2000万美元；乙方于本合同签订后30日内确保一期2000万美元注册资本实缴到位，合同自乙方完成工商登记并首期注册资本实缴到位后生效。合同签订后，南京新德公司未依约实缴2000万美元的注册资本。

2016年12月23日至12月28日，宿迁市发展和改革委员会出具企业投资项目备案通知书6份，分别载明宿迁新德工程公司申请备案的6项光伏发电项目准予备案，有效期均为两年。

南京新德公司向法院主张：判令孙某权、南京岱言公司共同赔偿因被告孙某权非法牟取属于原告的商业机会而给原告造成的损失，损失金额暂估为人民币348万元。

【案件焦点】

被告孙某权的涉案行为是否应认定为非法牟取属于原告的商业机会。

【法院裁判要旨】

江苏省南京市江宁区人民法院审理认为：关于被告孙某权是否应认定为非法牟取属于原告的商业机会问题。其一，取决于案涉光伏发电项目是否应当认定为专属于原告的商业机会。根据原告与宿迁经济技术开发区管理委员会签订的工业项目进区投资合同书，该合同书明确了原告公司必须满足的相关条件，原告公司要获得该商业机会须完成项目公司的工商登记并首期注册资本实缴2000万美元。本案中，原告未能举证证明其满足了上述约定条件；且合同书中约定乙方计划开发建设的300兆瓦光伏发电项目投资额巨大，原告作为注册资本500万元的公司，显然不具备投资该项目的能力。因此，该商业机会并非当然属于原告公司。

其二，取决于被告孙某权是否采取了非法谋取行为。本案中，被告孙某权在原告不具备履约能力的前提下，于原告案涉合同书签订的5个月后，以宿迁新德工程公司名义取得案涉光伏项目的商业机会，不应认定为对原告商业机会的非法牟取。

其三，取决于原告是否为获取该商业机会做出了实质性的努力。本案中，原告仅单方提供了员工差旅费报销凭证，未能举证证明其为取得案涉光伏项目的商业机会做出其他实质性工作。原告一直未能完成计划投资、设立项目公司的合同义务，致双方合同未生效。

其四，取决于被告孙某权的行为是否给原告带来实际损失。根据相关规定，案涉光伏项目需经招投标程序获得，本案中，原告以其中标项目转让后所收取的服务费来计算损失，该种获益形式本身不具有合法性。故原告所主张的损失不具有事实和法律依据，法院依法不应予以支持。

综上，江苏省南京市江宁区人民法院依照《中华人民共和国公司法》第一百四十八条、第一百四十九条，《中华人民共和国合同法》第六十条，《中华人民共和国民事诉讼法》第六十四条、第一百四十二条之规定，判决：

驳回原告南京新德公司要求被告孙某权、宿迁新德技术公司共同赔偿损失348万元的诉讼请求。

一审判决后，南京新德公司不服，向江苏省南京市中级人民法院提起上诉。江苏省南京市中级人民法院经二审，对一审查明的事实予以确认。二审同意一审的裁判理由，认为一审判决认定事实清楚，适用法律正确，应予维持。南京新德公司的上诉请求不能成立，应予驳回。

江苏省南京市中级人民法院依照《中华人民共和国民事诉讼法》第一百七十条第一款第一项之规定，判决：

驳回上诉，维持原判。

【法官后语】

在我国现行法律法规中，并未明文定义商业机会。一般来说，商业机会是一个公司达成合作、获取收益的途径，是公司财富累积的重要机遇。公司的董监高作为拥有特殊权利的人，接触公司商业机会明显要比普通员工多很多，非法谋取属于公司的商业机会一方面直接损害公司的利益，另一方面也会影响公司管理阶层的稳定，对公司的长远发展不利。当今世界主要国家大多在其公司立法中增加了禁止董监高非法谋取公司商业机会的规定，我国于2005年修订公司法时加入了类似公司商业机会的规定条文，禁止公司的董事和高级管理人员在未经股东会或者股东大会同意的情况下，利用职务便利为自己或者他人谋取属于公司的商业机会。

但如何判断是非法谋取还是正当利用，法律并无明确规定。实践中，如若公司试图获得某一商业机会，是否董事等公司管理人员就绝对不能利用？在经济高速发展的当今，在公司不具备某一商业机会的获取条件的前提下，绝对禁止董事利用该商业机会，一方面会导致经济资源的浪费，另一方面亦可能挫伤公司董监高的工作积极性。因此，审判实践中，对董监高非法谋取商业机会的认定须保持谨慎的态度。本案中，法官认为，认定是否是属于公司的商业机会，前提是该商业机会须专属于公司。而判断的前提是该商业机会要求的所有条件公司均已满足，除公司外的其他经营主体不可能获取该商业机会。本案中，公司虽先行签订项目投资合同书，但该合同书有明确的生效条件，而公司既不具备满足条件的能力，且未对此作出实质性努力，案涉投资合同书并未生效，在此情况下，法院不能认定该商业机会专属于公司。公司高管在五个月后获得该商业机会，属于在公平市场竞争机制下的合理取得，不应认定为对公司商业机会的非法谋取。

编写人：江苏省南京市江宁区人民法院　骆菁

37

隐名股东不能提起损害股东利益之诉

——汤某凤诉李某兰损害股东利益责任案

【案件基本信息】

1. 裁判书字号

湖北省宜昌市中级人民法院（2018）鄂05民终2303号民事裁定书

2. 案由：损害股东利益责任纠纷

3. 当事人

原告（上诉人）：汤某凤

被告（被上诉人）：李某兰

【基本案情】

2005年8月21日，原告汤某凤和被告李某兰、案外人何某等人签订了《共同办企业协议》，协议约定三方共同出资开办“宜昌市益寿堂药品零售有限公司”及内设“宜昌市西陵区延年诊所”，汤某凤因公职身份限制，以“张某敏”名义登记股东，并实际出资10万元。被告李某兰系公司法定代表人、日常经营者。2016年6月3日，李某兰未经原告汤某凤对账、同意，私自将宜昌市益寿堂药品零售有限公司工商注销，并独自霸占公司转让款及货款。李某兰的行为，严重损害了原告隐名股东的利益。故诉至法院，请求判令被告因违反法律和公司章程给原告造成的财产损失10万元。

【案件焦点】

隐名股东能否提起涉及公司清算、利益分配等方面的诉讼。

【法院裁判要旨】

湖北省宜昌市西陵区人民法院经审理认为：宜昌市益寿堂药品零售有限公司系有限责任公司，原告系实际出资人。依据《最高人民法院关于适用〈中华人民共和国公司法〉若干问题的规定（三）》第二十四条第三款“实际出资人未经公司其他股东半数以上同意，请求公司变更股东、签发出资证明书、记载于股东名册……人民法院不予支持”的规定，原告能否提起损害股东利益责任之诉，仍应以确认其是否享有股东资格为前提，原告应通过诉讼先行确认其股东身份后再提起损害股东利益责任诉讼。

湖北省宜昌市西陵区人民法院依照《最高人民法院关于适用〈中华人民共和国公司法〉若干问题的规定（三）》第二十四条第三款、《最高人民法院关于适用〈中华人民共和国民事诉讼法〉的解释》第二百零八条第三款规定，作出如下裁定：

驳回原告汤某凤的起诉。

原告汤某凤不服一审裁定，提起上诉。

湖北省宜昌市中级人民法院经审理认为：《最高人民法院关于适用〈中华人民共和国公司法〉若干问题的规定（三）》第二十四条第三款规定“实际出资人未经公司其他股东半数以上同意，请求公司变更股东、签发出资证明书、记载于股东名册、记载于公司章程并办理公司登记机关登记的，人民法院不予支持”。本案中，汤某凤提交的宜昌市益寿堂药品零售有限公司《章程》、《自然人股东身份证明》及《股东会决议》证实，宜昌市益寿堂药品零售有限公司的股东为李某兰、金某明和张某敏，并非汤某凤。因此，在汤某凤未确认其为宜昌市益寿堂药品零售有限公司股东的情况下，汤某凤提起损害股东利益责任之诉不具备适格的诉讼主体资格。故一审法院以此为由裁定驳回汤某凤的起诉并无不当，应予维持。

湖北省宜昌市中级人民法院依照《中华人民共和国民事诉讼法》第一百七十一条之规定，作出如下裁定：

驳回上诉，维持原裁定。

【法官后语】

笔者曾在2017年承办了本案原告诉被告申请公司清算纠纷一案，当时笔者以隐名股东无诉讼资格为由，驳回了原告的起诉。时隔一年，2018年原告变更案由，以损害股东利益纠纷再次起诉同一被告，法院再次驳回了原告的起诉。

关于隐名股东能否提起公司之诉，《中华人民共和国民事诉讼法》、《中华人民共和国公司法》、《最高人民法院关于适用〈中华人民共和国公司法〉若干问题的规定（三）》（以下简称《公司法解释三》）尚无明确规定，本案具有一定参考意义。

什么样的人或组织才能成为原告?《中华人民共和国民事诉讼法》第一百一十九条第一项仅仅规定“原告是与本案有直接利害关系的公民、法人和其他组织”，该条文较为模糊。从某种意义上讲，隐名股东与公司盈余分配有利害关系，似乎可以成为原告。但因涉及公司有关的纠纷，牵涉到其他股东及公司法人利益，出于商事公示公信原则考虑，隐名股东不能享有诉权，必须先行确认股东身份（显名化）后，才能有资格起诉。

通常情况下，股东隐名的目的是出于规避法律或其他原因而借用他人名义设立公司或以他人名义出资，这里的他人即相对应的显名股东。最高人民法院在《公司法解释三》第二十四条确立的精神是“双重标准，内外有别”。具体为：1. 显名股东和隐名股东之间的投资权益纠纷，属于内部纠纷，按照契约自由、意思自治的原则来处理。因为显名股东和隐名股东之间的约定与一般民事合同本质上是一致的，只要不涉及外部第三人利益，处理两者之间的权利义务应遵循契约原则，按照双方真实意思表示来认定。2. 如果涉及公司以外的第三人，则要遵循商事外观主义原则，尊重公司登记制度的公示效力。市场交易纷繁复杂，时间和效率是决定经济效益的关键因素，便利迅捷的交易方式是商事主体追求效益的必要条件，要求交易双方在交易前耗费大量时间精力去详尽调查对方的真实情况是不现实的，而且作为公司以外的第三方不可能如公司股东一般详细掌握公司情况。若让善意第三方承担过于严格的甄别责任，必将增加其交易成本，降低其交易积极性，不利于社会经济发展。因此在这种涉及公司外部利益纠纷中，必须侧重保护外部第三人对登记内容乃至登记制度的信赖，故工商登记在册的显名股东才是适格主体，而隐名股东不适格。

关于“股东”的定义，在不同语境、不同诉讼环境中有不同内涵。如前所述，在内部纠纷中，显名股东和隐名股东正如一个硬币的两面，争夺的就是谁来享有股东投资权益，自然都可以称为股东。但在对外诉讼中，基于外观主义原则，只有显名股东才是公司股东，在这个意义上说，隐名股东便不是公司股东。

《公司法解释三》的表述和《中华人民共和国公司法》保持一致，并没有采用“显名股东”“隐名股东”这一词语表述，其第二十四条采用了“实际出资人”这一表述，也是为了防止歧义，从而与股东一词进行区分。从系统性解释看，这也表明《中华人民共和国公司法》条文中的股东定义仅指学理上的显名股东。

本案中原告系隐名股东（实际出资人），其起诉其他股东要求分红、赔偿损失等，已超出其和被告之间的小范围，涉及其他显名股东利益，以及具有拟制人格的公司利益。而公司毕竟是一个法律拟制的主体，任何重大决策都必须经过股东会决议，所以隐名股东要显名化，其他股东的表态至关重要。与资合性较强的股份公司不同，有限责任公司更注重人合性，人合性的要求就是各股东之间要建立一种相互了解、友好信任的关系，否则将对公司日常运营产生巨大障碍。在股东隐名的情况下，除与该隐名股东相对应的显名股东外，公司其他股东不一定知晓隐名股东的存在，他所认同的合作伙伴是显名股东。如果这些股东知晓自己真正的合作伙伴是这位隐名股东，他完全可能不允许其加入公司，或者自己不加入公司。因此，隐名股东不能提起公司清算、损害股东利益等涉及公司利益之诉，隐名股东应先显名化，确认股东身份后，方能起诉。

编写人：湖北省宜昌市西陵区人民法院　周云

38

原告主体不适格应裁定驳回起诉

——高某芳诉龚某宁、罗某中损害公司利益责任案

【案件基本信息】

1. 裁判书字号

北京市朝阳区人民法院(2018)京0105民初41826号民事判决书

2. 案由:损害公司利益责任纠纷

3. 当事人

原告:高某芳

被告:龚某宁、罗某中

第三人:龚婆婆餐饮管理(北京)有限公司(以下简称龚婆婆公司)

【基本案情】

2016年5月,高某芳和其他投资人与龚某宁签订了《百年浓汤火锅旗舰店股东合作协议书》,协议书约定龚某宁在北京市区设立以火锅为特色的餐饮服务公司,协议约定公司注册资本为200万元人民币,餐厅由餐饮管理公司负责经营,所有股东不参与经营与管理。后各位股东分别实缴出资将出资资金汇入龚某宁的私人账户。2016年10月18日,龚婆婆公司依法成立,龚某宁担任公司的执行董事兼经理,罗某中担任监事。

高某芳主张公司成立后,龚某宁并未将各位股东的出资款实缴入公司账户违反了诚实信用原则侵犯公司权益,并且未按照协议设立以火锅为特色的餐饮服务公司,而是擅自将资金用途改为经营绿皮火车主题餐厅和咖啡店。后由于经营混乱,公司不再正常经营,龚某宁没有给高某芳任何说法。由于执行董事兼经理龚某宁执行公司职务时违反法律、公司章程的规定,给公司造成巨大损失,同时,罗某中作为公司的监事未尽其应尽职责应与龚某宁一起对公司的损失承担连带责任。故高某

芳诉至法院，1. 要求龚某宁向龚婆婆公司返还实缴资本金72万元；2. 要求龚某宁向龚婆婆公司赔偿损失72万元；3. 要求罗某中对上述两项诉讼请求承担连带责任；4. 要求龚某宁、罗某中承担本案诉讼费。

龚某宁、罗某中主张股东在公司的经营过程中有知情权，可以去查账。原告对于经营小火车咖啡店一事是知情的。原告的出资已经实际用于经营，且原告没有提出任何异议。二被告已经履行了法律规定的勤勉义务，不存在损害公司利益的行为。龚婆婆公司认可二被告的答辩意见。

【案件焦点】

1. 高某芳代表龚婆婆公司提起本案诉讼前是否履行法律规定的前置程序，起诉主体是否适格；2. 是否存在《中华人民共和国公司法》第一百五十一条中规定的“情况紧急、不立即提起诉讼将会使公司利益受到难以弥补的损害的”情形。

【法院裁判要旨】

北京市朝阳区人民法院审理认为：本案系股东代表诉讼。股东代表诉讼是在公司内部监督机制失灵情况下的补充救济，股东在公司利益受到相关主体的侵害时，不得立即直接提起诉讼，而应履行法定的前置程序要求。根据《中华人民共和国公司法》第一百五十一条的规定：董事、高级管理人员有本法第一百四十九条规定的情形的，有限责任公司的股东、股份有限公司连续一百八十日以上单独或者合计持有公司百分之一以上股份的股东，可以书面请求监事会或者不设监事会的有限责任公司的监事向人民法院提起诉讼……监事会、不设监事会的有限责任公司的监事，或者董事会、执行董事收到前款规定的股东书面请求后拒绝提起诉讼，或者自收到请求之日起三十日内未提起诉讼，或者情况紧急、不立即提起诉讼将会使公司利益受到难以弥补的损害的，前款规定的股东有权为了公司的利益以自己的名义直接向人民法院提起诉讼……

根据龚婆婆公司章程的规定，公司不设监事会，设监事1人，由股东会选举产生。监事的任期每届为三年，任期届满，可连选连任。龚婆婆公司的工商档案显示：罗某中为龚婆婆公司的监事，任职期限为三年。高某芳并未提交充分证据证明其在本次起诉之前已经书面请求监事罗某中向人民法院提起诉讼，亦未能举证证明本案存在“情况紧急、不立即提起诉讼将会使公司利益受到难以弥补的损害的”情形。因此，高某芳在提起本案诉讼之前未履行股东代表诉讼的前置程序，本案亦不属于《中华人民共和国公司法》第一百五十一条规定的“情况紧急、不立即提起诉讼将会使公司利益受到难以弥补的损害的”情形。故现阶段，高某芳以龚婆婆公司股东的身份作为原告提起本案诉讼的主体不适格。

北京市朝阳区人民法院依照《中华人民共和国公司法》第一百五十一条、《中华人民共和国民事诉讼法》第一百一十九条第一项之规定，做出如下裁定：

驳回原告高某芳的起诉。

【法官后语】

一、股东代表诉讼制度的适用问题

股东代表诉讼是指当公司由于某种原因没有就其所遭受的某种侵害行为提起诉讼时，股东可以代表公司以使公司获得赔偿等救济为目的的而针对该种行为提起的诉讼。股东在穷尽内部救济手段后，原由公司享有的诉权，就由股东代表行使。为保障维护公司内部治理、穷尽公司内部救济，节约司法成本，避免公司遭受无端诉讼的折磨。股东代表诉讼制度中进行了“先诉请求”的设计，即在股东代表诉讼中，原告应当向公司提出诉讼请求，要求公司就所诉称的错误行为提起诉讼。只有在公司未提起诉讼的前提下又没有正当理由时，才允许股东作为公司的代表提起诉讼。原告进行先诉请求，是股东代表诉讼重要的前置程序。

股东代表诉讼制度在我国的司法体系中具体体现在《中华人民共和国公司法》第一百五十一条的规定。根据上述条款，股东代表诉讼的前置程序是，股东如要提出代表诉讼，首先需要向监事会或者监事提出请求以公司名义向法院提起诉讼；如果监事有违反信义义务情形的，股东可以请求董事会或者不设董事会的有限责任公司的执行董事向人民法院提起诉讼。上述先诉请求，必须采取书面形式。同时，上述法律规定，还规定了先诉请求的豁免，即“情况紧急、不立即提起诉讼将会使公司利益受到难以弥补的损害的”，股东可以自己的名义直接提出代表诉讼。但提起诉讼的股东也需要就“情况紧急、不立即提起诉讼将会使公司利益受到难以弥补的损害的”情形，承担举证责任。

二、股东代表诉讼中“原告主体不适格”的裁判问题

判驳作为民事判决中所裁决的结果方式之一，是对作为原告的当事人要求确认

的法律事实和权利保护，做否定性判定。判驳的主要原因一是无事实依据，二是无法律依据。裁驳是发现当事人没有实体意义上的诉权或者程序意义上的诉权，即无权起诉或者起诉不符合起诉条件，法院所做出的驳回起诉的裁定。这两种处理方式的本质性区别在于，判驳是对原告实体请求的否定，其法律后果是原告司法救济的目的不能实现；裁驳是对原告诉权的否定，其法律后果是原告不能启动诉讼程序。

依照《中华人民共和国民事诉讼法》第一百一十九条和第一百五十四条的规定，起诉应该具备四个条件：(1) 原告大多数是作为涉诉法律关系的主体，和本案有利害关系；(2) 有明确的被告；(3) 有具体的诉讼请求，事实和理由；(4) 符合法院主管和管辖的规定。如果在立案后发现起诉不符合上述规定的，应当驳回起诉。在损害公司利益责任纠纷案件中，股东未履行前置程序，实际上并不享有实体意义上的诉权，属于不符合起诉条件情形，并不是因为起诉无事实或者法律依据。因此，法院在审查后发现股东未履行前置程序而直接起诉，应当裁定驳回起诉。

编写人：北京市朝阳区人民法院　哈笑棣

八、股东损害公司债权人利益责任纠纷

39

公司和股东之间常年保持高频大额往来、股东不经审批手续即可任意支取公司资金的可认定两者财产混同

——无锡科莱特染料有限公司诉张某股东损害公司债权人利益责任案

【案件基本信息】

1. 裁判书字号

江苏省无锡市中级人民法院（2018）苏02民终156号民事判决书

2. 案由：股东损害公司债权人利益责任纠纷

3. 当事人

原告（被上诉人）：无锡科莱特染料有限公司（以下简称科莱特公司）

被告（上诉人）：张某

【基本案情】

（2015）锡法商初字第00294号民事判决判令：一、圣恒源公司于该判决生效之日起三日内向科莱特公司支付货款1187200元及赔偿逾期付款利息损失；二、辛某卫对圣恒源公司的上述付款义务承担连带清偿责任。该判决所涉执行，尚有货款1121356元及利息未执行到位，后终结该次执行程序。

张某、过某芬于2008年11月20日投资设立圣恒源公司，注册资本51万元，张某出资484500元，过某芬出资25500元，法定代表人为过某芬。审理中，科莱特公司于2017年4月14日申请对圣恒源公司设立之日起至今与张某个人之间的资

金往来进行审计。后科莱特公司又申请增加审计事项：根据圣恒源公司账户与张某个人账户的交易往来，圣恒源公司先后四次连贯性转给张某个人账户共计 160 万元，随即张某将资金 140 万元通过银行卡连续性地汇入张某个人的银行理财账户，用于从事张某个人理财，该连续性的资金流动去向。张某同意对前述第 1 项审计内容进行审计，但是认为个人账户属于个人隐私故不同意对增加事项进行审计。2017 年 7 月 4 日，方正事务所出具苏方正专审（2017）第 036 号审计报告，载明："根据圣恒源公司提供的至 2017 年 4 月末的'其他应收款，张某'明细账反映，圣恒源公司应付张某 519335.6 元，包括：（1）截至 2017 年 4 月 14 日，圣恒源公司账面反映应收张某 105064.4 元：截至 2017 年 4 月 14 日，圣恒源公司账面'其他应收款，张某'科目共反映收到张某款项 54 笔，金额合计 4779878 元。其中现金收入中 16 笔计 1509240 元均无入账依据，对资金来源的真实性无法核实；截至 2017 年 4 月 14 日，圣恒源公司账面'其他应收款，张某'科目反映累计支付张某款项 44 笔，金额合计 4884942.4 元。审核中发现，圣恒源公司与张某间的往来，于 2017 年 4 月 19 日至 24 日间共作了 52 笔相应调整，合计增加'其他应收款，张某' 1379000 元，同时减少'其他应收款，张某' 1379000 元。（2）2017 年 4 月 14 日后圣恒源公司应付张某 624400 元。经审核，张某于 2017 年 4 月 15 日至 4 月 17 日共汇入圣恒源公司银行存款 13 笔计 624400 元，圣恒源公司账面反映共增加'其他应收款，张某'贷方余额 624400 元。另经审核，圣恒源公司 2017 年 4 月 15 日至 4 月 17 日共收到张某汇入款后随即支付给杜某勇 60 万元、支付给陆某前 24400 元。（3）根据圣恒源公司农业银行对账单反映，与张某的银行业务往来共 75 笔，其中有 3 笔金额计 701 元未入账，有 1 笔金额计 16369 元未计入与张某往来而是直接增加了现金。"科莱特公司诉称，圣恒源公司无力偿还债务，张某既是圣恒源公司的股东又是会计，其利用双重身份操纵公司转移公司财产，严重损害了债权人科莱特公司的利益，请求判令张某对圣恒源公司的公司债务承担连带责任。张某辩称，圣恒源公司有自己独立的收支账户和独立的会计账目，与其之间并不存在混同、不能区分的情形，请求法院驳回科莱特公司的诉讼请求。

【案件焦点】

股东张某个人财产是否与圣恒源公司财产混同。

【法院裁判要旨】

江苏省无锡市锡山区人民法院经审理认为：公司的独立人格和股东的有限责任是现代法人制度的核心和基石。本案中，科莱特公司要求圣恒源公司的股东张某对圣恒源公司的债务承担连带责任，其诉请的实质即为否认公司人格，认为张某已经实质违反了股东财产与公司财产相分离的原则，不应再受到有限责任的保护，应当否认圣恒源公司的独立人格，追究股东张某的个人责任。审理中，科莱特公司申请就圣恒源公司与股东张某之间的资金往来情况进行专项审计。方正事务所接受委托并经审计后出具的审计报告及回函客观公正，报告中载明：（1）圣恒源公司股东并无明显抽逃注册资金的情况；（2）圣恒源公司自2008年11月设立之日至2017年4月14日，公司账面反映应收张某105064.4元：在此期间，圣恒源公司账面共反映收到张某款项54笔、金额合计4779878元，累计支付张某款项44笔，金额合计4884942.4元，现金收入中有16笔计1509240元均无入账依据，对资金来源的真实性无法核实；（3）2017年4月19日至24日共作了52笔相应调整，合计增加“其他应收款，张某”1379000元，同时减少“其他应收款，张某”1379000元。调整事项为根据原收付款情况计入“其他应收款，张某”，同时通过“现金”科目予以冲平，但现金收付均无相应依据。综合审计报告的其他内容及本案其他证据，可看出：（1）圣恒源公司有独立的公司账簿，但是张某的个人账户和圣恒源公司账户有频繁的往来；（2）股东张某利用其股东及公司财务的双重身份，可将圣恒源公司的资产进行随意调用；（3）在本案启动审计程序即确定审计基准日之后，圣恒源公司仍对公司财务账面进行大量的调整；（4）圣恒源公司的现金收入中有16笔计1509240元均无入账依据，对资金来源的真实性无法核实；（5）张某不同意科莱特公司追加的审计申请，该申请事项涉及圣恒源公司资金到张某个人账户的流动情况。张某在本案中提供的证据尚不足以否定上述审计报告的意见，亦不能作出合理的解释。综上，法院认为，本案中张某个人财产与圣恒源公司财产混同、圣恒源公司已丧失独立性，张某存在侵吞、挪用、隐匿或者转移公司财产等滥用公司法人独立地位和股东有限责任的行为，该行为已影响了公司对外承担清偿债务的物质基础，张某应当对公司债务承担连带责任。依照《中华人民共和国公司法》第二十条之规定，判决如下：

一、张某于该判决生效之日起三日内对圣恒源公司在（2015）锡法商初字第

00294 号民事判决项下的付款义务［支付科莱特公司 1121356 元并赔偿逾期付款利息损失、迟延履行利息（以 1121356 元为基数，自 2015 年 6 月 30 日起至 2015 年 12 月 31 日止，按中国人民银行同期同档贷款基准利率计算；自 2016 年 1 月 1 日起至实际支付之日止，按中国人民银行同期同档贷款基准利率的 2 倍计算）］承担连带责任；

二、驳回科莱特公司的其他诉讼请求。

张某不服提起上诉，江苏省无锡市中级人民法院经二审法院判决：

驳回上诉，维持原判。

【法官后语】

当前的司法实践中，原告起诉要求否认公司独立人格及突破股东有限责任的案件越来越多。《中华人民共和国公司法》第二十条规定：公司股东应当遵守法律、行政法规和公司章程，依法行使股东权利，不得滥用股东权利损害公司或者其他股东的利益；不得滥用公司法人独立地位和股东有限责任损害公司债权人利益。公司股东滥用股东权利给公司或者其他股东造成损失的，应当依法承担赔偿责任。公司股东滥用公司法人独立地位和股东有限责任，逃避债务，严重损害公司债权人利益的，应当对公司债务承担连带责任。参照学理解释，滥用公司独立人格和股东有限责任的行为主要应包括人格混同、财产混同、虚拟股东及不正当控制四种情形。只要在客观上存在法定情形并造成了债权人利益严重损失，该条款就赋予了债权人可请求人民法院判定该股东对公司的债务承担连带责任的权利。

本案探讨的焦点是圣恒源公司财产是否与其股东张某的个人财产混同并造成债权人利益受损，进而要求股东个人对公司不能偿还的债务承担赔偿责任。财产混同的认定是对事实的认定，司法实践中一案一情形、因案而异，但本案较为典型，颇具“集大成者”的风范：(1) 公司属于小微型私营企业，公司股东、法定代表人、财务负责人、公司实际控制人等均为家庭成员；(2) 公司有独立的公司账簿，但是公司账户和股东个人账户，在多年间保持高频、高密度、大额度的往来，事实上个人账户亦实际作为公司账户使用，收取公司应收款、支付公司应付款，同时股东个人也实际使用该账户；(3) 股东个人兼具公司财务负责人的身份，并且实际由该股东制作公司财务账册。启动司法审计程序即确定审计基准日之后，仍由股东个人操控对公司财务账面进行大量的调整；(4) 股东个人可以不经股东会决议或审批手续等，任意调用、支取公司资金；(5) 公司的现金收入中有多笔大额收入无入账依据，对资金来源的真实性无法核实；(6) 股东个人不同意债权人追加的审计申请但又不能作出合理解释，该申请事项涉及公司资金到股东个人账户的流动情况。笔者认为，兼具以上诸情形中的多款情形的，可以认定公司财产和股东个人财产混同。

编写人：江苏省无锡市锡山区人民法院 蔡永芳

40

公司认缴资本制下债权人无权主张股东出资义务加速到期

——江阴柏恒建筑装饰工程有限公司诉付某文等股东损害公司债权人利益责任案

【案件基本信息】

1. 裁判书字号

江苏省江阴市人民法院（2018）苏0281民初3105号民事判决书

2. 案由：股东损害公司债权人利益责任纠纷

3. 当事人

原告：江阴柏恒建筑装饰工程有限公司（以下简称柏恒公司）

被告：付某文、王某、朱某彬

第三人：付某利

【基本案情】

因艺联思锐国际文化产业江阴有限公司（以下简称艺联公司）结欠柏恒公司装修款，柏恒公司于2016年10月14日向江阴法院提起诉讼，江阴法院经审理后于2016年11月8日作出（2016）苏0281民初13721号民事判决，判决艺联公司应于该判决发生法律效力之日起十日内向柏恒公司支付工程款110万元并偿付该款自2016年1月16日起至实际给付之日止按中国人民银行同期同类人民币贷款基准利率计算的利息及诉讼费用7350元。该民事判决已发生法律效力，因艺联公司未能履行该民事判决确定的义务，柏恒公司向江阴法院申请强制执行。在执行过程中，江阴法院依法对艺联公司的银行存款、车辆、房产等情况向有关部门进行查询、调查，艺联公司已经歇业，未发现可供执行的财产，遂于2017年11月2日作出（2016）苏0281执9892号之一执行裁定书，裁定终结（2016）苏0281民初13721号民事判决书的本次执行程序，待今后发现艺联公司可供执行财产后，柏恒公司可以向江阴法院申请恢复执行。

另查明，艺联公司系于2015年1月23日成立的有限责任公司，工商登记资料显示注册资本为10080万元，股东为付某文（认缴出资数额5544万元）、王某（认缴出资数额2520万元）、朱某彬（认缴出资数额2016万元），出货方式均为货币，认缴期限均为2034年12月31日。审理中付某文、王某、朱某彬及付某利一致确认付某文、王某、朱某彬包括付某利均未向艺联公司进行出资。

审理中，付某文向法院陈述“付某利系付某文的父亲，付某文对于被登记为艺联公司的股东一开始并不知情，付某文一直在国外，身份证放在家中，付某利利用付某文的资料完成所有登记事项后才告知付某文的，付某文对此并没有提出异议。”

审理中，付某文向法院提供合作协议一份，用于证明艺联公司的所有义务均是由朱某彬承担。对此，柏恒公司发表质证意见为“对于该证据不予认可，即使真实，该协议也仅对内有效，对外没有约束力，公司的股东记载于公司章程，公司章程具有对外性和公开性”，王某、朱某彬、付某利对于该证据的真实性予以认可。

【案件焦点】

柏恒公司在艺联公司未能清偿债务的情况下有无权利主张艺联公司股东的认缴出资义务加速到期。

【法院裁判要旨】

江苏省江阴市人民法院经审理认为：付某文辩称其只是艺联公司的名义股东，其持有的艺联公司股份均是代付某利持有，所有与股东相关的出资及身份事宜都是由其父亲付某利操作的，所有的相关法律责任应由付某利承担，对此柏恒公司不予认可，而艺联公司的章程登记股东为付某文、王某及朱某彬，经工商部门备案登记具有对外公示效力，且庭审中付某文明确表示其在得知被登记为艺联公司的股东以后未提出异议，故法院对于付某文的该抗辩意见不予采信，法院确认艺联公司的股东为付某文、王某、朱某彬。

对于艺联公司结欠柏恒公司的工程款，付某文、王某均认为该款项是朱某彬个人的欠款，但均未能提供充分的证据证明其抗辩主张，对此朱某彬也不予认可，而付某文、王某的抗辩意见与法院已发生法律效力的（2016）苏 0281 民初 13721 号民事判决书载明的事实相矛盾，故法院亦不予采信。

柏恒公司主张付某文、王某、朱某彬应在其未出资本息范围内对艺联公司不能清偿的债务承担补充赔偿责任，对此法院不予支持，理由如下：

第一，艺联公司对于注册资本的缴纳采用认缴制，付某文、王某、朱某彬认缴出资额的期限均为 2034 年 12 月 31 日，现艺联公司的各股东的认缴期限均未到期。

第二，艺联公司的章程对其采用认缴制、各股东的认缴出资数额及期限等事项均进行了明确规定，且向工商部门进行备案登记，具有对外公示效力，相对方均可通过公示平台在对艺联公司进行了解的基础上选择是否与其发生业务往来。

第三，公司法将有限责任公司的出资方式由实缴制修订为认缴制，股东可以根据公司状况、自己的经济能力等因素选择相应的认缴期限，一经向工商部门备案登记对外公示即产生对外的法律效力，股东应当按照认缴期限足额缴纳注册资本，同时股东对于未到期的注册资本亦享有期限利益，非经法定程序或在没有法律明确规定的情况下不可剥夺，也即不得要求该股东提前进行出资。

综上，柏恒公司的诉讼请求于法无据，法院依法不予支持。

江苏省江阴市人民法院依照《中华人民共和国公司法》第二十六条、第二十八条，《中华人民共和国民事诉讼法》第六十四条之规定，作出如下判决：

驳回柏恒公司的诉讼请求。

【法官后语】

注册资本认缴制系相较于注册资本实缴制而言，指的是公司设立时，由公司发起人（或股东）对其认缴出资数额、出资方式、出资期限等进行自主约定并记载于公司章程，公司不再需要向工商登记部门提交验资报告。自 2014 年 3 月 1 日起施行的《中华人民共和国公司法》采用注册资本认缴此种模式，有效简化了公司设立程序，降低市场准入门槛，提高资本运作效率，解决了注册资本实缴制模式下公司设立成本过高、资金闲置得不到充分利用的弊端，促进了市场主体的快速发展，增加了市场活力。

实践过程中，自《中华人民共和国公司法》修改以来，除了法律法规规定必须采取实缴制的公司以及极少数的特殊行业之外，大部分的公司在设立时都采用认缴制的出资方式，且认缴的期限往往在数十年之后。伴随着认缴资本公司对外经营发生业务往来，注册资本认缴制模式的弊端也在不断显现出来，公司在产生债务以后以“空壳公司”或“僵尸公司”的形式存在，股东对此放任不顾，即使在公司被工商行政部门吊销营业执照以后也不及时对公司组织清算，致使债权人的利益难以得到有效保障。

本案所涉情况即为债权人在公司注册资本认缴制模式下遇到的困境的一个典型缩影，从注册资本来看艺联公司属于一个“巨资公司”，认缴资本达10080万元，但艺联公司在股东进行出资前就开展经营进行装修从而结欠了债权人柏恒公司装修款，柏恒公司经向法院起诉后获得胜诉并申请强制执行，但在执行程序中经查明艺联公司名下无可供执行的财产，为此柏恒公司只能以艺联公司的股东为被告向法院提起诉讼，要求艺联公司的各股东在认缴出资数额范围内对艺联公司的债务承担清偿责任，而艺联公司的各股东的认缴出资期限均在数十年之后。

在公司现有资产不足以清偿其债务，债权人能否主张出资期限尚未届满的股东承担补充赔偿责任并获得胜诉？审理实务中，对此存在着两种截然相反的观点。第一种观点肯定说认为注册资本认缴制模式下股东的出资义务仅是暂缓缴纳，而非永久免除，且股东认缴的出资亦在公司责任财产范围之内，当公司经营发生重大变化时，公司包括债权人均可要求公司提前缴纳出资用以清偿公司债务；第二种观点否定说认为认缴制股东的出资义务加速到期严格限定于公司解散与破产两种情形，除这两种法律规定的可使股东出资期限加速到期的情形外，债权人不得要求股东出资义务加速到期。

笔者赞同第二种观点，理由是：第一，从立法本意来看，公司这种组织形式的出现极大促进了商品经济的发展，最大的原因就是股东可以躲避在公司坚硬的外壳之下，无所牵挂地参与市场交易，股东仅以出资额为限对外承担责任。《中华人民共和国公司法》作为规制公司内部治理结构和运营管理的根本大法，在一定程度上也充当公司各利益主体包括股东的“保护网”，只有在特殊情况下如一人公司股东不能证明财产独立或者公司法人人格否认才能刺破公司面纱，债权人才能直接要求股东承担责任。2013年修订的《中华人民共和国公司法》放宽了股东出资数额、期限、形式等方面的要求，更多的是出于简政放权、刺激经济、增加市场活力的考虑，不能因为认缴制出资方式的出现就可以随意刺破公司面纱，破坏公司法人人格独立的基石。第二，法律赋予公司发起人（或股东）对其认缴出资数额、出资方式、出资期限等进行自主约定并记载于公司章程，一经确定股东即对未到期的认缴出资享有期限利益，该利益系公司股东享有的法定正当利益，未经法定程序或在法律没有明确规定的情况下不得被任意剥夺。目前法律明文规定可以针对股东认缴期限加速到期的法律规定仅有《中华人民共和国企业破产法》第三十五条及《最高人民法院关于适用〈中华人民共和国公司法〉若干问题的规定（二）》第二十二条之规定，也即公司解散及公司破产情形，债权人在其债权未获清偿要求股东认缴出资加速到期并无明确法律规定，存在法律规定缺失的障碍。第三，对于公司存在解散情形但股东等负有清算义务的主体未及时组织清算的，以及公司不能清偿到期债务，并且资产不足以清偿全部债务或者明显缺乏清偿能力的，法律赋予了债权人就该公司向法院提起强制清算或破产清算的权利，因此债权人可以通过法律途径解决这些公司无法偿债的难题，亦可在清算或者破产过程中解决注册资本认缴制下股东出资加速到期的困境。此外，公司确已丧失债务清偿能力的，申请解散或破产是处理债权债务纠纷、彻底解决公司问题的最好方式，对所有的债权人来说也相对公平，有效避免各债权人各自为政、重复主张权利、浪费司法资源。第四，公司注册资本以及实收情况均属公示信息，随着工商网站电子数据的普及，包括债权人在内的任何第三方均可通过查询获悉。在参与市场交易之前，具备法律常识的交易方应当主动查询对方企业的资质、信誉等状况，防止“空壳公司”给交易行为带来的不确定性，关于公司的注册资本及股东出资义务是否履行，交易方完全可以做到明知，其不能以对此不知情进行抗辩，对于明知股东未缴纳注册资本而继续选择与其交易的当事人如果仍然允许其通过诉讼程序即可使股东出资义务加速到期的话，亦有违诚实信用原则和公平原则。

编写人：江苏省江阴市人民法院　张勇　冯海

41

瑕疵出资股权转让中转让股东及受让人的责任如何认定

——朱某刚诉倪某苓等股东损害公司债权人利益责任案

【案件基本信息】

1. 裁判书字号

江苏省无锡市中级人民法院（2018）苏02民终2726号民事判决书

2. 案由：股东损害公司债权人利益责任纠纷

3. 当事人

原告（被上诉人）：朱某刚

被告（上诉人）：倪某苓、蒋某媛、罗某

被告：李某宗

【基本案情】

2013年8月14日，朱某刚提起诉讼，要求无锡市佳力亿不锈钢有限公司（以下简称佳力亿公司）返还借款本金70万元并赔偿利息损失10万元，后双方签订调解协议并由法院作出民事调解书，确认佳力亿公司应向朱某刚支付70万元并负担案件诉讼费11900元。调解书生效后，佳力亿公司未履行付款义务，朱某刚向法院申请执行。法院在执行过程中未发现佳力亿公司有可供执行的财产，执行标的711900元及执行费9520元未能执行到位，法院于2015年4月17日裁定终结该次执行程序。

法院在上述执行过程中调查发现佳力亿公司曾于2010年6月10日增资，将注册资本由58万元增至2000万元，该公司股东倪某苓（曾用名：倪某）认缴全部增资款1942万元。倪某苓于2010年6月4日将认缴的增资款1942万元以货币资金形式缴存至佳力亿公司的验资账户并由会计师事务所出具验资报告，确认其认缴的全部增资款1942万元已经过验资。2010年6月7日，倪某苓又以开具银行本票的方式将增资款1942万元全部转出。2010年7月1日，倪某苓与罗某、蒋某媛分别签订股权转让协议，将其持有的佳力亿公司19.42%的股份以388.4万元的价格转让给罗某，同时将其持有的佳力亿公司80%的股份以1600万元的价格转让给蒋某媛。同日，佳力亿公司另一股东谬某炜将其持有的佳力亿公司0.58%的股份以11.6万元的价格转让给罗某。此后，蒋某媛又以1600万元的价格将其受让的佳力亿公司股权转让给翟某钢，罗某又以400万元的价格将其受让的佳力亿公司股权转让给李某宗。罗某、蒋某媛、李某宗在受让上述股权过程中均未支付任何股权转让款。朱某刚认为，倪某苓存在抽逃增资款1942万元的行为，故应在抽逃出资本息范围内对佳力亿公司的债务不能清偿部分承担补充赔偿责任，蒋某媛、罗某、李某宗均存在明知倪某苓抽逃出资的情况下受让佳力亿公司股权的行为，故均应对倪某苓的上述债务承担连带责任。为此，朱某刚起诉请求：1. 判令倪某苓对佳力亿公司结欠朱某刚的债务970200元及逾期利息中不能清偿部分承担补充赔偿责任；2. 判令蒋某媛、罗某、李某宗对倪某苓的上述债务承担连带责任。蒋某媛、罗某认为，《最高人民法院关于适用〈中华人民共和国公司法〉若干问题的规定（三）》（以下简称《公司法司法解释三》）第十八条第一款只规定了原股东未履行或未全面履行出资转让股权后，受让股东明知或应知的，对公司承担连带责任，但该条并未明确抽逃出资股东的受让人是否应当承担责任。其并不存在受让股权时应知或明知倪某苓存在抽逃出资行为，倪某苓增资经法定机构验资并备案，要求其在受让时能够识别抽逃出资不符合常理。

【案件焦点】

1. 股东抽逃增资后转让全部股权的，是否仍应对公司债权人承担责任；2. 如何认定瑕疵出资股权转让中的受让人系非善意受让人，非善意受让人应承担何种责任。

【法院裁判要旨】

江苏省无锡市锡山区人民法院经审理认为：倪某苓于2010年6月4日将增资款1942万元汇入佳力亿公司的验资账户进行验资后又于2010年6月7日全部转出的行为构成抽逃出资。现朱某刚要求倪某苓在抽逃出资1942万元本息范围内对佳力亿公司的案涉债务不能清偿的部分承担补充赔偿责任的诉讼请求，依法予以支持。因倪某苓在抽逃全部增资款后向分别罗某、蒋某媛转让其持有的19.42%、80%的佳力亿公司股份，即倪某苓向罗某、蒋某媛转让的股权系瑕疵出资股权。关于罗某、蒋某媛以及李某宗在受让股权时是否知道或者应当知道倪某苓转让的股权存在瑕疵出资的问题，法院认为，第一，罗某、蒋某媛作为理性的商事主体，在受让股权时应当查证该股权所对应的出资义务是否履行，具有较公司其他股东更高的注意义务。佳力亿公司注册资本由58万元增加至2000万元，股东倪某苓认缴全部增资款1942万元系佳力亿公司经营中的重大事项，而罗某、蒋某媛只需对佳力亿公司银行验资账户的资金流转情况或公司财务账册等资料进行简单查询即可了解倪某苓在验资完成的短期内即已抽逃全部增资款。同理，罗某在受让股权后又将该股权全部转让给李某宗时，李某宗亦应查证该股权所对应的出资义务是否履行。第二，倪某苓与罗某、蒋某媛以及罗某与李某宗均是通过签订股权转让协议的方式转让股权，且协议中明确约定的转让股权的份额及对应的股权转让价格，而罗某、蒋某媛以及李某宗受让相应股权时均未按协议约定支付任何对价，即实际是无偿受让股权，明显有违常理。罗某、蒋某媛、李某宗虽辩称其受让佳力亿公司股权均是受他人委托，但均未举证证明，罗某、蒋某媛、李某宗的上述抗辩意见，法院不予采纳。综合以上两点，法院认定罗某、蒋某媛、李某宗受让佳力亿公司股权时应当知道该股权存在瑕疵出资的情形。朱某刚现要求罗某、蒋某媛、李某宗对倪某苓的案涉债务承担连带责任的诉讼请求，于法有据，法院亦予以支持。

江苏省无锡市锡山区人民法院依照《中华人民共和国合同法》第一百零七条、第一百零九条，《中华人民共和国公司法》第三十五条，《公司法司法解释三》第十二条、第十三条第二款、第十八条第一款，《最高人民法院关于民事诉讼证据的若干规定》第二条之规定，作出如下判决：

一、倪某苓于本判决生效之日起十日内对无锡市佳力亿不锈钢有限公司结欠朱某刚的借款70万元、诉讼费11900元及逾期利息（计算至2016年10月31日是163644.5元；以70万元为基数，自2016年11月1日起至实际给付之日止，按日万分之一点七五的标准计算）不能清偿的部分承担补充赔偿责任；罗某、蒋某媛、李某宗对倪某苓的上述补充赔偿义务承担连带责任；

二、驳回朱某刚的其他诉讼请求。

倪某苓、罗某、蒋某媛不服原审判决提起上诉。江苏省无锡市中级人民法院同意一审法院裁判意见。

江苏省无锡市中级人民法院依照《中华人民共和国民事诉讼法》第一百七十条第一款第一项的规定，判决如下：

驳回上诉，维持原判。

【法官后语】

股东出资义务是指股东按期足额缴纳其所认缴的出资额的义务，包括公司设立时股东的出资义务和公司增资时股东的出资义务。出资义务是股东最基本也是最重要的义务，既是股东的法定义务，同时也是股东之间以及股东和公司之间的一种约定义务。股东不履行出资义务会导致公司资本不充实，损害公司的利益并进而侵害公司其他股东及公司债权人的利益。按行为方式不同，股东违反出资义务的行为表现为未履行或未全面履行出资义务。未履行出资义务是指股东根本未有出资行为，包括履行不能、拒绝履行、虚假出资和抽逃出资；未全面履行出资义务是指股东未按规定数额完整地履行出资义务，包括部分履行、延迟履行或瑕疵履行等。

股东违反出资义务时持有的股权即瑕疵出资股权，此时该股东对不同的权利主体应承担不同类型的民事责任，主要包括以下几种：一是对公司的补充出资责任和损害赔偿责任；二是对守约股东的违约责任；三是对公司债权人的民事责任。股东在违反出资义务后又对外转让瑕疵出资股权，其所应承担的上述责任并不因股权转让的完成而消灭，所以瑕疵出资股权转让后往往会引发一系列的问题，其中转让股东与受让人的出资责任承担问题，是司法实践中的重点和难点问题。《公司法司法解释三》第十三条、第十八条中已对瑕疵出资股权转让中的责任主体、责任方式进行了规定。就本案而言，倪某苓在增资款验资完成后又抽逃全部增资款，完全符合《公司法司法解释三》第十八条关于股东未履行出资义务的内涵，构成瑕疵出资股权转让，可以适用第十三条、第十八条的规定，上述规定从出资责任角度加强对债权人利益的保护，即股东在严重违反出资义务并导致公司资本不足以清偿债务人应对公司债权人承担直接责任，公司债权人有权要求未履行或未全面履行出资义务的股东在未出资本息范围内对公司债务不能清偿的部分承担补充赔偿责任。因本案中倪某苓是抽逃增资，故应在抽逃增资本息范围内对朱某刚的债务不能清偿部分承担补充赔偿责任。此外，根据《公司法司法解释三》第十八条的规定，受让人如

"知道或者应当知道"转让股东存在违反出资义务的行为，则应与转让股东承担连带责任，而如何判断受让人主观善意与否则是司法实践中的另一难点，笔者认为应审查以下内容：第一，审查受让人在受让股权时是否尽到了合理的注意义务。从理性经济人的角度出发，受让人在受让股权尤其大额股权时，应具有较公司其他股东更高的注意义务，应主动查证转让股东所对应的出资义务是否履行。本案中，倪某苓的增资金额大、占注册资本的比例高，而罗某、蒋某媛在受让股权时，既未查证增资款在验资完成后的流转情况，也未核实其受让股权时公司的实际注册资本情况，明显有违常理。第二，结合受让人受让股权的方式及支付对价情况进行审查。本案中，根据股权转让协议的内容可知双方系有偿转让，并非赠与，双方协议中约定的股权转让款金额高达1600万元，但罗某、蒋某媛在股权转让前后均未向倪某苓支付任何对价，倪某苓也未向其催讨股权转让款，亦有违常理。综合以上两点，可以认定罗某、蒋某媛在受让股权时对倪某苓转让的股权系瑕疵出资股权是知情的，故应承担连带责任。

编写人：江苏省无锡市锡山区人民法院　吕纯阳

42

一人公司股东配偶可能对公司债务担责

——白某春诉王某某、杨某某股东损害公司债权人利益责任案

【案件基本信息】

1. 裁判书字号

北京市顺义区人民法院（2018）京0113民初761号民事判决书

2. 案由：股东损害公司债权人利益责任纠纷

3. 当事人

原告：白某春

被告：王某某、杨某某

第三人：北京进缘信有贸易有限公司（以下简称进缘公司）

【基本案情】

2007年，王某某与杨某某登记结婚。2013年1月18日进缘公司成立，王某某个人持股100%，为公司执行董事、经理、法定代表人，杨某某为公司监事。

白某春与进缘公司存在事实上的买卖合同关系。2015年9月15日，进缘公司向白某春出具65万元的欠条。2016年1月21日，北京市丰台区人民法院出具（2015）丰民（商）初字第22361号判决书，判决进缘公司给付白某春65万元货款及利息。

白某春称王某某将进缘公司货款挪用，用于支付其父亲医疗费，应对进缘公司债务承担连带责任，杨某某应对夫妻关系存续期间的债务承担连带责任。

【案件焦点】

1. 王某某是否应对公司债务承担连带责任；2. 杨某某是否应对公司债务承担连带责任。

【法院裁判要旨】

北京市顺义区人民法院经审理认为：《中华人民共和国公司法》第六十三条规定：一人有限责任公司的股东不能证明公司财产独立于股东自己的财产的，应当对公司债务承担连带责任。王某某作为一人有限责任公司的股东，未证明公司财产独立于自己的财产，应对公司债务承担连带责任。《最高人民法院关于审理涉及夫妻债务纠纷案件适用法律有关问题的解释》第三条规定：夫妻一方在婚姻关系存续期间以个人名义超出家庭日常生活需要所负的债务，债权人以属于夫妻共同债务为由主张权利的，人民法院不予支持，但债权人能够证明该债务用于夫妻共同生活、共同生产经营或者基于夫妻双方共同意思表示的除外。杨某某作为公司监事，监督公司经营管理，故应视为夫妻二人共同生产经营进缘公司，杨某某亦未证明夫妻关系存续期间二人财产与公司财产独立，故应对公司债务承担连带责任。

北京市顺义区人民法院依照《中华人民共和国公司法》第六十三条，《最高人民法院关于审理涉及夫妻债务纠纷案件适用法律有关问题的解释》第三条，《中华人民共和国民事诉讼法》第一百四十四条之规定，判决如下：

被告王某某、杨某某对第三人进缘公司在（2015）丰民（商）初字第22361号民事判决书中所付的金钱给付义务承担连带清偿责任。

【法官后语】

一人公司股东配偶对公司债务承担责任需要满足两个条件，首先是一人公司股东对公司债务担责，其次是该债务为夫妻共同债务。一人公司股东及配偶需注意高度重视风险防范，合理合法避免承担公司债务。

关于一人公司股东对公司债务承担责任的适用。一般而言，公司以公司全部财产对外承担责任，股东在其出资额范围内承担责任。但《中华人民共和国公司法》第二十条第三款规定了公司法人人格否认规则，“公司股东滥用公司法人独立地位和股东有限责任，逃避债务，严重损害公司债权人利益的，应当对公司债务承担连带责任”。《中华人民共和国公司法》第六十三条对一人公司进行了特别规定，“一人有限责任公司的股东不能证明公司财产独立于股东自己的财产的，应当对公司债务承担连带责任”。

实践中，一人公司对外承担责任的风险较高，对于一人公司股东未提交任何证据、未提供财务会计报告、审计报告，或提供相关材料但仍不足以证明财产独立情况时，一般会被认定为财产混同等，进而否认法人人格，导致股东对公司债务承担责任。

关于一人公司股东所负债务为夫妻共同债务的认定。《最高人民法院关于审理涉及夫妻债务纠纷案件适用法律有关问题的解释》第三条规定：“夫妻一方在婚姻关系存续期间以个人名义超出家庭日常生活需要所负的债务，债权人以属于夫妻共同债务为由主张权利的，人民法院不予支持，但债权人能够证明该债务用于夫妻共同生活、共同生产经营或者基于夫妻双方共同意思表示的除外。”2018年1月17日最高人民法院民一庭负责人就《最高人民法院关于审理涉及夫妻债务纠纷案件适用法律有关问题的解释》答记者问中提到，“夫妻共同生产经营的情形更为复杂，主要是指由夫妻双方共同决定生产经营事项，或者虽由一方决定但另一方进行了授权的情形。判断生产经营活动是否属于夫妻共同生产经营，要根据经营活动的性质以及夫妻双方在其中的地位作用等综合认定。夫妻从事商业活动，视情适用公司法、合同法、合伙企业法等法律及司法解释的规定。夫妻共同生产经营所负的债务一般包括双方共同从事工商业、共同投资以及购买生产资料等所负的债务”。

实践中，对于股东配偶担任公司职务，参与公司经营管理的一般认定夫妻连带对公司债务承担责任。

一人公司股东及配偶如何免责？总的来说，一人公司股东规范经营，保持公司财产与个人财产独立，则无须对公司债务承担责任。股东需要特别注意以下几个方面：(1) 建立规范的财务管理制度，能提供完善的会计账册、报表、原始凭证等。(2) 坚持按照《中华人民共和国公司法》第六十二条的规定执行，在每一会计年度终了时编制财务会计报告，并委托会计师事务所审计。(3) 股东取得分红时依法缴纳税款。股东配偶不参与经营，不对股东授权，不对外承诺为共同债务等，一般而言亦无须担责。

编写人：北京市顺义区人民法院　张翔鹏

43

债务产生时股东与公司财产混同的，即使股东已经将股权转让，仍应对公司债务承担连带责任

——新昌县诚欣胶囊有限公司、崔某宁诉新昌县诚欣胶囊有限公司股东损害公司债权人利益责任案

【案件基本信息】

1. 裁判书字号

北京市第三中级人民法院（2018）京03民终443号民事判决书

2. 案由：股东损害公司债权人利益责任纠纷

3. 当事人

原告（被上诉人）：新昌县诚欣胶囊有限公司（以下简称诚欣公司）

被告（上诉人）：北京骐通投资管理有限公司（以下简称骐通公司）

被告：崔某宇

【基本案情】

诚欣公司与北京天九药业有限公司（以下简称天九公司）于2008年12月30日签订《生产物料年订购合同》，约定诚欣公司向天九公司销售药用空心胶囊。此后，因天九公司并未支付货款，诚欣公司向北京市昌平区人民法院（以下简称昌平法院）提起诉讼，要求天九公司支付货款并承担相应违约责任。2012年2月3日，昌平法院作出（2011）昌民初字第10474号民事判决书，判决天九公司向诚欣公司支付货款10万元，案件受理费2300元由天九公司负担。上述判决于2012年5月4日生效后，天九公司并未如期履行判决书确定的给付义务，诚欣公司向昌平法院申请强制执行。后因在执行过程中，天九公司无银行存款、无房产亦无车辆可供执行，昌平法院于2012年10月20日作出（2012）昌法执字第3026号执行裁定书，裁定终结本次执行程序。

天九公司为一人有限责任公司，注册资本为4980660元，骐通公司为天九公司原股东。2011年3月30日，骐通公司作为转让方与受让方崔某宇签订《出资转让协议书》，约定骐通公司将其在天九公司持有的100%股份转让给崔某宇。上述股权转让已经在工商部门变更登记完毕。2012年10月12日，北京市工商行政管理局昌平分局作出《行政处罚决定书》，载明因天九公司未在规定期限内接受2011年度企业年检，且未在规定期限内补办年检，决定吊销营业执照。

为实现债权，诚欣公司提起诉讼，要求骐通公司、崔某宇共同给付诚欣公司对天九公司享有的债权102300元及迟延履行期间的债务利息。经法院询问，骐通公司表示不清楚如何与崔某宇认识的，也不清楚崔某宇是否支付股权转让款；关于是否向崔某宇移交天九公司的财产、账册和其他重要文件，骐通公司亦没有提供证据予以证明。

【案件焦点】

1. 骐通公司应否对其经营天九公司期间，天九公司所欠诚欣公司的债务承担连带清偿责任；2. 诚欣公司向法院的起诉是否超出诉讼时效期间。

【法院裁判要旨】

北京市朝阳区人民法院经审理认为：天九公司被依法吊销营业执照后崔某宇未对天九公司进行清算。同时，崔某宇也是天九公司的唯一股东，应当举证证明其财产与天九公司没有混同的现象。诚欣公司与天九公司的债权债务关系发生在骐通公司作为天九公司的股东期间，故骐通公司应当举证证明该期间其财产与天九公司的财产没有发生混同。但崔某宇、骐通公司均未举证证明，应当承担不利后果，对天九公司在（2011）昌民初字第10474号民事判决书中应承担的债务承担连带清偿责任。本案的诉讼时效应当自诚欣公司知道天九公司无法清算开始计算，骐通公司提出的诉讼时效的抗辩意见，缺乏事实依据。诚欣公司要求崔某宇承担的迟延履行期间的债务利息，符合法律规定。北京市朝阳区人民法院判决如下：

一、崔某宇和骐通公司对（2011）昌民初字第10474号民事判决书中确定的由天九公司承担的债务十万二千三百元承担连带清偿责任；

二、崔某宇和骐通公司对（2011）昌民初字第10474号民事判决书中确定的由天九公司承担的迟延履行期间债务利息（以十万元为基数，自二〇一二年五月十五日起至二〇一四年七月三十一日止，按照中国人民银行同期贷款利率双倍计算；以十万元为基数，自二〇一四年八月一日起至实际给付之日止，按照每日万分之一点七五计算）承担连带清偿责任。

一审宣判后，崔某宇提起上诉。

北京市第三中级人民法院审理认为：骐通公司主张（2011）昌民初字第10474号判决生效时，其已不具备天九公司股东身份。该意见混淆了债务的实际形成时间与判决生效时间。债务实际形成时间，应基于当事人特定的法律行为来确定，并不必然等同于判决生效之日。骐通公司对天九公司债务承担连带责任的原因，系基于其在债权债务关系发生时，作为天九公司的唯一股东且无法证明其与天九公司财产相互独立的事实。

（2012）昌法执字第3026号执行裁定书仅是对现阶段未发现可供执行财产的确认，并非就在法律上认定天九公司无法清算；天九公司是由于股东怠于履行清算义务导致无法清算，而股东怠于履行清算义务系持续性行为。故骐通公司主张本案超出诉讼时效期间，缺乏事实及法律依据。北京市第三中级人民法院判决：

驳回上诉，维持原判。

【法官后语】

第一，股东的主观过错因素不作为适用公司法人人格否认制度的前提条件。

从侵权责任的基本法理来看，将过错作为构成要件，目的是调和个人自由与社会安全之间的紧张关系，而滥用公司法人独立地位，本身即构成了对权利的滥用，侵害了交易安全，侵犯了债务人的优先受偿权，违反了公平正义，无须再另外要求行为人的主观过错。从法律经济学的观点来看，侵权责任是否以主观过错为要件，取决于查明事实的成本的可负担性。而滥用公司法人独立地位，其行为的目的和后果即将股东个人财产与公司财产予以混同，以使公司法人人格形骸化，由此就决定了对股东从事该行为主观状态的证明成本，将会随着法人人格形骸化的形成而无限升高。因此，对股东滥用公司法人独立地位的行为，不要求证明主观过错，并非无须要求股东具有主观过错，而是无须对股东的主观过错状态予以证明，是符合现实需要的合理配置司法成本的制度安排。

第二，股东与公司财产混同是适用公司法人人格否认制度的必要条件。

实践中，就股东出资责任、财产侵权责任、股东怠于清算责任与公司财产混同责任的适用，常常发生混淆现象。股东怠于清算责任与公司财产混同责任的承担范围在某种程度上包含了“无限”责任：股东怠于清算责任包括在损失范围内的赔偿责任与对公司债务的连带清偿责任两种形式；公司财产混同责任的承担方式则仅有一种，那就是对公司债务的连带清偿。上述不同的责任承担方式，与股东行为对公司和债权人的危害程度是相互关联的。案例中，一审法院基于崔某宇、骐通公司的不同行为，分别依据不同的法律规定，判决崔某宇、骐通公司承担其各自行为所导致的法律后果。

第三，债务发生时股东与公司财产混同的，即使此后股东已经将公司股权转让，仍需对公司债务承担连带清偿责任。

其一，公司法人人格否认制度的法理基础。

《中华人民共和国公司法》（以下简称《公司法》）关于公司法人人格否认制度的规定，系针对股东有限责任制度而设置的衡平条款，其目的就是防止股东滥用公司法人独立地位而损害公司债权人的利益。由此，《公司法》引入公司法人人格否认制度，让股东为其公司形骸化行为而向利益严重受损的债权人承担连带清偿责任，其法理基础并非基于股东的特定身份，而是基于股东将公司形骸化的特定行为。案例中，法院判决其对作为天九公司唯一股东期间的天九公司债务承担连带清偿责任，是基于骐通公司与天九公司的财产混同行为，而非基于“起诉时的股东身份”。

其二，公司债务的形成时间。

适用公司法人人格否认制度，另一个关键问题就是债务形成时间的确定。由于股东与公司的财产混同行为，导致公司法人人格形骸化，进而影响到公司的偿债能力。若公司债务形成于股东与公司财产混同期间，则股东已行与公司财产混同之侵权事实，对公司偿债能力的损害业已完成，即使股东此后将股权转让，也不能改变股东已经完成的侵权事实，因此，此种情况下，股东仍理应对公司债务承担连带责任。

编写人：北京市第三中级人民法院　程磊　武菁

九、公司破产、解散和清算纠纷

44

不能以不享有债权为由请求确认对破产债务人的债权为零

——天津市滨海商贸大世界有限公司诉天津市天益工贸有限公司破产债权确认案

【案件基本信息】

1. 裁判书字号

天津市第二中级人民法院（2018）津02民终838号民事裁定书

2. 案由：破产债权确认纠纷

3. 当事人

原告（被上诉人）：天津市滨海商贸大世界有限公司（以下简称大世界公司）

被告（上诉人）：天津市天益工贸有限公司（以下简称天益公司）

【基本案情】

2004年大世界公司与天益公司签订《滨海商贸大世界B座商业楼转让协议》，约定大世界公司将商业楼转让给天益公司，同时大世界公司继续租用该楼并向天益公司支付租金，后双方发生争议。

2006年7月，大世界公司起诉请求解除转让协议，天益公司支付违约金、返还保证金和算至2006年6月的租金。天益公司反诉请求继续履行协议，大世界公司赔付违约金及利息。本案经一审、二审、再审。天津市高级人民法院以（2009）津高民再字第0010号生效判决书判决双方转让协议解除，天益公司返还商业楼、租金936.16万元、保证金14.5万元；大世界公司返还首付款3400万元，支付利息1162.24万元。

2013年4月，天益公司申请强制执行，执行法院从大世界公司账户扣划1865.97万元至法院保管款账户。

2013年4月，大世界公司起诉请求判令天益公司返还2006年6月以后的租金、支付利息、赔偿经济损失、返还不当得利。本案经一审、二审，天津市高级人民法院以（2014）津高民一终字第0064号生效判决书判决天益公司给付租金2692.53万元及以2692.53万元为基数自2009年6月30日起至实际给付之日止的利息。2015年4月，大世界公司申请强制执行。

2015年10月，两案执行法院天津市第二中级人民法院委托对（2009）津高民再字第0010号民事判决书及（2014）津高民一终字第0064号民事判决书中涉及的资金占用利息情况进行司法专项审计。审计后认定两案本息相抵后，大世界公司欠天益公司207万余元。

2016年10月，天津市津南区人民法院受理债权人对天益公司提出的破产清算申请。大世界公司向天益公司管理人申报债权人民币4205.53万元并主张抵销。管理人认定大世界公司对天益公司享有破产债权1659.33万元，扣划在天津市第二中级人民法院的1865.97万元应归入破产财产，大世界公司对债权数额有异议，故成诉。

【案件焦点】

大世界公司是否能以对天益公司享有的债权为零为由提起债权确认之诉。

【法院裁判要旨】

天津市津南区人民法院经审理认为：天益公司和大世界公司分别依（2009）津高民再字第0010号、（2014）津高民一终字第0064号民事判决书申请强制执行。天津市第二中级人民法院审计后以（2013）二中执字第0187－2号民事裁定书认定“两案本息相抵后，大世界公司尚欠天益公司207万余元”。天益公司管理人计算大世界公司破产债权的依据亦为两份生效判决书，但计算结果与生效裁定书不一致，应不予确认。（2013）二中执字第0187－2号民事裁定书可以证实大世界公司不享有天益公司的债权，大世界公司与天益公司亦无新的债权债务，故可确认大世界公司不享有天益公司的债权。

天津市津南区人民法院依照《中华人民共和国企业破产法》第五十八条，《中华人民共和国民事诉讼法》第六十四条、第一百四十二条，作出如下判决：

大世界公司在天益公司破产案件中的破产债权为零元。

天益公司不服一审判决，提起上诉。天津市第二中级人民法院经审理认为：大世界公司要求确认其在天益公司破产案件中的债权为零，但在债权为零的情况下其并非天益公司的债权人，无权按照《中华人民共和国企业破产法》第四十四条的规定提起诉讼。同时，大世界公司一审的诉请虽为确认其在天益公司破产案件中的债权为零，但双方当事人实质为对（2013）二中执字第 0187－2 号民事裁定中载明抵销的债务是否发生抵销效力存在争议。因该抵销行为与上述裁定均发生在执行过程中，故双方仍应按照执行程序的法律规定解决上述问题，大世界公司另行提起诉讼不当。

天津市第二中级人民法院依照《中华人民共和国企业破产法》第四十四条、《最高人民法院关于适用〈中华人民共和国民事诉讼法〉的解释》第三百三十条规定，作出如下裁定：

一、撤销天津市津南区人民法院（2017）津 0112 民初 4086 号民事判决；

二、驳回大世界公司的起诉。

【法官后语】

（一）破产债权确认之诉应以债权人要求确认对债务人享有债权为前提

《中华人民共和国企业破产法》第四十四条规定："人民法院受理破产申请时对债务人享有债权的债权人，依照本法规定的程序行使权利。"依该条规定，向破产债务人行使债权人权利，需要满足几个要件：首先，须以债权人要求确认对债务人享有债权为前提，而不能以不享有债权为由主张确认债权为零。不享有债权则不具有破产法意义上的债权人身份，不能向管理人主张确认债权为零，亦没有资格以债权为零为由向人民法院提起债权确认之诉。只有在向管理人主张债权存在，而管理人不予确认或对确认的债权数额有异议，方可向人民法院提起债权确认之诉。其次，该债权在人民法院受理破产申请时未消灭。债权确认以人民法院受理破产申请为时间节点，若该债权曾经存在，但在受理破产申请时已因债务清偿等原因消灭，则债权人已不具备债权人资格，不能主张债权确认。当然，若债权人认为债务人的清偿有瑕疵，可在瑕疵范围内主张确认债权，由管理人对该瑕疵债权进行审核确认，该债权人对管理人确认结果不服的，依然可向人民法院提起债权确认之诉。最后，该债权确认的主张须以破产法规定的程序行使。债权人主张确认债权，应先向管理人进行申报，由管理人进行审核确认，若对管理人的确认结果不服，方可向人民法院提起债权确认之诉。

（二）本案执行抵销的效力问题应以执行程序解决

本案名为普通破产债权确认纠纷，但当事人实质上争议的是生效判决确认的互负债务在破产申请受理前是否发生抵销。大世界公司认为抵销已经完成，天津市第二中级人民法院扣划其的款项应在扣除抵销尾款后进行返还，天益公司则认为抵销未完成，天津市第二中级人民法院扣划的款项在扣划后所有权转移归其所有，应在其破产案件中作为破产财产进行分配，大世界公司享有的是对其的债权。

天津市第二中级人民法院作出（2013）二中执字第0187-2号民事裁定书记载两案本息相抵后，大世界公司尚欠天益公司207万余元。该事项系生效法律文书认定的法律事实。若天益公司有异议，应在执行程序中提出，或依审判监督程序解决，而非以确认债权的方式否定生效法律文书认定的事实。若认为抵销已经完成，即使依天益公司所述天津市第二中级人民法院在扣划该笔款项后，该款的所有权转移归其所有，在抵销完成后，该款项余款外的其他数额所有权应视为再次转移归大世界公司。

但即使认为抵销已经完成，大世界公司也应依执行程序要求执行法院发还，而非依破产程序请求确认债权为零。首先，大世界公司无须也不能向管理人主张债权并要求确认已抵销完成，因为债权确认及抵销均已由人民法院生效法律文书认定完毕，无须管理人确认，而大世界公司对天益公司并不享有债权，其向管理人申报债权没有法律依据。其次，大世界公司诉请确认债权为零，是对生效文书已认定事项要求人民法院再次进行审理，且如前所述，其认为债权为零，自然不具备提起诉讼的主体资格，故本案经审理后驳回大世界公司的起诉。

编写人：天津市第二中级人民法院　李雷雷　刘爱民

45

对因公司怠于履行清算义务申请公司清算案件的审理认定

——陈某、徐某凤与南京海兴远维配电自动化有限公司申请公司清算案

【案件基本信息】

1. 裁判书字号

江苏省南京市江宁区人民法院（2018）苏0115强清2号民事裁定书

2. 案由：申请公司清算

3. 当事人

申请人：陈某、徐某凤

被申请人：南京海兴远维配电自动化有限公司（以下简称海兴远维公司）

第三人：王某松、林某昕、杭州海兴电力科技股份有限公司（以下简称海兴电力公司）

【基本案情】

被申请人海兴远维公司于2002年12月16日登记设立，性质为有限责任公司，注册资本3000万元，法定代表人为付某强，股东为海兴电力公司（持股比例为45%）、陈某（持股比例为24%）、王某松（持股比例为15%）、林某昕（持股比例为8%）、徐某凤（持股比例为1%）。

2016年4月27日，被申请人海兴远维公司召开股东会，股东海兴电力公司的授权代表付某强、股东陈某、王某松、股东林某昕的授权代表周某芳、股东徐某凤的授权代表李某参加了会议。股东会通过了如下决议：1. 解散公司并进行清算；2. 成立由付某强（组长）、王某松（副组长）、戴某鹏（副组长）、林某昕、陈某、徐某凤、曾纪儿（财务）、董长伟（销售）组成的清算组；3. 公司搬迁办公场地以缩减开支，股东会授权清算组负责人决定搬迁事宜；4. 公司清算期间，股东会授权

清算组负责人全权负责公司清算期间的工作：(1) 维持公司现有业务履约，停止新客户的拓展，(2) 加快应收账款讨账和回收工作；5. 股东会授权清算组负责人全权负责公司在南京兴邦远维电器有限公司（以下简称兴邦远维公司）的股权处置事宜。

2016年6月15日，海兴远维公司在《人民日报》刊登注销公告：载明“海兴远维公司股东会于2016年4月27日决议解散公司，并成立公司的清算组，请公司债权人于本公告发出之日起45日内向公司清算组申报债权。联系人：……”海兴远维公司清算组于2016年5月30日、6月28日、7月28日、2017年7月11日、2018年3月1日召开了5次清算组工作会议。2016年8月，清算组委托南京嘉信拍卖有限公司对公司的实物资产进行了拍卖。2018年3月1日召开的清算组工作会议中通过了将公司的现金资产3000万元用于理财，暂不分配的决议。

2017年12月11日，陈某在法院对海兴远维公司提起了（2017）苏0115民初19121号股东知情权之诉。

【案件焦点】

海兴远维公司是否存在怠于履行清算义务的情形。

【法院裁判要旨】

江苏省南京市江宁区人民法院经审理认为：股东有权提出强制清算申请应当符合法律规定。依照《最高人民法院关于适用〈中华人民共和国公司法〉若干问题的规定（二）》（以下简称《公司法解释二》）第七条的相关规定，公司应当依照公司法第一百八十三条的规定，在解散事由出现之日起十五日内成立清算组，开始自行清算。有下列情形之一，债权人申请人民法院指定清算组进行清算的，人民法院应予受理：（一）公司解散逾期不成立清算组进行清算的；（二）虽然成立清算组但故意拖延清算的；（三）违法清算可能严重损害债权人或者股东利益的。具有本条第二款所列情形，而债权人未提起清算申请，公司股东申请人民法院指定清算组对公司进行清算的，人民法院应予受理。本案中，海兴远维公司在决议解散后，在法定期限内成立了清算组，清算组成员系由占海兴远维公司三分之二以上股份的股东同意。在清算过程中，清算组履行了向债权人发出申报公告、召开清算组工作会议、拍卖公司实物资产等工作，虽然未能及时对公司的现金资产进行分配，但该决议系清算组作出，鉴于有限公司人合性、封闭性的特征，公司在处理内部事务时，应当遵循股东意思自治的原则，本案不宜认定清算组存在怠于清算或者违法清算损害股东利益的情形。申请人提出的关于查阅清算资料，提供新办公地址的问题，已通过提出股东清算之诉处理。

江苏省南京市江宁区人民法院依照《中华人民共和国公司法》第一百八十条、第一百八十三条，《公司法解释二》第七条之规定，裁定：

不予受理申请人陈某、徐某凤对被申请人海兴远维公司的强制清算申请。

【法官后语】

公司清算属于公司内部事务，应当充分尊重当事人的意思自治，尤其是在人合性、封闭性较强的有限公司的清算中。本案中，海兴远维公司结算并开展清算系全体股东通过股东会决议的形式共同作出，清算组成员系股东会指定，符合法律规定。相应的清算方案也系由清算组通过简单多数表决的形式作出，其内容和表决形式均不违反法律规定，应当认定为有效，对全体股东均具有拘束力。

主张公司怠于履行清算义务，应当提供充分的证据予以证明。根据法律规定，公司怠于履行清算义务的表现形式，主要包括：(1) 公司解散逾期不成立清算组进行清算的；(2) 虽然成立清算组但故意拖延清算的；(3) 违法清算可能严重损害债权人或者股东利益的。从本案查明的情况来看，被申请人海兴远维公司在法定期限内组成清算组，开展了发布公告、变卖资产、清收债权、召开多次清算工作会议的清算工作，其清算工作在时间上具有连续性，难以认定为构成拖延清算的情形。虽然现有清算方案无法兼顾全部股东的诉求，但其受有限公司自身特性所限，且清算方案本身并不违反法律规定，故不足以认定清算组因违法清算而损害股东利益。

法院介入公司清算进程，应当慎重。通过司法程序对公司进行清算，包括公司强制清算与破产清算两种，但介入程度不同。破产清算程序中负责开展清算工作的管理人系由法院在中介机构或者可以从事清算工作的个人中指定，原债务人公司股东及高级管理人员不再行使职权，取而代之的是债权人的自治，法院的介入程度较深，对清算工作有较强的主动权和控制权。而公司强制清算中，股东或熟悉公司情况的其他个人可以被吸纳为清算组成员，原股东会的部分职权并未被剥夺，仍然享有审核清算方案、确认清算报告、分配盈余等权利，法院介入程度相对较浅，能够采取的强制措施有限。而公司强制清算案件多数是由于股东之间矛盾产生，一旦持有公司重要资料的股东不予配合，清算工作将难以开展，贸然受理，将造成司法资源的浪费，并可能进一步激化矛盾。关于在公司自行清算过程中，股东利用优势地位损害公司或者其他股东利益的纠纷，可以通过另案处理的方式予以解决，法院不宜通过受理强制清算的形式直接介入。

编写人：江苏省南京市江宁区人民法院　朱贺

46

公司财产被法院拍卖及被列入经营异常名录且其他股东未积极应诉的，应认定为经营管理发生严重困难、继续存续股东利益会遭受严重损害，予以解散

——吴某育诉安溪县四大茶叶科技有限公司公司解散案

【案件基本信息】

1. 裁判书字号

福建省安溪县人民法院（2018）闽0524民初2581号民事判决书

2. 案由：公司解散纠纷

3. 当事人

原告：吴某育

被告：安溪县四大茶叶科技有限公司（以下简称茶叶公司）

第三人：谢某波、黄某贤

【基本案情】

2010年3月19日，茶叶公司成立，公司注册资本为1000000元，王某料、王某法、王某宝、王某枝各登记出资为250000元，各占注册资本的25%。2010年11月1日，公司注册资本变更为3080000元，王某料、王某法、王某宝、王某枝各登记出资为770000元，各占注册资本的25%。2014年12月17日，王某枝、王某宝

分别将其持有的茶叶公司的25%股权即770000元以770000元的价格转让给吴某育，合同中盖有茶叶公司的印章。2015年1月6日，股东登记变更为王某法、吴某育、谢某波。2015年3月27日，原股东王某法、谢某波、吴某育与新股东黄某贤召开股东会决议，决议：同意原股东王某法将其持有茶叶公司25%的股权即770000元以770000元的价格转让给新股东黄某贤；转让后股东出资比例为黄某贤770000元（占注册资本25%）、吴某育1540000元（占注册资本50%）、谢某波770000元（占注册资本25%）；同意继续由王某法担任公司执行董事并为法定代表人、谢某波为公司经理、吴某育为公司监事，任期均为三年。2015年4月2日，股东登记变更为黄某贤、吴某育、谢某波。2017年7月10日，茶叶公司被安溪县市场监督管理局列入经营异常名录内。

另，2018年2月11日，茶叶公司名下的安溪县城厢镇过溪村的工业房地产被厦门捧茶网络科技有限公司通过淘宝网司法拍卖网络平台开展的司法拍卖项目公开竞价中以22059200元购买。

【案件焦点】

是否应予解散茶叶公司。

【法院裁判要旨】

福建省安溪县人民法院经审理认为：《中华人民共和国公司法》第一百八十二条规定："公司经营管理发生严重困难，继续存续会使股东利益受到重大损失，通过其他途径不能解决的，持有公司全部股东表决权百分之十以上的股东，可以请求人民法院解散公司。"本案中：一、根据吴某育与王某枝、王某宝签订的《股权转让合同》，吴某育持有茶叶公司50%的股权，经股东会确认并进行工商登记变更，符合法律规定的提起公司解散之诉的股东条件。二、在茶叶公司名下的财产被泉州市中级人民法院拍卖、被列入经营异常名录的情况下，茶叶公司已面临经营管理严重困难，吴某育、谢某波、黄某贤仍就解决公司问题未达成一致的意见，公司经营治理陷入瘫痪状态。三、茶叶公司自身陷入经营困难，股东权益已受到减损。若茶叶公司继续存续，股东利益将受到重大损失。四、自2018年4月25日立案以来，股东黄某贤经法院公告送达开庭传票未能到庭参加诉讼，股东谢某波虽经送达但至今未来积极应诉处理公司事宜，故应当认定已无法通过其他途径解决茶叶公司的股东僵局，茶叶公司僵局一直无法通过其他途径得到解决。故，吴某育请求解散茶叶公司，应予准许。吴某育请求茶叶公司支付诉讼费100元、财产保全费5000元予以支持。吴某育请求茶叶公司承担向平安公司缴纳的保全担保费6000元，不符合法律规定，不予支持。

综上所述，吴某育的诉讼请求，予以部分支持。茶叶公司、谢某波、黄某贤经法院合法传唤，无正当理由拒不到庭参加诉讼，法院依法缺席审理和判决，由此产生的法律后果由其自行承担。

福建省安溪县人民法院依照《中华人民共和国公司法》第一百八十二条，《最高人民法院关于适用〈中华人民共和国公司法〉若干问题的规定（二）》第一条，及《中华人民共和国民事诉讼法》第一百四十四条规定，作出如下判决：

一、解散茶叶公司；

二、茶叶公司应于本判决生效之日起十日内支付吴某育财产保全费5000元；

三、驳回茶叶公司的其他诉讼请求。

【法官后语】

公司的强制解散意味着公司法律意义上人格的灭失，法院对于公司的解散应严格控制条件，否则将会损害到其他股东及公司利益，不利于市场经济运行的稳定。对于本案来讲，茶叶公司是否符合《中华人民共和国公司法》第一百八十二条之规定的解散条件，应予以综合判断。

第一，公司经营管理发生严重困难的认定，即公司僵局。不仅包括经营上的困难还包括管理上的困难，股东已经无法通过股东会或董事会等权力机构形成公司意志，无法达到公司法上所要求的公司独立法人人格的要求，如果单是经营上的困难并没有达到管理上的困难，并不能符合解散公司的条件。针对本案，首先，茶叶公司已无经营、办公场所，名下财产已被拍卖。茶叶公司工商管理登记名下的财产及住址地已被福建省泉州市中级人民法院拍卖，茶叶公司登记的经营场所已不存在、不能使用，现公司经营缺乏必要的条件。其次，茶叶公司无法再召开股东会，股东陷入僵局，现公司的另两个股东黄某贤人已下落不明，谢某波经传票传唤也未积极参与案件的审理，本案原告吴某育已无法通过其他渠道打破公司僵局，要召集股东会商议公司事项已难上加难，在审理过程中不能以过高的条件要求当事人，并实事求是。最后，茶叶公司已无实际经营，难以实现公司收益。

第二，股东利益遭受重大损失的认定。股东利益受到重大损失的衡量标准，在司法实践中是难上加难，具体由法官的司法裁量权裁决。如上所述，因公司陷入僵局，因公司的债权债务纠纷，已产生导致公司的财产被法院拍卖，且自2015年至今已三年多无法召开股东会决议公司事项，公司现状已经严重损害到原告吴某育的权益，如果继续维持现状，不予解散公司，势必会增加股东吴某育权益受到损害的概率，使其遭受重大损失。

第三，无法通过其他途径解决的认定。如果公司可以再通过召开临时股东大会或通过其他转让股权等方式，或者在诉讼过程中可以进行调解的方式，使公司的僵局得以打破，那么就不用进行公司解散。本案中，三个股东，多年未开股东会，无法就公司事项做出有效的决议，即使是起诉至法院以后，股东仍一个下落不明、一个不来积极应诉，对公司事项已无法达成一致意见，无法形成法人意志，故可认定无法通过其他途径予以解决。

综上，现有《中华人民共和国公司法》对设立公司的准入门槛设置大大降低，但是对公司解散的事由设定一定的严格条件，虽然公司解散只是对公司法人人格的撤销，但是会对其他股东及公司利益产生影响，故在现实司法实践中应严格把控，尽量权衡，做到既不损害股东利益，又不影响公司现有经济体态的运行。

编写人：福建省安溪县人民法院　王秋萍　李珍珍

47

公司强制清算案件的管辖权确定

——首钢集团有限公司与唐山首钢宝业钢铁有限公司强制清算案

【案件基本信息】

1. 裁判书字号

最高人民法院（2018）最高法民辖164号民事裁定书

2. 案由：公司强制清算纠纷

3. 当事人

申请人：首钢集团有限公司（以下简称首钢集团）

被申请人：唐山首钢宝业钢铁有限公司（以下简称首钢宝业公司）

管辖异议申请人：唐山宝业实业集团有限公司（以下简称唐山宝业集团）

【基本案情】

2007年10月18日，首钢集团与唐山宝业集团共同出资设立被申请人首钢宝业公司，拟共同建设钢铁厂项目。首钢宝业公司成立后，由于政府政策要求，首钢宝业公司的钢铁厂项目建设停工，此后虽经多次沟通，均未能复工。由于该项目没有复工可能，2016年6月29日，首钢宝业公司与河北乐亭经济开发区管委会签署《土地收储补偿协议书》，钢铁厂项目的全部用地被政府收储。项目停工后，双方股东无法就公司解散达成一致意见，故首钢集团于2017年3月30日向北京市石景山区人民法院提出诉讼请求解散首钢宝业公司。2017年6月20日，石景山法院作出(2017)京0107民初10983号民事判决书，判决解散首钢宝业公司。唐山宝业集团不服判决提起上诉。2017年10月31日，北京市第一中级人民法院作出二审判决，维持原判。鉴于首钢宝业公司解散事由已经成就，在法定期限内未成立清算组，故首钢集团于2017年11月27日向法院申请对首钢宝业公司进行强制清算。首钢宝业公司同意法院进行强制清算。

2018年1月14日，唐山宝业集团向北京市石景山区人民法院邮寄提交了《管辖异议申请书》，请求将该案移送至河北省乐亭县人民法院审理。其认为：2017年11月22日，河北省乐亭县人民法院依法受理了唐山宝业集团提出的对首钢宝业公司的强制清算申请，案号为［(2017)冀0225强清1号］。2017年11月27日，首钢集团在明知唐山宝业集团已经申请首钢宝业公司强制清算的前提下，向北京市石景山区人民法院申请强制清算，北京市石景山区人民法院于2017年12月15日作出［(2017)京0107清申2号］《民事裁定书》，裁定受理首钢集团有限公司的强制清算申请。根据相关法律法规的规定，本案强制清算程序应当由被解散公司首钢宝业公司的登记注册地法院，即河北省乐亭县人民法院受理，北京市石景山区人民法院对本案并不具有管辖权。

【案件焦点】

1. 唐山宝业集团是否有权力提出管辖权异议申请；2. 石景山法院对本案是否具有管辖权；3. 当两个人民法院因管辖问题发生争议时，应当如何处理。

【法院裁判要旨】

北京市石景山区人民法院经审理认为：就本案管辖权一节，人民法院生效判决书已经确认首钢宝业公司的主要办事机构所在地位于北京市石景山区，故根据公司法及《最高人民法院关于审理公司强制清算案件工作座谈会纪要》相关规定，法院对本案具有管辖权。就被申请人首钢宝业公司是否具有强制清算事由一节，该公司经生效判决书确认解散，依法应自解散事由出现之日起15日内成立清算组进行清算。故首钢宝业公司出现解散事由之日为2017年11月10日，但至本案听证会召开之日，该公司依然未成立清算组进行清算。现首钢集团以股东身份向法院申请指定清算组对首钢宝业公司进行强制清算，并提交了清算申请书、法院生效判决及申请人持有被申请人股权的相关证据，其理由具有事实及法律依据，且被申请人首钢宝业公司对此亦无异议，故北京市石景山区人民法院予以受理。

综上，北京市石景山区人民法院依照《中华人民共和国民法总则》第六十三条，《中华人民共和国公司法》第一百八十三条，《最高人民法院关于适用〈中华人民共和国公司法〉若干问题的规定（二）》第七条、第二十四条第一款之规定，裁定如下：

受理申请人首钢集团有限公司对被申请人唐山宝业集团提起的强制清算申请。

北京市石景山区人民法院在审理中得知河北省乐亭县人民法院于2017年11月22日受理了对首钢宝业公司的强制清算案件后，根据民事诉讼法第三十七条第二款的规定，向乐亭县法院发函协商，双方协商未果后，逐级报请上级法院指定管辖。

最高人民法院经审理认为：《最高人民法院关于适用〈中华人民共和国公司法〉若干问题的规定（二）》第二十四条第一款规定，“解散公司诉讼案件和公司清算案件由公司住所地人民法院管辖。公司住所地是指公司主要办事机构所在地。公司办事机构所在地不明确的，由其注册地人民法院管辖。”根据现有事实，可以认定首钢宝业公司的主要办事机构所在地位于北京市石景山区金顶街今时宾馆西配楼三层，故本案应由北京市石景山区人民法院受理。

最高人民法院依照《中华人民共和国民事诉讼法》第三十七条第二款，《最高人民法院关于适用〈中华人民共和国民事诉讼法〉的解释》第四十条、第四十一条，《最高人民法院关于适用〈中华人民共和国公司法〉若干问题的规定（二）》第二十四条规定，裁定如下：

一、撤销河北省乐亭县人民法院立案的（2017）冀0225强清1号裁定；

二、首钢集团、唐山宝业集团申请首钢宝业公司强制清算一案由北京市石景山区人民法院管辖；

三、河北省乐亭县人民法院接到本裁定之日起十五日内将（2017）冀0225强清1号唐山宝业集团申请首钢宝业公司强制清算一案全部卷宗材料移送北京市石景山区人民法院。

【法官后语】

1. 关于人民法院受理公司强制清算案件的管辖依据和确定标准。

《最高人民法院关于适用〈中华人民共和国公司法〉若干问题的规定（二）》（以下简称《公司法司法解释（二）》）第二十四条第一款规定："公司清算案件由公司住所地人民法院管辖。公司住所地是指公司主要办事机构所在地。公司主要办事机构所在地不明确、存在争议的，由公司注册登记人民法院管辖。"《最高人民法院关于审理公司强制清算案件工作座谈会纪要》对公司强制清算案件的管辖亦有明确的规定："对于公司强制清算案件的管辖应当分别从地域管辖和级别管辖两个角度确定。地域管辖法院应为公司住所地的人民法院，即公司主要办事机构所在地法院；公司主要办事机构所在地不明确、存在争议的，由公司注册登记地人民法院管辖。级别管辖应当按照公司登记机关的级别予以确定……存在特殊原因的，也可参照适用《中华人民共和国企业破产法》第四条、《中华人民共和国民事诉讼法》第三十七条和第三十九条的规定，确定公司强制清算案件的审理法院。"本案主要涉及的是地域管辖的确定。地域管辖法院应当为公司住所地的人民法院。如何确定公司住所地？《中华人民共和国民法总则》第六十三条规定："法人以其主要办事机构所在地为住所。依法需要办理法人登记的，应当将主要办事机构所在地登记为住所。"本案中，首钢宝业公司的注册登记地为河北省乐亭县，主要办事机构所在地为北京市石景山区今时宾馆三层，依据前文所述，对首钢宝业公司的住所地，应当根据其主要办事机构所在地即北京市石景山区今时宾馆三层来确定，且该事实已经首钢宝业公司的公司解散纠纷案件一审、二审生效法律文书确认，故北京市石景山区人民法院对本案具有管辖权。

2. 在公司强制清算案件中，当事人（第三人）能否提出管辖权异议。

这里，我们首先需要明确管辖权异议是一审普通诉讼程序中的概念，民事诉讼法第一百二十七条对管辖权异议的主体表述为“当事人”，当事人的概念外延比较宽泛，包括原告、被告、共同诉讼人、第三人等，实务界多数观点认为只有被告①才享有提出管辖权异议的权利。而公司强制清算程序作为一种民事特别程序，类同于破产程序，是与诉讼程序截然不同的非诉程序。从程序制度设计的价值考量，强制清算是公司因经营困难等出现解散事由后，通过法院的介入和主导来推动清算程序从而实现债权人的债权得到清偿、公司股东的权益得到实现，社会经济秩序得以维护，这是公司强制清算制度的根本目的和价值取向。强制清算要求人民法院在审理此类案件中要坚持程序公正、注重效率和利益均衡保护的原则。关于清算的法律依据主要是公司法第十章和《公司法司法解释（二）》，从现有相关法律条文的规定看，清算程序中并未单独设立管辖权异议，但是人民法院对管辖的审查通过通知被申请人提交书面异议或者组织听证会来广泛听取相关各方的意见。

为了确保程序公正，《最高人民法院关于审理公司强制清算案件工作座谈会纪要》明确规定，人民法院对申请人提出的公司清算申请，一般应当召开听证会，对于事实清楚，法律关系明确的，也可以不召开听证会，而采用书面方式审查。人民法院决定召开听证会的，应当于听证会召开五日前通知申请人、被申请人。公司股东、实际控制人等利害关系人申请参加听证的，人民法院应予准许。人民法院决定不召开听证会的，应当及时通知申请人和被申请人，并向被申请人送达有关申请材料，同时告知被申请人若对申请人的申请有异议，应当自收到人民法院通知之日起

---

① 对于第三人能否提出管辖权异议，《最高人民法院关于第三人能否对管辖权提出异议问题的批复》给出了明确答案：“一、有独立请求权的第三人主动参加他人已开始的诉讼，应视为承认和接受了受诉法院的管辖，因而不发生对管辖权提出异议的问题；如果是受诉法院依职权通知他参加诉讼，则他有权选择是以有独立请求权的第三人的身份参加诉讼，还是以原告身份向其他有管辖权的法院另行起诉。二、无独立请求权的第三人参加他人已开始的诉讼，是通过支持一方当事人的主张，维护自己的利益。由于他在诉讼中始终辅助一方当事人，并以一方当事人的主张为转移。所以，他无权对受诉法院的管辖权提出异议。”

七日内向人民法院书面提出。我们认为，被申请人的股东参加听证会发表的意见，以及被申请人以书面形式提交的异议书均可以包括对审查法院是否具有管辖权的意见，并且这些意见均构成人民法院裁定是否受理公司强制清算案件过程中必须审查的内容，即无论当事人是否对管辖权发表意见，人民法院均应当依职权审查其对强制清算案件是否具有管辖权。

具体到本案中，唐山宝业集团作为被申请人的股东，并未申请参加人民法院组织的听证会，亦未在法定期限内以被申请人的名义提交书面意见，而是在人民法院裁定受理清算申请后以股东自己的名义提出管辖异议，人民法院对此不予理会。

此外，值得注意的是，对于因公司解散诉讼经人民法院判决解散而启动强制清算程序的案件，被申请人的股东在公司解散诉讼案件（普通一审诉讼程序）中可以原告的身份向有管辖权的法院主动提起公司解散之诉，亦可以作为第三人参加他人已经开始的公司解散纠纷案件的审理，此时，依照《最高人民法院关于第三人能否对管辖权提出异议问题的批复》不享有管辖权异议的权利。本案中唐山宝业集团作为被申请人首钢宝业公司的股东，在北京市石景山区人民法院（2017）京0107民初10983号案件中，已经作为第三人参加诉讼，根据上述批复第三人在诉讼程序中没有提出管辖权异议的权利。

3. 当两个人民法院因管辖问题发生争议时，应当如何处理。

《最高人民法院关于审理公司强制清算案件工作座谈会纪要》中规定，存在特殊原因的，也可参照适用《中华人民共和国企业破产法》第四条、《中华人民共和国民事诉讼法》第三十七条和第三十九条的规定，确定公司强制清算案件的审理法院。《中华人民共和国企业破产法》第四条规定，破产案件审理程序，本法没有规定的，适用民事诉讼法的有关规定。《中华人民共和国民事诉讼法》（2007年修正）第三十七条规定，有管辖权的人民法院由于特殊原因，不能行使管辖权的，由上级人民法院指定管辖。人民法院之间因管辖权发生争议，由争议双方协商解决；协商解决不了的，报请它们的共同上级人民法院指定管辖。

北京市石景山区人民法院在审理中得知河北省乐亭县人民法院于2017年11月22日受理了对首钢宝业公司的强制清算案件后，根据民事诉讼法第三十七条第二款的规定，向乐亭县法院发函协商，双方协商未果后，逐级报请上级法院指定管辖。2018年12月20日，最高人民法院作出（2018）最高法民辖164号民事裁定书，撤销河北省乐亭县人民法院立案的（2017）冀0225强清1号裁定；指定首钢宝业公司的强制清算一案由北京市石景山区人民法院管辖。

综上，本案集中体现了公司强制清算这一特别程序中，当事人提出管辖权异议或者人民法院之间发生管辖权争议等特殊情况时，人民法院对管辖问题的审查和处理规则。实际上，无论是诉讼案件还是非诉案件，人民法院的管辖均应坚持便于当事人参与和便于法院审理案件的“两便”原则。强制清算案件中，法院必须审查公司是否出现解散事由并怠于清算、组织清算组进行清算、监督清算组分配公司剩余财产、办理公司注销登记等一系列活动，股东、债权人等利害关系人亦皆参与清算，上述活动在公司住所地进行，最能体现“两便”原则。而公司住所地是指公司的主要办事机构所在地。

编写人：北京市石景山区人民法院　董妍

48

公司司法解散制度中法定条件的审查、认定

——福鼎市太姥山旅游经济开发有限公司诉福建太姥山嵛山岛万博丰旅游开发有限公司公司解散案

【案件基本信息】

1. 裁判书字号

福建省宁德市中级人民法院（2018）闽09民终1609号民事判决书

2. 案由：公司解散纠纷

3. 当事人

原告（上诉人）：福鼎市太姥山旅游经济开发有限公司（以下简称太姥山旅游公司）

被告（被上诉人）：福建太姥山嵛山岛万博丰旅游开发有限公司（以下简称嵛山岛万博丰旅游公司）

第三人（原审第三人）：万博（漳州）房地产开发有限公司（以下简称万博公司）、福建省福鼎市通达轮船客运有限公司（以下简称通达公司）

【基本案情】

2006年4月7日，嵛山岛万博丰旅游公司在福建省福鼎市工商行政管理局登记成立。登记事项包括：注册资本2000000元；经营范围，旅游景区、景点投资、开发，旅游基础设施建设投资，旅游产品开发、销售；营业期限至2016年4月6日止。嵛山岛万博丰旅游公司章程包括：公司经营范围包括旅游景区、景点投资、开发、经营，旅游产品开发销售，旅游基础设施建设投资；公司的营业期限为40年，自公司营业执照签发之日起计算。太姥山旅游公司、万博公司、通达公司为嵛山岛万博丰旅游公司股东，股权比例为太姥山旅游公司51%、万博公司36%、通达公司13%。2016年12月21日，嵛山岛万博丰旅游公司召开股东会会议，作出更换公司董事的决议，于2017年1月5日召开董事会会议，作出更换董事长和法定代表人的决议。万博公司、通达公司否认上述两份决议的效力，向法院提起诉讼，目前该案正在审理中。公司法定代表人庄某彬以上述两份决议未发生效力为由，拒不交出由其保管的公司证照等物品，嵛山岛万博丰旅游公司向法院起诉要求庄某彬返还，目前该案亦在审理中。2017年5月15日，嵛山岛万博丰旅游公司以原公司营业执照核准错误为由，向福鼎市市场监督管理局提出申请，要求换发经营期限至2036年4月6日的营业执照。2017年3月23日，太姥山管委会向嵛山岛万博丰旅游公司发出通知解除《福瑶列岛景区特许经营合同》。嵛山岛万博丰旅游公司对该合同解除的效力有异议，于2017年5月17日向福建省宁德市中级人民法院提起诉讼，于2017年9月1日撤诉。原告太姥山旅游公司现认为嵛山岛万博丰旅游公司经营期限已届满，且公司经营管理发生严重困难，继续存续会使股东利益受到重大损失，且通过其他途径不能解决，请求法院判决解散嵛山岛万博丰旅游公司，嵛山岛万博丰旅游公司及万博公司、通达公司认为公司并未陷入经营困难，内部管理机构仍在正常运营，且公司一直处于盈利状态，公司现有纠纷并不必然导致公司解散。

【案件焦点】

嵛山岛万博丰旅游公司是否符合解散的法定条件

【法院裁判要旨】

福建省宁德市霞浦县人民法院审理认为：依照《中华人民共和国公司法》第一百八十二条的规定，公司经营管理发生严重困难，继续存续会使股东利益受到重大损失，通过其他途径不能解决的，持有公司全部股东表决权百分之十以上的股东，可以请求人民法院解散公司。另《最高人民法院关于适用〈中华人民共和国公司法〉若干问题的规定（二）》第一条第一款对于公司经营管理发生严重困难的情形作出了明确规定：（一）公司持续两年以上无法召开股东会或者股东大会，公司经营管理发生严重困难的；（二）股东表决时无法达到法定或者公司章程规定的比例，持续两年以上不能做出有效的股东会或者股东大会决议，公司经营管理发生严重困难的；（三）公司董事长期冲突，且无法通过股东会或者股东大会解决，公司经营管理发生严重困难的；（四）经营管理发生其他严重困难，公司继续存续会使股东利益受到重大损失的情形。本案中，嵛山岛万博丰旅游公司的股东大会、董事会分别于2016年12月21日、2017年1月5日召开并作出决议，双方对其召集会议的程序和作出是否合法发生争议，提起诉讼，虽然该决议效力有待法院判决确认，但足以认定公司的股东会、董事会等权力机构仍能正常运行，并未形成公司僵局。2017年3月23日，太姥山管委会单方作出解除《福瑶列岛景区特许经营合同》的行为，该行为的效力未经合法有效的认定，且双方未对解除之后的相关问题进行处理，不能确定嵛山岛万博丰旅游公司已丧失对福瑶列岛（嵛山岛）景区开发、建设的特许经营权；另即使丧失了特许经营权，公司仍能通过其他途径予以解决。同理，公司营业执照到期，公司可以向市场监督管理局申请换发新的营业执照，并不必然导致公司无法经营。

福建省宁德市霞浦县人民法院判决：驳回了太姥山旅游公司的诉讼请求。

太姥山旅游公司提起上诉。

福建省宁德市中级人法院同意一审法院裁判意见。

【法官后语】

有限责任公司是在兼具人合性和资合性的基础上而设立的，公司股东之间良好的合作关系成为公司能够正常生产经营管理的前提。而在现代公司实务中常常出现由于公司的人合性遭受破坏，股东或者董事间长期无法达成有效决议，致使公司的经营活动陷入困境。为此我国在公司法中设立了公司司法解散制度，通过司法介入的方式为公司陷入僵局提供司法救济途径。由于现实公司经营管理情况纷繁复杂，加之公司法对司法解散制度的规定笼统、模糊，给法院审理该类案件增加了一定的难度。

如何认定“公司经营管理发生严重困难”、“继续存续会使股东利益受到重大损失”和“通过其他途径不能解决”的三个法定解散条件一直是法院审理此类公司解散纠纷案件的重点。第一，司法实践中对于“公司经营管理困难”统一的认定标准通常为公司内部管理出现困难，即股东会、董事会内部机构无法正常运作，决策系统失灵，根据本案太姥山旅游公司提供的另案公司决议纠纷的诉讼材料，可以看出嵛山岛万博丰旅游公司仍能够形成一致决议，内部机构均处于正常运作当中，决策系统尚未失灵，仅是部分股东对于该决议的效力存在异议，该异议无法证明公司权力机构、管理机构出现运作停滞，故嵛山岛万博丰旅游公司不存在法律规定的“持续两年以上无法召开股东会或者股东大会；股东表决时无法达到法定或者公司章程规定的比例，持续两年以上不能做出有效的股东会或者股东大会决议”的情形，太姥山旅游公司主张公司运营严重困难缺乏事实依据，同时其认为公司营业执照到期，公司即缺乏资质无法进行正常经营，但公司营业执照到期并不是公司解散的法定条件，且可以通过申请换发营业执照进行解决。第二，“继续存续会使股东利益受到重大损失”通常通过外部经营状况来认定，本案中，（1）根据当事人提交的《专项审计报告》可以看出嵛山岛万博丰旅游公司成立后一直处于盈利状态，继续存续并不会使股东利益受损；（2）福鼎市太姥山风景名胜区管委会单方解除嵛山岛景区特许经营权合同，该解除合同的行为效力未经认定，不能确定嵛山岛万博丰旅游公司已丧失嵛山岛景区特许经营权，即便丧失，嵛山岛万博丰旅游公司的经营范围也不限于此，可以通过其他经营方式进行盈利，该事实也不必然导致股东利益受损。第三，关于“通过其他途径不能解决”的认定，从公司自治的角度来看，该条要求司法机关一般不直接介入公司内部事务的治理，司法解散制度仅作为股东权益救济的兜底保障，通常股东可以通过对内或者内外转让股权的方式顺利退出公司，既能打破公司僵局使有经营能力的公司得以延续，也能避免社会资源的浪费，避免企业员工的失业，避免社会稳定性的下降。在本案中，原告太姥山旅游公司并未能举证证明其穷尽其他的救济手段，而直接提出解散公司之诉，依法不应予以支持。

法院在审理公司解散纠纷案件时应遵从企业维持原则，采取审慎的态度进行裁判，尽可能鼓励企业通过内部纠纷解决机制进行化解矛盾，以保证企业能够长久存续。综上，一、二审法院做出驳回原告太姥山旅游公司主张解散嵛山岛万博丰旅游公司诉讼请求的判决。

编写人：福建省宁德市霞浦县人民法院　王瑾

49

股东未依法清算即注销公司应就公司债务向债权人承担赔偿责任

——陈某洪诉曹某林、沈某进清算责任案

【案件基本信息】

1. 裁判书字号

重庆市第五中级人民法院（2018）民终字第4675号民事判决书

2. 案由：清算责任纠纷

3. 当事人

陈某洪（被上诉人）：陈某洪

被告（上诉人）：曹某林、沈某进

【基本案情】

2017年8月20日，陈某洪与稳展公司签订《工矿产品购销合同》，主要约定：陈某洪向稳展公司购买豪沃自卸车一辆，价格为33.98万元，交车时间为10个工作日；合同签订之日起1日内，陈某洪需向稳展公司支付购车定金5万元，在一次性付清购车余款后方可提车；本合同货箱尺寸由陈某洪指定；合同自双方代表签字盖章且稳展公司收到购车定金后生效等内容。

合同签订当日，陈某洪通过贵州桐梓农村商业银行向曹某林尾号为8886的银行账户转款50000元。2017年8月29日，陈某洪在合同约定期限内至稳展公司处提车，因车辆不符合约定条件提车未果，稳展公司遂向陈某洪出具《承诺书》一份，载明：本公司承诺于2017年9月4日之前将车辆交予陈某洪，如未按时交车退还客户定金50000元，备注栏板高1.5米。后陈某洪仍提车未果，遂于2017年9月6日起诉至法院要求返还定金，后陈某洪又于2017年11月19日撤回起诉。

陈某洪曾在相关行政部门组织下与稳展公司协商交付车辆未果，截至2017年9月4日（被告承诺交车日），陈某洪银行账户备有存款283630元。另，陈某洪分别于2017年9月12日及2017年9月18日向巴南区李家沱派出所报警要求稳展公司交付车辆等，另陈某洪还通过电视媒体反映过本案相关情况。2017年9月25日，稳展公司就本案所涉车辆与案外人黄某迁签订《工矿产品购销合同》，并于2017年9月29日将车辆交付完毕。

还查明：稳展公司成立于2016年3月21日，法定代表人为被告曹某林，股东为被告曹某林及沈某进。2017年10月29日，被告曹某林向重庆市工商行政管理局长寿区分局提交了办理稳展公司注销登记的手续及资料［含：司注销登记申请书、股东会决议（同意公司解散等内容）、清算组成员备案（清算组负责人曹某林、成员沈某进）、注销清算报告（载明负债总额为0元，债务清偿情况为已清偿等内容）］。2017年11月1日，稳展公司登记注销，注销原因为决议解散。

【案件焦点】

被告曹某林、沈某进是否应当承担责任。

【法院裁判要旨】

重庆市巴南区人民法院经审理认为：本案系因曹某林、沈某进在诉讼程序中将涉诉的稳展公司登记注销，给陈某洪造成损失产生的纠纷，故本案案由应为清算责任纠纷。依照《最高人民法院关于适用〈中华人民共和国公司法〉若干问题的规定（二）》第十九条“有限责任公司的股东、股份有限公司的董事和控股股东，以及公司的实际控制人在公司解散后，恶意处置公司财产给债权人造成损失，或者未经依法清算，以虚假的清算报告骗取公司登记机关办理法人注销登记，债权人主张其对公司债务承担相应赔偿责任的，人民法院应依法予以支持”之规定，若有限责任公司股东存在未经依法清算，以虚假的清算报告骗取公司登记机关办理法人注销登记行为，则应当对公司债务承担赔偿责任。本案中，陈某洪以其与稳展公司存在车辆买卖合同纠纷为由，于2017年9月6日起诉至法院要求返还定金，诉讼程序尚在进行中，被告曹某林、沈某进即以清算组名义于2017年10月29日申请办理了稳展公司登记注销手续，虽陈某洪在该案中的诉请能否得到支持处于待定状态，但二被告作为清算组成员在清算报告中未对陈某洪该笔待定债权的认定及如何处理等问题进行反映，迳行在清算报告载明“负债总额为0元”及“债务清偿情况为已清偿”等内容并移交登记机关办理注销，二被告以虚假的清算报告骗取公司登记机关办理法人注销登记，给陈某洪造成损害，故应当对稳展公司的债务承担赔偿责任。因稳展公司在收取陈某洪50000元购车定金情况下未按约定交付车辆，并将案涉车辆转卖案外人黄某迁，致使《工矿产品购销合同》已无法履行，稳展公司作为收受定金一方在不履行约定义务的情况下，应当双倍返还陈某洪定金共计10万元，现因二被告未依法履行清算义务给陈某洪造成损失，故应对稳展公司该笔债务向陈某洪承担赔偿责任。现陈某洪起诉要求二被告返还双倍定金，其理由正当，于法有据，法院予以支持。

重庆市巴南区人民法院依照《中华人民共和国合同法》第一百一十五条、第一百三十条、第一百三十五条，《中华人民共和国担保法》第八十九条，《中华人民共和国公司法》第一百八十五条、第一百八十九条，《最高人民法院关于审理买卖合同纠纷案件适用法律问题的解释》第二十八条及《最高人民法院关于适用〈中华人民共和国公司法〉若干问题的规定（二）》第十一条、第十九条之规定，作出如下判决：

一、被告曹某林、沈某进于判决生效后十日内返还陈某洪定金10万元；

二、驳回陈某洪的其他诉讼请求。

曹某林、沈某进不服一审判决，提起上诉。重庆市第五中级人民法院经审理认为：稳展公司在2017年8月27日向陈某洪出具《承诺书》，承诺于2017年9月4日之前将车辆交予陈某洪，如未按时交车退还客户定金50000元。而在2017年9月4日陈某洪并未提到约定车辆，与此同时，负有交付车辆义务的稳展公司已于2017年8月在《重庆商报》刊发注销公告，其经营即将全面停止。在合理期限内，稳展公司未提供证据证明其具备履行能力，也未向陈某洪提供担保，且于2017年9月

29日将本案所涉车辆交付给案外人。稳展公司此时已不可能向陈某洪交付车辆。故陈某洪有权要求稳展公司双倍返还定金。另，陈某洪依照合同约定和法律规定主张稳展公司双倍返还定金，《承诺书》是稳展公司单方出具，陈某洪并未同意稳展公司仅按50000元返还定金，陈某洪举示《承诺书》也不等同于双方当事人就定金条款变更达成一致意思表示。

重庆市第五中级人民法院依照《中华人民共和国民事诉讼法》第一百七十条第一款第一项的规定，作出如下判决：

驳回上诉，维持原判。

【法官后语】

本案处理的重点在于：首先要确定稳展公司是否存在适用定金罚则的违约行为，从而确定稳展公司是否应当承担法律责任。其次在稳展公司已被登记注销情况下，如何依法确定责任主体以及如何保障债权人的合法权益。最后才是处理陈某洪在同时主张定金罚则和损失赔偿的情况下，基于"损失填补"民事赔偿基本原则，结合陈某洪所遭受损失的实际情况对其诉讼请求给出恰当认定。

该案中，虽《工矿产品购销合同》约定有"付清购车款后交付车辆等内容"，二被告借此辩称陈某洪未支付车款故不符合交付车辆条件。但综合本案事实来看，陈某洪已按约定履行了定金交付义务和备足购车尾款的义务，但稳展公司却未及时履行车辆的交付义务，且在合同未解除情况下擅自将案涉车辆转售他人，稳展公司的上述行为已致使合同目的无法实现，应承担相应的违约责任。在确定稳展公司的法律责任后，因稳展公司已登记注销，丧失其诉讼主体资格，陈某洪通过诉讼维护其合法权益遭遇了程序障碍。根据法律相关规定，有限责任公司的股东系公司清算义务人，公司股东在解散后应及时组成清算组，并按规定及时将公司解散清算事宜书面通知全体已知债权人并进行公告，公司法设置该法定程序的目的是让公司股东忠实勤勉履职并充分保障债权人利益以便其及时申报债权并获得受偿，践行市场主体依法退出机制。该案中，二被告作为清算义务人，罔顾法律，以虚假清算报告恶意骗取企业注销登记，对合法债权人已构成了侵权，应承担相应的侵权损害赔偿责任。

另外，当陈某洪同时主张定金条款与损失赔偿情况下，应首先适用定金条款，如果陈某洪能举证证明其所遭受的损失超过了定金数额，人民法院亦应当予以支持，但适用法律时应当防止权利人因赔偿而获得额外利益。值得注意的是，上诉人在二审程序中在辩称其不存在违约行为之外，还提出了新的抗辩意见，认为被上诉人举示的《承诺书》载明有“如未按时交车退还客户定金50000元”，即表明双方对仅返还定金50000元的事实达成了一致意见。对于稳展公司是否存在违约行为的问题，二审法院将一审法院未进行充分阐述的“不安抗辩权”结合案件事实进行了详细分析，直接指出了稳展公司在不具备交付车辆条件亦未提供相应担保情况下，被上诉人依法享有不安抗辩权；另外二审法院也表明，《承诺书》仅系由稳展公司单方出具，不等同于双方当事人就定金条款变更达成一致意思表示，且陈某洪并未同意稳展公司仅按50000元返还定金，对上诉人的抗辩意见也进行了有力驳斥。通过二审程序，本案的法律事实及权利义务关系显得更加明确清晰，使判决书权威及司法公信力得到进一步的提升。

编写人：重庆市巴南区人民法院　刘衽伟

50

企业法人破产原因的司法识别与判断

——漳州市景南农业开发有限公司破产清算案

【案件基本信息】

1. 裁判书字号

福建省漳州市中级人民法院（2018）闽06破终1号民事裁定书

2. 案由：申请破产清算纠纷

3. 当事人

申请人：漳州市景南农业开发有限公司（以下简称景南公司）

【基本案情】

景南公司系中外合资有限责任公司，2006年7月31日取得《企业法人营业执照》。2013年公司各股东进行重组，重组后的公司承担原公司的权利与义务、债权和债务。公司重组经营至2013年8月因严重亏损停止营业，将厂房、配套设备以及办公楼租赁给林立成经营至今。其间，申请人以新一届股东名义于2016年6月8日在福建省漳浦县行政工商管理局重新注册并依法取得《营业执照》，注册资本为人民币2250万元，经营期限至2036年7月30日止。景南公司的债务经法院生效判决确认且债权人已向法院申请强制执行的金额为2336.8793万元，而景南公司的债权为439.4683万元，其名下房屋、土地使用权、设备经法院委托评估机构作出的评估价值为1679.445万元，二项合计2118.9133万元，景南公司已连续长时间无法偿还债务。2017年10月10日，景南公司向福建省漳浦县人民法院提出破产清算申请。申请人景南公司向法院提出破产清算申请的同时，向法院提交了景南公司财产状况说明、财产清册、债务清册、债权清册、审计报告、职工安置预案等证据材料。

【案件焦点】

对于企业法人是否具有破产原因，应如何进行审查判断和作出认定。

【法院裁判要旨】

福建省漳浦县人民法院经审理认为：景南公司提交的债务中，包括了职工赵某彬、缪某某、赵某婷、李某凤、赵某英五人的工资，上述五件劳动争议纠纷。该五件劳动争议中工资存折虚假，可能侵犯他人合法权益。2016年8月24日，法院经审查作出执行裁定，不予执行漳浦县劳动争议仲裁委员会作出的上述五件仲裁调解书。2017年2月7日，法院又作出执行裁定，终结上述五件案件的执行。景南公司将上述已经由法院审核认为不属于其公司的债务又列入债务清册，且债务数额又不断增多（赵某彬等五人申请执行标的合计为301920元，而景南公司在其债务清册中列明的债务为984400元），可能损害他人合法权益，其目的是增加债务，达到破产清算条件，阻碍其他案件的正常执行，景南公司提供的申请破产债务清册的债务明显存在虚假成分，难以认定其资不抵债事实成立。据此，福建省漳浦县人民法院于2018年1月25日依照《中华人民共和国民事诉讼法》第一百五十四条第一款第一项，《中华人民共和国企业破产法》第十二条第一款之规定，裁定不予受理景南公司的破产清算申请。

宣判后，景南公司不服一审裁定，向福建省漳州市中级人民法院提起上诉。

福建省漳州市中级人民法院经审理认为：从景南公司提交的财产清册、债务清册、债权清册等资料来看，景南公司的债务经法院生效判决确认且债权人已向法院申请强制执行的金额为2336.8793万元，而景南公司的债权为439.4683万元，其名下房屋、土地使用权、设备经法院委托评估机构作出的评估价值为1679.445万元，二项合计2118.9133万元；由于景南公司已停止生产多年，厂房、设备均出租给案外人经营使用，景南公司所举证据可以初步认定其不能清偿到期债务且资产不足以清偿全部债务，依据《最高人民法院关于适用〈中华人民共和国企业破产法〉若干问题的规定（一）》第一条规定，可认定其具备破产原因。据此，漳州市中级人民法院于2018年4月17日依照《最高人民法院关于适用〈中华人民共和国民事诉讼法〉的解释》第三百三十二条、第三百三十二条之规定，裁定：

一、撤销福建省漳浦县人民法院（2017）闽0623破申1号民事裁定；

二、指令福建省漳浦县人民法院裁定受理景南公司的破产清算申请。

该裁定已发生法律效力。

【法官后语】

本案争议焦点是：申请人景南公司是否具备破产原因和条件？

一、企业法人破产原因的规范解读

破产原因又称“破产界限”，是指认定债务人丧失清偿能力，当事人得以提出破产申请，法院据以启动破产程序的法律事实，即引起破产程序发生的原因。①《中华人民共和国企业破产法》第二条第一款规定：“企业法人不能清偿到期债务，并且资产不足以清偿全部债务或者有明显丧失清偿能力的，依照本法规定清理债务。”第七条规定：“债务人有本法第二条规定的情形，可以向人民法院提出重整、和解或者破产清算申请。债务人不能清偿到期债务，债权人可以向人民法院提出对债务人进行重整或者破产清算的申请。企业法人已解散但未清算或者未清算完毕，资产不足以清偿债务的，依法负有清算责任的人应当向人民法院申请破产清算。”《最高人民法院关于适用〈中华人民共和国企业破产法〉若干问题的规定（一）》第一条规定：“债

① 王欣清：《破产法》，中国人民大学出版社2011年版，第43页。

务人不能清偿到期债务并且具有下列情形之一的，人民法院应当认定其具备破产原因：（一）资产不足以清偿全部债务；（二）明显缺乏清偿能力。相关当事人以对债务人的债务负有连带责任的人未丧失清偿能力为由，主张债务人不具备破产原因的，人民法院应不予支持。”第二条规定：“下列情形同时存在的，人民法院应当认定债务人不能清偿到期债务：（一）债权债务关系依法成立；（二）债务履行期限已经届满；（三）债务人未完全清偿债务。”第三条规定：“债务人的资产负债表，或者审计报告、资产评估报告等显示其全部资产不足以偿付全部负债的，人民法院应当认定债务人资产不足以清偿全部债务，但有相反证据足以证明债务人资产能够偿付全部负债的除外。”第四条规定：“债务人账面资产虽大于负债，但存在下列情形之一的，人民法院应当认定其明显缺乏清偿能力：（一）因资金严重不足或者财产不能变现等原因，无法清偿债务；（二）法定代表人下落不明且无其他人员负责管理财产，无法清偿债务；（三）经人民法院强制执行，无法清偿债务；（四）长期亏损且经营扭亏困难，无法清偿债务；（五）导致债务人丧失清偿能力的其他情形。”上述司法解释进一步明确了破产原因的内部逻辑，并对破产原因中“不能清偿到期债务”“资产不足以清偿全部债务”“明显缺乏清偿能力”等关键概念作出了较为具体的解释。

二、企业法人破产原因的实务判断与认定

要正确理解破产原因，通常必须正确把握“不能清偿”“资不抵债”“停止支付”这三个概念及其内在联系与区别。司法实践中，对于企业法人是否具有破产原因，应从以下几个方面进行审查判断：①

（一）不能清偿到期债务

不能清偿，是指债务人对请求偿还的到期债务，因丧失清偿能力而无法偿还的客观财产状况，也称为支付不能或者不能支付。不能清偿的构成要件可以从以下五个方面进行理解把握：

（1）债务人丧失清偿能力，不能以财产、信用或者技术等任何方法清偿债务。企业法人的清偿能力并非仅取决于债务人的货币性财产，往往包括债务人的信用或

---

① 参见王欣清主编：《破产法原理与案例教程》，中国人民大学出版社2015年版，第36~38页。

者技术。

(2) 债务人不能清偿的债务系已经到期、被提出清偿要求而且没有争议的债务。

(3) 债务不限于金钱给付为标的,但非货币性债务必须能够以货币评价时,才具有破产法语境下评价债务人是否构成不能清偿的意义。

(4) 债务人不能清偿是全面地不能清偿而且处于持续状况。不能将对个别债务不能清偿视为提起破产申请、启动破产程序的条件。

(5) “不能清偿”是债务人的一种客观财产状况,应由法院结合事实和法律综合认定。

(二) 资产不足以清偿全部债务

资不抵债,又称“债务超过”,是指债务人的资产不足以清偿全部债务的客观状况。实践中,债务人资不抵债与不能清偿往往同时存在,但两者不能等同。“不能清偿”考察的是债务人的清偿能力,需要综合判定债务人的财产、信用、技术、能力等各种因素,而“资不抵债”考察的着眼点是资产与负债的比例关系,债务无论是否到期都应计算在内。在债务人资不抵债的情况下,也可能由于其具有良好的信用或者融资能力等解决债务清偿问题,并不必然导致债务人丧失清偿能力。

(三) 停止支付推定不能清偿

停止支付,通常是指债务人以其行为向债权人作出不能支付债务的主观意识表示。停止支付与不能清偿的关系表现为:前者为外在的主观表示,后者为内在的客观经济状况;前者的债务人丧失清偿能力最典型的外在行为表现,但是支付停止并不必然表明不能清偿。各国立法通常规定以“不能清偿”作为破产原因的同时,规定“停止支付”作为不能清偿的推定事由,以合理解决债权人申请破产的举证责任问题,法院可以据此判定债务人符合破产条件。

综上,本案中,景南公司的债务金额为2336.8793万元,而景南公司的债权和资产二项合计2118.9133万元,已明显资不抵债,而且不能清偿到期债务,景南公司已经具备了破产原因,二审法院裁定指令原审法院受理破产清算申请是正确的。

编写人:福建省漳浦县人民法院　林振通

51

“人章争夺”情况下公司诉讼代表人的确定

——金华中捷房地产开发有限公司诉浙江中捷环洲供应链集团股份有限公司破产债权确认案

【案件基本信息】

1. 裁判书字号

浙江省玉环市人民法院（2018）浙1021民初6189号民事裁定书

2. 案由：破产债权确认纠纷

3. 当事人

原告：金华中捷房地产开发有限公司（以下简称金华中捷公司）

被告：浙江中捷环洲供应链集团股份有限公司（以下简称环洲公司）

【基本案情】

玉环市人民法院经审理查明：原告曾在2014年5月5日与孙某新、胡某平签订承包合同，将金华中捷公司100%的经营权在2014年5月5日至2016年5月4日期间承包给胡某平、孙某新。承包期结束后双方未续订合同，胡某平、孙某新等人也未归还公司的公章。现金华中捷公司的法定代表人蔡某坚在原告起诉后向法院自认胡某平等人以原告名义起诉被告未得到原告法定代表人蔡某坚的授权，原告起诉被告是胡某平、孙某新的个人行为。

【案件焦点】

诉讼程序中如何确定公司诉讼代表人的问题。

【法院裁判要旨】

浙江省玉环市人民法院经审理认为：在公司存在人章分离的情况下，通常应以法定代表人为公司诉讼代表人。若仅持有公章，而无证明持章人有公司授权持章代表公司意志的证据的，则持章人无权代表公司行使诉讼权利。就本案而言，承包期结束后，原告公司的公章仍掌握在胡某平手中，原告起诉被告并未得到原告法定代表人蔡某坚的授权，胡某平又未提供证据证明其得到了公司授权代表公司行使诉讼权利的证据，且原告公司的股东浙江中捷房地产开发有限公司也不同意原告提起本案诉讼。又因我国民事诉讼法规定，法人由其法定代表人进行诉讼。因此，现胡某平等人以原告公司的名义起诉被告缺乏法律依据，应当裁定予以驳回。

浙江省玉环市人民法院裁定：驳回原告金华中捷公司的起诉。

一审宣判后，双方当事人均未上诉，该案现已发生法律效力。

【法官后语】

本案的案情并不复杂，但所反映的问题却颇具典型性。即诉讼程序中如何确定公司诉讼代表人的问题。具体到本案来说，就是“人章争夺”的情况下公司诉讼代表人的确定，故极具探讨价值。具体分析如下：

司法实务中，公司股东、高管等争夺公司诉讼代表权，均向法院声称自己能够代表公司，形式上的标志包括工商登记载明的法定代表人身份、股东会据以载明的法定代表人身份、持有公司公章等。主要有“人章争夺”“人人争夺”“章章争夺”三种形式。而本案涉及的就是“人章争夺”（又称人章分离），“人章争夺”是指公司的法定代表人和公章控制人非同一人，两者争夺公司的诉讼代表权，应如何处理的问题。一种观点认为，依照《中华人民共和国民事诉讼法》第四十八条的规定，法人由其法定代表人进行诉讼。法定代表人有权直接代表本单位向人民法院起诉和应诉，其所进行的诉讼行为，就是本单位的诉讼行为，直接对本单位发生法律效力。在公章控制人与法定代表人发生公司诉讼代表权冲突的情况下，应以法定代表人的意志为准。公章控制人仅仅持有公章，而未有证据证明其得到公司授权其代表公司行使诉讼权利的，则无权代表公司行使诉讼权利。另一种观点认为，法院对当事人诉讼行为的认定必须保持前后一致，若持有公章以公司名义行使诉讼权利，也要凭同一枚公章才能认定代表公司，而不能认可法定代表人的签字。①

① 最高人民法院民事审判第二庭编：《公司案件审判指导》，法律出版社2014年版，第16页。

笔者部分认同第一种观点，不论公司公章是否经过工商备案，在发生“人章冲突”的情况下，通常应以法定代表人作为公司的诉讼代表人。若仅仅持有公章，而无证明持章人有公司授权持章代表公司意志的证据的，则持章人无权代表公司形式诉讼权利。理由有以下几点：1. 虽然公章在我国是公司对外做出意思表示的重要外在表现形式，但法律并没有直接规定公章本身能够直接代表公司意志，而持有公章是一种客观状态，非法定代表人持有公章的事实，只是反映该人可能有权代表公司意志的一种表象，至于其是否已授权真正代表公司意志则需要审查。而基于法定代表人和公司人格同一，其行为无须公司的授权，当然代表公司意思表示，行为后果自然由公司承担。2. 根据民事诉讼法的规定，法定代表人作为公司意志代表机关，是法人当然的诉讼意志代表主体。法定代表人以公司名义作出的诉讼行为，在无否定性证据情况下，一般应视为公司的诉讼行为。3. 在公司内部意志统一的情况下，法定代表人和公章即使发生分离，对外代表公司意志也是合一的。人章冲突则意味着公司内部意志发生了分离，在此情况下，如果持章人能够明确所持公章才能代表公司意志的有效授权证据，足以否定法定代表人为公司诉讼意志代表的，方可以认定持章人为诉讼代表人，否则法定代表人为公司诉讼代表人。但是，在处理外部纠纷时，即使确定法定代表人为公司诉讼意志代表，但在实体审理时不影响公章对外签约，履约使用时的证据效力认定。即对外部债权人构成表见代理的，不影响债权成立的认定。

笔者认为，在确定公司诉讼代表人前，需要注意全面听取公司代表权争议各方的意见。公司意志代表权争夺各方一般有着不同的利益，在案件审理过程中所发表的意见往往也不一致，甚至完全相反。因此，出于有利于全面了解案件事实，法院需要注意全面听取争夺公司诉讼代表权各方的意见及其理由，从而有助于程序上准确确定适格的公司诉讼代表人，以及对案件实体处理的把握。原告代表公司的诉讼不适格时，宜采取裁定驳回起诉的方式处理。代表公司诉讼的原告如果不适格，起诉行为就当然不能代表公司的意愿，故处理时宜从程序上以裁定驳回原告起诉的方式处理为妥。具体在本案中，原告诉请确认的债权发生在胡某平等人承包之前，且胡某平等人持有的公章系无权持有行为，其以金华中捷公司的名义起诉环洲公司不能代表公司的意愿，且与公司法定代表人的意志不一，故应予以驳回起诉。

编写人：浙江省玉环市人民法院　黄国田

52

如何适用繁简分流程序审理“三无企业”执转破案件

——江苏宁企担保有限公司破产清算案

【案件基本信息】

1. 裁判书字号

江苏省南京市中级人民法院（2017）苏01破16号民事裁定书

2. 案由：破产清算

3. 当事人

申请人：招商银行股份有限公司南京分行（以下简称招商银行南京分行）

被申请人：江苏宁企担保有限公司（以下简称宁企公司）

管理人：江苏三法律师事务所

【基本案情】

宁企公司于2007年11月设立，经营范围为贷款担保等。因未履行生效法律文书确定的义务，债权人招商银行南京分行向法院申请对宁企公司强制执行。经执行法院穷尽查控措施，未发现可供执行财产。执行法院通过关联案件查询，宁企公司作为被执行人在南京市涉案176件，负债55023036.5元。经至宁企公司经营场所调查，该场所已人去楼空。后执行法院征询申请执行人意见，其同意将宁企公司移送破产审查，并提出书面移送审查申请。执行法院认为执行案件符合移送破产审查条件，将本案移送江苏省南京市中级人民法院（以下简称南京中院）审查。经审查，宁企公司确已不能清偿到期债务，且资产不足以清偿全部债务，符合破产清算的法定条件。2017年10月，南京中院裁定受理对宁企公司提出的破产清算申请，并通过随机摇号方式同时指定管理人。

为尽可能全面查清宁企公司财务状况，管理人在执行法院前期查控基础上延伸调查了宁企公司银行流水，房产及土地信息，车辆保险、违章信息，职工情况，有无欠税等。除仅有的一辆汽车外，未发现宁企公司还有其他财产。2017年12月，宁企公司召开第一次债权人会议。债权人会议对包括核查债权、管理人执行职务工作报告、财产状况报告、财产管理和变价方案等在内的各项报告、议案一并作了审议、表决。此外，为提高程序效率及节约成本，管理人向债权人会议提交闭会期间通信表决议案，以便对会后可能出现的破产清算重大事项及时议决。上述各项议案均获债权人会议表决通过。

2018年2月7日，管理人向南京中院申请确认无争议债权，并提交了宁企公司财务状况报告和管理人工作报告。报告载明：宁企公司名下无资产，负债合计492662069.38元。管理人未能接收到宁企公司任何财产、印章和账簿、文书等资料，亦无法联系到有关股东和法定代表人。管理人据此以宁企公司不能清偿到期债务且资产不足以清偿全部债务，也无财产可供分配为由，向南京中院申请宣告宁企公司破产并终结破产清算程序。

【案件焦点】

“三无企业”执转破案件如何强化执破程序衔接配合、适用繁简分流机制，提升破产化解执行难质效。

【法院裁判要旨】

江苏省南京市中级人民法院经审理认为：管理人在有效整合利用前期执行案件调查和查控平台信息的基础上，进一步延伸调查了宁企公司资产、负债情况，并根据债权人会议通过的各项方案依法积极履职。管理人在穷尽所有调查、追收手段之后，制作债务人财产状况报告。依据管理人提交的报告，除公司股东南京六合经济技术开发总公司外，管理人无法联系宁企公司法定代表人和其他股东，管理人无法接管公司财务账簿、重要文件等资料进行全面清算。依据管理人对现有财产及负债的调查结果，可以认定宁企公司不能清偿到期债务且资产不足以清偿全部债务，亦无重整、和解可能，符合法定破产条件，依法应当宣告破产。宁企公司现无财产可供分配，管理人申请终结本案破产清算程序，符合法律规定。

江苏省南京市中级人民法院依照《中华人民共和国企业破产法》第二条第一款、第一百零七条、第一百二十条之规定，作出如下裁定：

一、宣告宁企公司破产；

二、终结宁企公司破产程序。

【法官后语】

本案系典型的无财产、无账簿、无人员“三无企业”执转破案件。司法实践中，长期不经营，法定代表人等有关人员和公司证照、印鉴、财务账簿等下落不明，没有可供执行财产的“三无企业”在执行和破产案件中占据了相当大的比例。如何运用执行转破产程序高效清理该类企业，化解执行积案，是实践中的重要问题。在上级法院制定明确规定之前，南京中院在规范执行案件移送破产审查基础上，积极探索执破程序对接和信息共享，运用破产案件繁简分流审理机制，按照“依法有序、协调配合、高效便捷”的工作原则，高效推进“三无企业”等简易案件的审理进程。

第一是规范执行移送破产审查，提高破产案件受理效率。本案中，为提高审查效率，执行法院提前就移送材料规范性、完备性与破产法院对接，在破产法院指导下对照《最高人民法院关于执行案件移送破产审查若干问题的指导意见》准备材料、补充查控、核对关联案件情况，为后续破产受理审查奠定基础。

第二是强化执破程序衔接配合，整合利用执行查控信息。作为被执行人的“三无企业”因无账册和人员，在转入破产程序后资产、负债调查存在障碍，也无财产清偿破产费用，导致无法对其全面清算。本案中，管理人最初希望适用企业破产法第四十三条第四款规定，以“债务人财产不足以清偿破产费用”为由申请终结破产程序。为保障债权人利益最大化，避免“三无企业”股东、实际控制人等逃废债务，彻底清理市场信用垃圾，南京中院认为管理人仍然应当依法全面履职，尽可能穷尽所有手段，发现、追收债务人财产，在此基础上对债务人财产状况作出结论，申请宣告债务人破产并终结破产程序。管理人垫付破产费用，可通过破产管理人援助基金会保障。为降低破产费用成本，提高清产核资和债权申报核查效率，南京中院指导管理人在有效整合利用前期执行案件调查和查控平台信息的基础上，进一步延伸调查债务人资产、负债情况。管理人在穷尽所有调查、追收手段后，制作债务人财产状况报告，申请宣告宁企公司破产并终结破产清算程序。

同时，本案在程序终结裁定书中确认“管理人无法联系宁企公司法定代表人和有关股东，管理人无法接管公司财务账簿、重要文件等资料进行全面清算”，为债权人在破产程序终结后追究清算义务人和公司有关人员的清算责任提供救济途径。

第三是运用破产案件简易审机制，提升破产化解执行难质效。“三无企业”的执行和破产耗费了大量的司法资源，通过破产案件繁简分流机制有利于提高其清理成效。在执行程序与破产程序有序衔接、执行法院全面查控与管理人清产核资有机结合的基础上，本案债权申报期限适用法定最短期限三十日，之后仅召开一次债权人会议，就本案所涉议决事项一并作出审议表决，同时通过通信表决方式的议案，尽可能降低破产成本，维护债权人的合法权益。

编写人：江苏省南京市中级人民法院　王静　崔雪晴

53

一起化解城市烂尾楼的有益尝试

——浙江汤臣房地产开发有限公司破产重整案

【案件基本信息】

1. 裁判书字号

浙江省玉环市人民法院（2017）浙1021破18号民事裁定书

2. 案由：破产重整

3. 当事人

申请人：玉环县申达小额贷款有限公司

被申请人：浙江汤臣房地产开发有限公司（以下简称汤臣公司）

【基本案情】

申请人玉环县申达小额贷款有限公司与被申请人汤臣公司申请破产重整一案由玉环市人民法院于2017年12月11日裁定受理。

汤臣公司成立于2007年8月27日，企业类型为私营有限责任公司，经营范围为房地产开发。公司历经数次股权、法定代表人变更后，目前市场监管部门登记股东为屠某林、孙某军，公司实际股东控制人为屠某波。屠某波因涉刑事犯罪，被羁押，现已判处刑罚。汤臣公司先后开发有“星汇花苑”和“汤臣名都”两个房地产项目，前者在本案受理时已完成开发，但尚有部分住宅与车位未出售。“汤臣名都”项目涉土地面积5953平方米，土地用途为住宅用地、商服用地，该项目自2013年4月20日开工建设，于2014年10月10日取得商品房预售许可证，因公司为他人担保及资金链断裂，实际控制人被羁押等原因，处于停工状态，无法竣工验收。规划设计建筑面积19357.86平方米，其中住宅112套，已预售10套，收房款790多万元；商铺37间，已预售25间，款项5600万元已全部收取。

因工程停工，汤臣公司无法支付施工单位工程款以及供应商的材料款，且2018年春节临近面临巨大的付款压力，处理不及时可能引发社会稳定。经玉环市企业债务处置小组会议决定，由商铺购买方玉环县申达小额贷款有限公司作为申请人向玉环市人民法院申请破产重整，通过重整企业获取新生，解决企业破产带来的一系列问题。

【法院裁判要旨】

浙江省玉环市人民法院裁定受理后，鉴于案件情况紧急，通过随机方式由台州市中级人民法院指定台州中天会计师事务所担任管理人。管理人随即开展接收汤臣公司财产及经营业务、核查股权、接受债权申报、审核债权等工作，即使化解了项目部农民工工资拖欠问题，并明确了重整思路，决定将重整思路提交第一次债权人会议表决。汤臣公司第一次债权人会议于2018年3月14日如期召开。会议选任了债权人委员会成员，通过了部分财产变价方案和重整思路等5项议案。

根据第一次债权人会议通过的重整思路，管理人对汤臣公司所有的财产开展评估工作，包括“星汇花苑”存量房产、办公设备以及“汤臣名都”土地与在建工程造价，为重整计划草案的制作与执行打下基础。更为重要的是，管理人积极开展重整投资人的招募工作。管理人于2018年4月29日在《台州日报》及管理人单位微信公众平台刊登公告，向社会公开招募重整投资人。邀约期间，管理人共收到3家意向投资人报名，并提交了报价。经债权人委员会决定，某资产管理公司以5390万元的报价被确定为汤臣公司重整案件的兜底投资人，并与某资产管理公司签订重整兜底投资协议。

2018年4月29日，汤臣公司第二次债权人会议召开，会议核查了汤臣公司的债权，通过了《浙江汤臣房地产开发有限公司重整计划草案》。重整计划草案关于重整程序和内容主要有：1. 投资人招募方案及竞价程序。确定将5390万元作为出资底价，委托竞价机构组织对汤臣公司的100%股权公开竞标，若出资竞价高于5390万元的，则确认最终竞得人为重整投资人；若无竞价人超过5390万元的，则直接确认某资产管理公司为重整投资人。重整投资人应与管理人代表的汤臣公司签订正式的重整投资协议。2. 重整投资方案内容。重整投资人按重整协议以货币方式分期向汤臣公司注入相应资金并专项用于清偿破产程序下的相关债务，并无偿受让汤臣公司100%股权，该100%股权对应的资产、权益为公司所有的“汤臣名都”项目土地、在建工程；除上述资产或权益外的汤臣公司其他全部资产、权益以及债务均实施剥离，由管理人处置并用于补充清偿债务。重整计划草案还对重整资金及事务交接、剥离资产的变价追收、职工安置、继续经营方案、出资人权益调整以及重整计划的执行及其监督等作了规定，并根据不同清偿顺序的债权人对债权进行了分类、调整，并确定不同的受偿方案。

2018年9月5日，浙江省玉环市人民法院根据第二次债权人会议全部债权组均通过重整计划草案的表决结果，裁定：批准重整计划，并终止重整程序。

本案破产重整进入执行阶段。

2018年10月23日，根据重整计划，汤臣公司100%股权拍卖会如期召开。拍卖标的5390万元的起拍价经过32轮的激烈争夺，最终台州市福展企业管理有限公司以6200万元竞得，溢价率达到15%，汤臣公司资产得到了增值，维护且扩大了全体债权人的合法利益。目前重整投资人台州市福展企业管理有限公司已顺利接手汤臣公司的“汤臣名都”项目，工程已经复工。汤臣公司的其他资产也按照重整计划在有条不紊地变价中。

【法官后语】

本案审理采用“资产剥离+股权转让”的重整模式，为房地产企业破产审判提供了一种有益的探索。

房地产业作为重要的支柱产业，涉及国计民生，对当地城市形象与社会稳定具有重大影响。房地产企业破产容易产生城市烂尾楼，影响市容市貌，甚至引发购房户恐慌及农民工薪资等一系列影响社会稳定的问题。

第一，本案审理通过将房地产企业部分资产剥离，另将未竣工项目资产以公司股权转让的形式进行处置，与破产清算直接处分烂尾楼相比，减少了税赋负担，保持无形资产价值不受损，有利于提高债权的清偿率。此种重整模式与“借贷式”重整相比，减轻了管理人的工作负担，避免管理人去从事其并不熟悉的房地产开发行业，提高破产重整的成功率。笔者另外办理的一起房地产企业破产案件由于采用“借贷式”重整模式，管理人不但为筹集建设重启资金花费了大量时间与精力，还为重新开工建设、工程施工殚精竭虑。在房屋竣工验收后，苦于当前房地产市场的疲软，管理人还得为如何卖房寻求各种方式。而采用“资产剥离＋股权转让”的重整模式，管理人完全不必为建房、卖房事务操心，将该等事务交给重整投资人，“由专业人办专业事”，反而有利于提高效益与效率。

第二，本案审理中将重整思路提交债权人会议表决的做法，是企业破产审判中的一种有效尝试。众所周知，企业破产审判中会碰到各种行业的不同规模的企业，而管理人均是律师事务所、会计师事务等中介机构，这些中介机构不可能对所有的行业都懂，反而是绝大多数都不懂。由于受限于管理人的专业知识，可能其制作的重整计划会严重脱离市场，难以达到使破产企业重生的目的；也有可能无法及时抓住市场机会，造成重整程序的空转，浪费司法资源与管理人自身资源；更有甚者，会损害破产企业的财产价值，最终损害全体债权人的利益。

将重整思路提交债权人会议表决的做法，可以避免上述不利因素，对企业破产审判工作的好处至少体现在以下三个方面：首先，有助于集思广益，充分发挥债权人相比于管理人与法院对破产企业所涉足行业与市场需求更为了解的优势，对管理人提供的重整思路进行更改或者完善，最终明确切实可行的重整思路。在债权人会议上管理人应公开重整思路，并积极引导债权人进行探讨与协商，最终确定重整大致的方向。当然，重整思路不等同于重整计划草案，应当是粗浅的，并具有很大的机动性。其次，对于重整计划草案最终在下次的债权人会议上通过具有决定性意义。对于根据上一次会议讨论的重整思路制订的重整计划草案，债权人往往更容易接受，这大大地提高了重整计划草案通过的概率，也有利于重整计划的执行的效率。最后，管理人根据债权人会议上通过的重整思路，制作重整计划草案时，对于重整计划草案在债权人会议上通过更有信心，也有利于管理人大胆地开展草案制订工作，并尽量完善草案。

第三，本案审理中的兜底重整投资人制度保障了重整计划的顺利执行。

为了保障债权人会议通过的法院批准的重整计划能够更好地执行，不使重整计划因缺乏重整投资人而流产，本案在审理过程中，在重整计划草案中创设了兜底重整投资人，在将草案提交债权人会议表决前，先确定一家意向投资人作为兜底方，如股权拍卖时无人竞拍的，由兜底方按拍卖底价与管理人签订投资协议。

破产重整中建立兜底重整投资人制度至少有三方面的有利之处：首先，这种做法确保了重整计划批准后，不管有没有竞拍，均会有一个重整投资人签约，不会导致重整过程中投资人竞价程序的空转，影响重整计划执行的效率。其次，这种有兜底的方案，有助于树立参与竞拍投资人投标的信心，为拍卖时溢价提供了有利条件。由于此时，竞拍者已经知道有了兜底者，可见该项目已得到竞争者的认可，“汝既可为，吾亦可为”的心态，有助于吸引更多的更有实力的投资人。本案的标的就通过一次拍卖多次竞价的方式成交，溢价达15%，而且是由另一家非兜底方竞得。这也是众多债权人与管理人事先没有预料到的。最后，有助力于重整方案的进一步完善。相比于没有兜底方的重整方案，有兜底的重整方案因为事先与兜底方进行了充分的沟通，兼顾了破产企业与重整投资人双方的利益，更容易被最终的重整投资人认可。这有助于重整计划的执行，减少执行过程中争议发生的可能。

编写人：浙江省玉环市人民法院　苏为赞

十、公司证照返还纠纷

54

法定代表人侵占公司证照返还纠纷的主体选择

——陈某源诉陈某滨公司证照返还案

【案件基本信息】

1. 裁判书字号

福建省厦门市中级人民法院（2018）闽02民终4639号民事判决书

2. 案由：公司证照返还纠纷

3. 当事人

原告：陈某源

被告：陈某滨

第三人：厦门百安税务师事务所有限公司（以下简称百安公司）

【基本案情】

2007年1月5日，百安公司登记成立，陈某源、陈某滨分别持股67%、33%；陈某滨系执行董事并担任法定代表人，林某荣系公司监事；公司登记住所地为厦门市思明区湖滨南路819号宝福大厦34楼C座。2010年至2017年，百安公司实际经营地变更为厦门市思明区帝豪大厦1807号、1808号。

2018年2月5日，陈某源向陈某滨邮寄《关于提议召开2018年第一次临时股东会的督促函》《关于召开厦门百安税务师事务所有限公司2018年第一次临时股东会的通知》，督促并提议陈某滨于2018年2月28日召开第一次临时股东会。该函件于2018年2月6日投递并显示“他人收——亲属”签收。2018年2月28日，百安公司于厦门市思明区厦禾路820号帝豪大厦1808会议室召开2018年第一次临时股东会，陈某源到会参加，陈某滨未到会。该会议作出股东会决议：免去陈某滨执行董事职务，选举车某琴为公司新一任执行董事，执行董事为公司的法定代表人。陈某源在会议记录上签字确认。

2018年3月20日，陈某源向林某荣发出《敦促监事提起诉讼的函》，载明：公司法定代表人、执行董事陈某滨于2017年12月14日在未办理任何交接手续的情况下，离开百安公司岗位，并在利安达公司任职工作，至今未回百安公司履行管理职责，其将公司公章等印章私自带离百安公司，给公司生产经营及正常管理带来严重影响及损失，故督促林某荣在本函发出后20日内向人民法院提起诉讼，如到期不提起诉讼，陈某源作为百安公司股东有权依据《中华人民共和国公司法》的规定以自己的名义提起诉讼。2018年3月21日，林某荣以书面《回函》形式回复陈某源，明确表示其已收到《敦促监事提起诉讼的函》，其作为监事不提起诉讼，同意陈某源就陈某滨损害公司利益一事提起诉讼。

2018年3月30日，陈某源向陈某滨发出《敦促移交百安公司印章的函》，载明：鉴于陈某滨将公司公章等印章私自带离百安公司，给公司生产经营及正常管理带来严重影响及损失，故请陈某滨在本函发出后3日内到百安公司办理公章及其他工作事项的交接手续。该函件于当日投递，但被拒收。2018年5月3日，陈某源诉至法院，并提出如上诉求。

庭审中，陈某源、陈某滨、百安公司均确认百安公司公章、财务章、营业执照、银行U盾目前在陈某滨处保管。

【案件焦点】

原告陈某源作为百安公司股东直接起诉原法定代表人证照返还是否主体适格。

【法院裁判要旨】

福建省厦门市思明区人民法院经审理认为：本案系公司证照返还纠纷，陈某源作为百安公司的股东，有权依照《中华人民共和国公司法》第一百五十一条之规定向侵害公司合法利益的董事、监事、高级管理人员及他人提起股东代表诉讼。陈某源已书面向百安公司监事陈某荣提出提起诉讼的请求，陈某荣收到书面请求后拒绝提起诉讼，故陈某源作为股东有权为了公司的利益以自己的名义直接向人民法院提起诉讼。有关百安公司由谁代表诉讼的问题，百安公司已于2018年2月28日召开第一次临时股东会，会议决议免去陈某滨执行董事职务，任命车某琴为公司执行董事及法定代表人，故陈某滨已丧失代表百安公司对外行使职权、履行职务的资格，车某琴有权作为百安公司法定代表人参加本案诉讼。陈某滨认为股东会决议属于可撤销决议其仍有权保管公章等资料，但其并未另案提起撤销之诉，该决议应认定合法有效，故陈某滨该抗辩意见，于法无据，法院不予采纳。

公司作为企业法人享有独立的法人财产权，公司证照系企业法人专有物，应依据法人授权依法使用。现百安公司已于2018年2月28日作出决议免除陈某滨执行董事职务，任命车某琴为公司法定代表人，陈某滨继续持有百安公司公章、财务章、营业执照、银行U盾于法无据，陈某源诉请陈某滨返还百安公司上述证照，并办理相应的法定代表人变更登记手续，有事实和法律依据，法院予以支持。对于陈某源主张因陈某滨占有公司证照应赔偿百安公司损失10000元的诉讼请求，因其提交的有关税收证明、申报清单、报告书等证据，均无法证明陈某滨未交出上述证照给公司造成损失及损失的具体金额，故对陈某源该项诉求，不予支持。

福建省厦门市思明区人民法院于2018年6月29日作出（2018）闽0203民初7833号民事判决：

一、被告陈某滨应于本判决生效之日起十日内将其持有的百安公司公章、财务章、营业执照、银行U盾返还给第三人百安公司；

二、被告陈某滨应于本判决生效之日起十日内配合第三人百安公司办理法定代表人为车某琴的变更登记手续；

三、驳回原告陈某源的其他诉讼请求。

宣判后，被告陈某滨提起上诉。

福建省厦门市中级人民法院二审判决：

驳回上诉，维持原判。

【法官后语】

公司的公章、财务章、营业执照、组织机构代码证等公司章证是公司的重要财产和资信凭据，公司印章可代表公司对外实施法律行为，证件则证明公司主体资格，侵占公司证照即侵犯公司的合法权益，公司可通过公司证照返还之诉要求侵权人停止侵害。本案的争议焦点是原告陈某源作为百安公司股东直接起诉原法定代表人证照返还是否主体适格？而本案的特别之处在于其案情具备公司证照返还纠纷的两种主体救济途径，公司直接诉讼及股东代表诉讼。

第一，公司直接诉讼。

公司证照返还之诉是侵权之诉，非法占有人侵犯的是公司对证照的所有权。因此，公司作为权利受侵害人有权直接提起公司证照返还之诉。公司提起诉讼时诉状应加盖公司公章，但如果此时公司已丧失对公章的占有，谁能代表公司的意志？根据《中华人民共和国公司法》第十三条及公司工商信息对外公示的信赖制度，公司的法定代表人是唯一受法律认可，且为不特定第三人所信赖的公司意志代表人，公章缺位时，法定代表人即可代表公司对外发生民事行为，法定代表人的签字可直接代表公司意志。因此公司作为原告起诉没有印章加盖时，法定代表人代表公司意志在诉状上签字确认，即代表公司提起诉讼。本案的特殊之处在于，侵权人即为百安公司原法定代表人陈某滨，其持有公司证照到其他公司任职，侵犯了百安公司权利，百安公司的意志与原法定代表人的意志发生分离，谁的意志才是百安公司的真实意思表示？百安公司股东会作为法定的公司最高权力机关，通过股东会决议任免公司新法定代表人，重新代表百安公司真实意思表示，以帮助公司进行在现行工商登记中法定代表人为侵权主体的诉讼中进行维权，同时亦证明原法定代表人作为百安公司证照管理人的资格已经被废止。本案如果是百安公司作为原告诉讼，则形式审查股东会召集及作出决议过程中程序具有合法性，并且被告陈某滨在合理期限内没有行使撤销权，则认定百安公司更换法定代表人的决议效力，新的公司法定代表人有权代表百安公司行使权利对原法定代表人直接提起或参加相关诉讼。

第二，股东代表诉讼。

百安公司已经做出了新的更换法定代表人的公司决议，但并未直接以百安公司作为原告提起诉讼，而是采用了证照返还诉讼的另一种救济途径，股东代表诉讼。股东代表诉讼一般发生在侵占公司证照、印章的是公司法定代表人、监事或其相关利益人，公司法定代表人或监事等不愿代表公司启动诉讼程序要求返还时，公司股东可直接启动股东代表诉讼。本案原告陈某源系公司的股东，其已根据《中华人民共和国公司法》第一百五十一条规定书面向百安公司监事陈某荣提起诉讼的请求，陈某荣收到书面请求后拒绝提起诉讼，已满足股东代表诉讼的前置程序，故陈某源作为股东有权为了百安公司的利益以自己的名义直接向人民法院提起对原法定代表人陈某滨的侵权之诉。而百安公司作为直接的受害人，没有采取直接诉讼的方式，而是作为第三人参与到陈某源的股东代表诉讼当中，通过公司股东会决议更换新的法定代表人代表公司真实意思，证明被告陈某滨已处于无权占有公司证照的状态，其持有百安公司证照已经侵犯了公司的权益和正常运营。因此被告陈某滨抗辩原告陈某源主体不适格法院不予采纳。

编写人：福建省厦门市思明区人民法院　陈远治

55

公司证照“抵押”行为性质及效力的认定

——漳州悦华浦头房地产开发有限公司诉恒晟集团有限公司公司证照返还案

【案件基本信息】

1. 裁判书字号

福建省厦门市中级人民法院（2018）闽02民终3241号民事判决书

2. 案由：公司证照返还纠纷

3. 当事人

原告（上诉人）：漳州悦华浦头房地产开发有限公司（以下简称浦头公司）

被告（被上诉人）：恒晟集团有限公司（以下简称恒晟集团）

【基本案情】

浦头公司成立于2005年10月21日，目前注册资本为1000万元，2015年1月22日至今的股东为周某源、万嘉公司，分别持股90%、10%，工商管理部门备案的法定代表人为林某军。2015年2月16日，浦头公司在万嘉公司缺席的情况下，在周某源的主持下召开临时股东会，决议免去林某军执行董事和法定代表人职务、重新选举周某源为公司执行董事和法定代表人等事项。2016年12月20日，福建省漳州市中级人民法院作出（2016）闽06民终2370号民事判决，确认上述股东会决议合法有效，浦头公司、林某军应在判决生效之日起三十日内执行上述股东会决议向福建省漳州市工商行政管理局申请法定代表人变更登记及监事、经理、章程修正案备案登记手续。上述民事判决于2017年3月25日生效。2017年4月28日，周某源向福建省漳州市芗城区人民法院申请强制执行。在该案执行过程中，恒晟集团有限公司向福建省漳州市芗城区人民法院出具一份《恒晟集团有限公司关于周某源诉漳州悦华浦头房地产开发有限公司强制执行一案的说明》，载明：兹因题述案件中，周某源要求浦头公司将公司公章、财务章、营业执照等公司章证移交周某源；现因上述浦头公司章证抵押在本公司处，本公司就此特说明如下：本公司乃浦头公司开发的“漳州万嘉现代城”的建设单位……2015年4月，为解决浦头公司拖欠工程款问题，避免工程停工造成不稳定因素，漳州市人民政府周某华秘书长主持召开协调会，协调开发商浦头公司将公司公章、财务章、营业执照等公司章证抵押在施工单位即本公司处，以换取本公司继续投资……浦头公司章证抵押本公司，是本公司垫资建设的前提。

“漳州万嘉现代城”工程项目于2009年6月8日开工建设，开发商为浦头公司，施工单位为恒晟集团。2015年4月1日，漳州市人民政府周某华秘书长主持召开会议，协调万嘉现代城项目建设有关问题，漳州市住建局等单位、万嘉现代城项目建设施工方代表林某平等人参加会议。相关的《关于万嘉现代城项目建设有关问题协调情况的备忘录》载明：因拖欠投资方工程款等问题，项目开发商把公司公章、财务章、营业执照正副本证件抵押给施工单位；鉴于开发商公章、财务章、营业执照等证件掌握在施工单位手中已成为客观事实，市工商局在开发商申请营业执照变更等问题上暂时不予办理，市公安局在开发商申请公章变更问题上严格审查，不予办理；施工单位应消除后续投资疑虑，继续推进后续工程建设，力争早日竣工交房，维护社会安定稳定。

2014年9月18日，恒晟集团以浦头公司为被申请人，以浦头公司拖欠工程进度款为由，向厦门仲裁委员会申请仲裁，要求浦头公司向其支付工程进度款2亿元。2014年9月29日，厦门仲裁委员会作出厦仲裁字［2014］第396号裁决书，裁决浦头公司应向恒晟集团支付本案工程进度款（含至2014年4月30日止已产生的部分逾期付款利息）合计2亿元。2017年7月17日，福建省漳州市中级人民法院作出（2017）闽06执异8号执行裁定书，以双方当事人均未向仲裁机构陈述浦头公司已付4900万元工程款这一事实并提供证据，导致仲裁机构未能就该笔款项的真实用途及性质作出认定，属于当事人向仲裁机构隐瞒了足以影响公正裁决的证据为由，裁定不予执行上述仲裁裁决书。目前，双方就相关工程款事宜仍存争议，且尚在司法审查中。

审理中，恒晟集团提交一份《章证保管协议》，载明：鉴于移交人浦头公司作为漳州万嘉现代城项目部的开发商，长期拖欠项目部各施工班组垫付的工程款，现经漳州市人民政府办公室调解，浦头公司将公司公章、财务章、营业执照正副本证件抵押给项目部挂靠的恒晟集团，并移交给项目部各班组，直至移交人清偿全部拖欠的工程款为止；项目部各班组同意继续施工，直至项目拆迁安置386户入住。该协议落款"移交人"处加盖了浦头公司的公章，"接收人：恒晟集团有限公司漳州万嘉现代城项目部各班组"处加盖"恒晟集团有限公司万嘉现代城项目部"印章并有十余人签字捺印，落款时间为2015年4月7日。恒晟集团以此拟证明在漳州市人民政府协调并形成会议备忘录的情况下，浦头公司与恒晟集团的施工班组签订协议约定章证提交给项目部各班组保管直至工程款全部清偿为止。浦头公司质证称：恒晟集团无法证明该证据的真实性，只能说明章证在恒晟集团，其可任意制造对浦头公司不利的文件。

【案件焦点】

浦头公司将其公司证照"抵押"给恒晟集团的性质及效力。

【法院裁判要旨】

福建省厦门市思明区人民法院经审理认为：《关于万嘉现代城项目建设有关问题协调情况的备忘录》载明的"鉴于开发商公章、财务章、营业执照等证件掌握在施工单位手中已成为客观事实"，系对事实的描述，并非行政机关以行政手段要求浦头公司将公章等章证交付恒晟集团的行政行为，故恒晟集团关于该备忘录属于行政行为、浦头公司应先行提起行政诉讼的相关主张，缺乏依据，不予支持。从在案的《关于万嘉现代城项目建设有关问题协调情况的备忘录》等证据来看，浦头公司系因拖欠投资方工程款而将其公章、财务章、营业执照正副本交付给恒晟集团，以此消除恒晟集团的后续投资疑虑，继续推进后续工程建设。上述行为从目的、内容、手段、对象等方面看，并未违反法律、行政法规的强制性规定，且系双方当事人的真实意思表示。因此，在双方仍就案涉项目工程款存在争议，恒晟集团投资疑虑未消除的情况下，浦头公司要求恒晟集团返还公章、财务章、营业执照正副本，依据不足，不予支持。浦头公司的上述行为并非以其公章、财务章、营业执照正副本作为抵押物或质物以担保债权实现的抵押或质押行为，不属于《中华人民共和国担保法》的调整范围，浦头公司以公章、财务章、营业执照正副本不能作为抵押物、质物为由，要求恒晟集团予以返还，缺乏依据，不予支持。

福建省厦门市思明区人民法院依照《中华人民共和国民事诉讼法》第六十四条第一款规定，作出如下判决：

驳回原告浦头公司的诉讼请求。

浦头公司不服一审判决，提起上诉。

福建省厦门市中级人民法院经审理认为：本案讼争合同系双方当事人的真实意思表示，内容形式合法，未违反法律行政法规的禁止性规定，合法有效。依法成立的合同，对当事人具有法律约束力。合同明确约定浦头公司将公章、财务章、营业执照交给恒晟集团直至清偿全部拖欠的工程款为止，在未清偿工程款的情况下，浦头公司要求返还公章、财务章、营业执照没有事实和法律依据。综上，浦头公司的上诉理由不能成立，应予驳回；一审判决认定事实清楚，适用法律正确，应予维持。

福建省厦门市中级人民法院依照《中华人民共和国民事诉讼法》第一百七十条第一款第一项规定，作出如下判决：

驳回上诉，维持原判。

【法官后语】

在经济交往过程中，公司为取信于人，在无法或不便提供具体财产作为担保的情况下，自愿将公司的公章、营业执照等公司证照“抵押”“质押”给交易对方，用以换取债务履行的宽限。公司印章、营业执照系公司经营的重要身份证和资信凭据，公司股东、法定代表人或董事、监事、高级管理人之间的对公司经营管理控制权的争夺，往往伴随着对公司印章、营业执照的激烈争夺。此类争议，则因公司公章、营业执照被“抵押”“质押”给他人，而将矛盾延伸至公司外部，从而呈现出内外部法律关系交错杂糅的复杂境况。本案即如此。对此类纠纷的妥善处理，其要点在于对相关“抵押”“质押”行为的性质和效力的准确把握认定。

本案的主要争议焦点是浦头公司将其公章、财务章、营业执照“抵押”给恒晟集团的性质和效力。本案中，从在案的《关于万嘉现代城项目建设有关问题协调情况的备忘录》等证据来看，浦头公司系因拖欠投资方工程款而将其公章、财务章、营业执照正副本“抵押”交付给恒晟集团，以此消除恒晟集团的后续投资疑虑，继续推进后续工程建设。从性质上来看，从《中华人民共和国担保法》第三十三条、第六十三条的规定，抵押、质押均属于物的担保，且系以物的财产价值作为债权的担保。财产价值是抵押物、质物在债务人不能履行债务时，确保债权人通过处分抵押物、质物实现债权的基础。公司公章、财务章、营业执照虽然符合法律关于“物”的定义，但其系以公司身份证明和资信凭据为依据体现价值的物，而非以财产数额大小体现其价值。浦头公司将其公章、财务章、营业执照“抵押”给恒晟集团，恒晟集团亦予以接受，但恒晟集团并不据此在不能实现债权时通过处分该公章、财务章、营业执照实现债权。因此，本案“抵押”公章、财务章、营业执照的行为并非《中华人民共和国担保法》规定的抵押行为，不属于该法的调整范围。从效力上来看，法律、行政法规并未禁止公司将其证照交付他人保管管理。在拖欠工程款的情况下，浦头公司为取信于恒晟集团及相关施工班组而将公章、财务章、营业执照“抵押”交付给恒晟集团，该行为系双方真实意思表示，且从目的、内容、手段、对象等方面来看也不违反法律、行政法规的强制性规定，应为合法有效，双方当事人均应依约履行。因此，在未清偿工程款的情况下，浦头公司要求返还公章、财务章、营业执照，显然缺乏事实和法律依据。

编写人：福建省厦门市思明区人民法院　黄南清

十一、与公司有关的纠纷

56

改制企业职工投资权益依法应受保护

——卢某举等诉济南某有限责任公司与公司有关的纠纷案

【案件基本信息】

1. 裁判书字号

山东省济南市中级人民法院（2018）鲁01民终6076号民事判决书

2. 案由：与公司有关的纠纷

3. 当事人

原告（上诉人）：卢某举等

原告：刘某等

被告（被上诉人）：济南某有限责任公司

第三人：王某伟等

【基本案情】

济南市某服务总公司是成立于1956年的国有企业，注册1080万元，于2006年将国有资产产权转让与企业管理层和全体员工，整体改制为济南某有限责任公司。大部分企业职工为此投资人民币数百万元。改制过程中，企业管理层将济南某有限责任公司注册为股东七人（即田某某、刘某某及该案5名第三人）、注册资本50万元的有限责任公司。出资职工的股权未能落实。2011年3月，济南某有限责任公司向企业职工签发出资证明书96份。2013年12月，经企业74名职工自行协商，签订19份委托持股协议书。协议书约定，委托方同意以受托方的名义进行工商登记。另有21名职工未委托他人代持。因企业变更股东工商登记需要向工商行政管理部门提供股东会决议、公司章程修正案等材料，而登记为股东的原企业管理层不予形成相关决议，导致职工投资权益长期得不到落实，故职工起诉要求企业将出资职工的姓名及出资额记载于公司章程，办理工商登记变更手续，将职工的股东姓名、出资额（包括所代表的出资额）在公司注册登记中予以记载并按职工及代表的实际出资额增加注册资本。

【案件焦点】

1. 登记股东及股权不符合企业改制事实，落实职工投资权益是否必须登记股东形成相应股东会决议；2. 注册资本与实收资本不符，如何体现全体出资人实际出资份额。

【法院裁判要旨】

山东省济南市市中区人民法院经审理认为：依照《中华人民共和国公司法》规定，有限责任公司股东资格的取得方式为：发起人在公司成立时认购出资，取得公司股份；受让公司原有股东股份；公司增资扩股，出资人认购公司新增注册资本。济南市某服务总公司整体改制为济南某有限责任公司，对出资证明书载明的出资人身份予以确认。因部分出资人分别与受托人签订委托持股协议书，故受托人可持有委托人的全部出资及自己名下的出资，并以自己的名义在公司章程中予以载明并在工商行政部门进行登记。依照《中华人民共和国公司法》的相关规定，有限责任公司增加注册资本、修改公司章程必须经股东会会议决议，且经代表2/3以上表决权的股东通过，现济南某有限责任公司并未通过上述程序形成增资和修改公司章程的股东会决议，故对原告要求被告将其姓名及出资额记载于公司章程，办理工商登记变更手续，将原告股东姓名、出资额（包括所代表的出资额）2315000元在工商注册登记中予以记载并按原告及代表的实际出资额增加注册资本的诉讼请求，不予支持。原告可在判决确定其股东身份后，履行法律规定的股东会决议程序，以实现其对公司章程修改、工商登记变更及增加注册资本的目的。

山东省济南市市中区人民法院依照《中华人民共和国公司法》第二十七条、第三十一条、第四十四条、第七十五条，《最高人民法院关于适用〈中华人民共和国公司法〉若干问题的规定（三）》第二十一条、第二十二条之规定，作出判决：

驳回原告刘某等35人的诉讼请求。

卢某举等7人不服一审判决，提起上诉。山东省济南市中级人民法院经审理认为：本案纠纷系企业改制过程中工商登记股东与实际出资人股东存在差异，公司自身无法解决，广大职工股东权益一直未能得到保障而产生。本案40名自然人主体，均为改制企业实际出资人。关于本案，第一，目前已经具备公司实际出资人进行实名登记的条件。其一，企业作为出资的受益方和资本持有人，证明了改制和股权转让过程的工商登记是在公司决策要求下，将实际出资人的股份登记在王某某等少数股东名下，并始终确认上诉人、原审原告和原审第三人的实际出资额，认可现有实际出资人的股东身份；其二，经部分实际出资人签订委托持股协议，现有向企业要求实名登记的股东总数为40人，未超过有限责任公司股东法定人数上限，可以满足所有主张权利的实际出资人进行实名登记的要求；其三，各方当事人主体均同意在维持注册资本50万元不变的前提下，确认各自所折合的股权份额和出资额；其四，原审第三人系公司登记股东，均认为本案主张权利的其他实际出资人即上诉人和原审原告应当进行实名登记，企业对此亦表示同意。第二，依照《中华人民共和国公司法》第三十二条第一款、第三款规定，企业负有置备股东名册、为股东进行注册登记的义务。尽管企业愿意为实际出资人办理变更工商登记，但多年来其未能向工商行政管理部门提供变更登记所需材料，因而造成众多实际出资人以诉讼方式主张权利。因上诉人、被上诉人、大部分原审原告及部分原审第三人坚持通过诉讼方式解决变更登记问题，且在诉讼过程中企业通过自身努力仍不能解决这一问题，故对于部分原审原告、部分原审第三人认为应当由股东自行召开股东会，作出修改公司章程及变更注册登记的股东会决议，进而进行变更登记的意见，无法采纳。因此，上诉人、原审原告请求企业办理股权变更登记手续，合理合法。同时，完成实名登记，使公司实际出资人享有并行使完全的股东权利，不仅有利于保护本案实际出资人的合法权益，也有利于该公司完善内部治理结构，正常开展后续经营。第三，本案40名自然人主体，系企业股东构成。其中每一名股东的股权份额，因王某某等登记股东并非真实拥有该公司各20%股份，且当事人各方均承认登记股东拥有的股权与实际出资人的出资之间无一一对应关系，故各方主体均同意，在企业工商登记现状下，不增加注册资本即以现有注册资本50万元为基准，以每一名实际出资人实际出资占出资总额的份额作为其在公司持有的股权份额，由企业办理变更登记手续，并由原审第三人提供必要的协助，应当予以准许。第四，依照《中华人民共和国公司法》第二十三条规定，公司章程由股东共同制定，并由股东会负责修改，企业不负有制定或修改章程的法律责任。本案实际出资人作为公司股东进行工商登记后，有责任根据实际情况形成新的公司章程，将自己的姓名、出资额等明确记载于公司章程。故上诉人及原审原告要求企业“将原告的姓名及出资额记载于公司章程”的诉讼请求，依据不足。综上，40 名自然人主体作为公司股东，其实际出资额、出资总额、折算出资额及股权份额，法院根据各方主体的意见予以确认或划分，注册资本无须增加。

虽然本案只有部分原告提起上诉，但上诉人与其他原审原告、原审第三人对本案实际出资人进行实名登记的意见一致，故对未提起上诉的原审原告的诉求，法院予以一并处理。

山东省济南市中级人民法院依照《中华人民共和国公司法》第二十三条第三项、第二十四条、第三十二条第三款、第三十七条第一款第十项，《中华人民共和国民事诉讼法》第一百四十四条、第一百七十条第一款第二项、第一百七十三条之规定，作出如下判决：

一、撤销济南市市中区人民法院（2016）鲁 0103 民初 6666 号民事判决；

二、济南某有限责任于本判决生效之日起三十日内，按照附表所列姓名、股权份额等为卢某举等 40 人办理工商登记变更手续；

三、驳回刘某等 35 人的其他诉讼请求。

【法官后语】

2000 年以来，各地在积极推进国有经济布局和结构调整，探索国有企业改制多种途径的过程中，出现了一些名实不符的现象，尤其是涉及出资人和企业、管理层与职工之间的股权纠纷，参与企业改制的职工股权得不到落实，权益无人保障，纠纷绵延十余年得不到解决。本案即为企业改制遗留问题引发的纠纷。企业改制时，因受公司法对有限责任公司股东人数的规定限制，以及公司可用验资资金不足，管理层未按实际出资的职工人数及数额进行注册登记，而是未经职工大会同意，擅自决定按管理层股东 7 人、注册资本 50 万元进行了注册登记。随着时间推移，企业位于市中心的房地产产生巨大增值，股权价值随之攀升。企业90余名职工不断要求登记股东承认所有出资职工的股东身份，并更正工商登记，以纠正企业改制中形成的工商登记不规范问题。然而，所有登记股东虽然口头上承认出资职工的股东身份，但始终不予形成股东会决议并办理股东变更登记，使未登记为股东的职工股权长期得不到落实。

对登记股东的不作为行为，出资职工只有通过诉讼救济自身权利，他们的诉求不仅涉及股东资格确认，还涉及工商登记变更。本案的难点在于：已进行注册的公司资本与实收资本出入较大，以实际出资体现全体出资人股份，会带来工商登记的注册资本增加；登记股东所持股权与事实不符，且与出资职工及出资额无事实对应关系。但本案又具有一个鲜明特点：所有登记股东表面上均认可全体出资职工具有股东身份；所有登记股东都表达了希望通过召开股东大会的方式，自行解决变更股东登记问题；因企业存在许多实际问题，登记股东事实上并不能针对出资职工股东身份形成任何实质性的解决方案。因此，本案纠纷不是事实争议，而是企业自身在组织结构、经营管理、人事安排、既得利益等方面长期矛盾的综合体现。法院根据全体当事人意思自治原则，在尊重事实的基础上，给出了一个变通的、符合实际出资比例的、经全体出资人认可的解决方案：就现有注册资本在全体出资人范围内等比例划分股份，在维持注册资本不变的前提下，一体解决出资职工股东资格确认、工商登记变更。本案的积极意义在于：当公司内部治理机制失灵，无法及时正确解决公司内部股权争议时，司法权适度进行干预，就职工出资人因登记股东事实上的不作为而造成股权无法落实问题，给出了一个解决途径。在巨大的商业利益面前，纠正了历史遗留的企业改制不规范所造成的利益失衡，依法维护了民营企业中小投资者的合法权益。

编写人：山东省济南市中级人民法院　严琳琳

57

关联公司人格否认之认定路径

——宜宾翠屏农村商业银行股份有限公司诉四川省宜宾红番科技实业有限公司、张某骥与公司有关的纠纷案

【案件基本信息】

1. 裁判书字号

四川省宜宾市中级人民法院（2018）川15民终1733号民事判决书

2. 案由：与公司有关的纠纷

3. 当事人

原告（上诉人）：宜宾翠屏农村商业银行股份有限公司（以下简称翠屏农商行）

被告（被诉人）：四川省宜宾红番科技实业有限公司（以下简称红番科技公司）、张某骥

第三人：四川省宜宾红番包装有限公司（以下简称红番包装公司）

【基本案情】

叙源食品厂于1993年2月18日核准登记注册成立，经营范围大蒜油系列产品、非酒精饮品、副食品，出资者包括自然人张某骥、郭某武、石某芬、黄某秀、张某等，法定代表人张某骥。2003年10月30日原叙源食品厂因吊销已注销，未清算。

红番包装公司于1996年11月19日申请设立登记，经营范围主营：各种编织袋、复合袋、涂膜塑料、各类包装制品，兼营建材、竹木制品、五金家电、日用品，法定代表人张某骥，办公场地为租赁叙源食品厂空余房屋4500平方米。2002年3月15日红番包装公司变更为新股东张某骥、黄某秀、张某、石某芬、张甲等，法定代表人张某骥。

红番科技公司于2000年8月6日申请设立登记，经营范围是海洋生物促生产剂的生产与经营，股东张某骥、张某、张甲、林某、张某荣等，法定代表人张某骥。红番科技公司向当地政府申请，直接将原属叙源食品厂的三宗土地使用权变更到公司名下。股东出资方式为各股东以红番科技公司名义购置并办理产权证的生产性房屋建筑物与工业土地使用权。

本案所涉款项，由叙源食品厂在南岸基金会贷款1832700元，转给红番包装公司，并由红番包装公司出具借条，叙源食品厂以自己的自有土地使用权提供连带责任担保，但未办理抵押登记。2009年宜宾市翠屏区农村信用合作联社（以下简称翠屏农联社）就本案1832700元借款向四川省宜宾市翠屏区人民法院提起诉讼并获得胜诉判决。判决生效后，红番包装公司未履行判决义务。2011年1月翠屏农联社向翠屏区人民法院申请强制执行，此后翠屏农联社更名为翠屏农商行。在执行过程中，翠屏农商行经查询发现叙源食品厂的贷款抵押财产已于2000年11月擅自变更登记在了红番科技公司名下，红番包装公司没有其他任何财产可供执行。翠屏农商行向一审法院申请追加红番科技公司为被执行人、申请再审、向宜宾市检察院抗诉，未能实现自身权利，遂起诉到一审法院。

【案件焦点】

1. 关联企业之间能否适用公司法人格否认制度，进而认定各关联企业之间对外承担连带责任；2. 适用公司法人格否认制度的标准。

【法院裁判要旨】

四川省宜宾市翠屏区人民法院经审理认为：第三人红番包装公司设立时财产是原叙源食品厂和浙江省平阳县康德塑料包装厂投入的相应生产设备等，并未包含该处的房屋土地等固定资产，且叙源食品厂对第三人红番包装公司的投入已足额到位，直至对该案的执行过程中并无证据证明有资产无偿转出和调用至原叙源食品厂的情形，因此原叙源食品厂与第三人红番包装公司不能认定公司人格混同；红番科技公司在成立时，其资产主要来源于原叙源食品厂的土地房屋等资产，无证据证实从第三人红番包装公司有相应财产转入红番科技公司，因此也不能认定红番科技公司与第三人红番包装公司构成公司人格混同。另，原叙源食品厂将其土地房产变更为红番科技公司是否构成公司人格混同的认定仅能影响双方对外承担民事责任，即原叙源食品厂不能以其独立财产对外承担民事责任时，红番科技公司是否承担相应民事责任，与第三人红番包装公司并无关联。综上所述，三单位虽然因法定代表人同一，经营场地一致，人员和股权结构等部分相同形成高度关联的外在特征，但在是否有资产混同情形构成公司人格混同这一核心问题上，并无相应证据予以证明。

四川省宜宾市翠屏区人民法院依照《中华人民共和国民事诉讼法》第六十四条第一款，《最高人民法院关于民事诉讼证据的若干规定》第二条之规定，经法院审判委员会讨论决定，作出判决：

驳回翠屏农商行的诉讼请求。

一审宣判后，翠屏农商行提起上诉。

四川省宜宾市中级人民法院经审理认为：对于股东通过向公司输送利益逃避债务或者股东在关联公司之间不当输送利益逃避债务的情形，属于典型的股东滥用法人独立地位和股东有限责任的情形，完全可以通过公司法第二十条第一款的适用和第三款的参照适用并结合公司法第三条第一款，否认公司法人格，追究企业整体责任，以关联公司全部资产对外承担责任，方能保护债权人的利益，同时亦不违反公司法第二十条的立法目的。

企业的人格独立需要具备意思独立、财产独立至责任独立。本案中，三企业之间在人员、财产及其他方面达到高度混同的地步（业务部分交叉），已使三企业丧失了具备法人独立人格的基本条件。公司人格混同最核心的判断标准即财产混同。就公司而言，无财产即无人格，公司财产独立是公司拥有独立人格的基础，而财产混同在本案中表现得尤为明显。红番科技公司将原叙源食品厂的资产（由红番包装公司经营）无偿转移到自己名下，不仅导致原叙源食品厂、红番包装公司资产的减少，更加导致红番包装公司无法偿还对翠屏农商行的债务，属于典型的逃避债务行为。三家企业之间的人格混同行为，严重损害了翠屏农商行的合法权益，其行为违背了法人制度设立的宗旨，违反了诚实信用原则和公平原则。

四川省宜宾市中级人民法院依照《中华人民共和国民事诉讼法》第一百七十条第一款第二项规定，作出如下判决：

一、撤销四川省宜宾市翠屏区人民法院（2017）川 1502 民初 5405 号民事判决；

二、红番科技公司对（2009）翠屏民初字第 2762 号民事判决确认的红番包装公司应偿还翠屏农商行的本金1832700元、利息1689392.07元及迟延履行期间的债务利息承担连带清偿责任；

三、驳回翠屏农商行的其他诉讼请求。

【法官后语】

一纸判决，终结双方二十年纠纷。翠屏农商行于2009年开始起诉红番科技公司、张某骥、红番包装公司借款纠纷，至今已逾十年。从翠屏农商行1999年借款开始起算，案涉纠纷已超二十年。其间，各方经历一审、二审、翠屏农商行申请追加执行、向法院申请再审、向检察院请求抗诉等程序，直至本案二审开庭。八十岁的张某骥在二审庭审中表示自己已七次坐上被告席，不知何时能结束。本案二审判决生效后，红番科技公司、张某骥已履行判决，翠屏农商行债权实现，双方二十年纠纷终告了结。

关联公司适用公司法人格否认制度之困境。债权人的债权能否充分受偿的关键在于能否认定案涉三企业法人人格混同，以及人格混同之后相应的责任如何承担。公司法人格否认理论由来已久，在国外已使用超百年，但我国却是在2005年公司法修订时才得以引入。理论研究著作颇丰，但审判实践中运用较少，主要在于公司法第二十条的三款条文属于宣示性规定，富于理论化，缺乏实际的可操作性。其中，尤其是第三款的适用颇具争议。第三款突破了股东的有限责任外衣，在股东与公司人格混同的情况下，令股东对公司的债务承担连带责任，此为传统的公司法人格否认制度。然而，针对关联公司之间能否适用公司法第三款且如何运用，公司法及其后的司法解释均未作明确指引。

本案审理过程中，承办人检索了涉及关联公司人格否认的案例，债权人未获支持的占多数。此情形一方面体现了司法的谨慎，不愿轻易突破股东有限责任及法人人格独立这两大公司法的基石，另一方面也体现了法官们对关联企业能否混同、如何混同的迟疑。最高法院在2008年的公报案例中使用民法通则的诚实信用原则判令关联公司承担连带责任，可能也是苦于法律依据的缺乏，其后最高法院在2013年的指导案例中进行了突破，参照适用公司法第二十条第三款，判令各关联公司承担连带责任。本案在一审期间，经一审法院审判委员会讨论，一致意见认为三企业的控制人利用了法律漏洞，但不能超越法律判决。二审审理中，合议庭亦是争议颇大，多数意见认为在公司法未明确规定的情况下，不宜进行突破判决关联公司之间承担连带责任。后经程序报法院专业法官会议讨论，专业法官会议认为本案如果债权人的债权不能获得清偿，将有违诚实信用原则及公平原则。

关联公司之间因人格混同而适用公司法人格否认原则并不违背公司法第二十条第三款的立法目的。理由如下：(1) 关联公司有密切关联度的股东滥用了关联公司的独立人格，致使这些关联公司成为股东们逃避义务的工具。否认关联公司各自的独立人格，将各个关联公司视为一体，对其中特定公司之债权人的请求承担连带责任，无非就是将滥用关联公司人格之股东的责任延伸到完全由他们控制的关联公司上，由此来制止股东滥用关联公司实现逃避债务的违法行为，救济利益受损害的债权人。(2) 对于股东通过向公司输送利益逃避债务或者股东在关联公司之间不当输送利益逃避债务的情形，属于典型的股东滥用法人独立地位和股东有限责任的情形，完全可以通过公司法第二十条第一款的适用和第三款的参照适用并结合公司法第三条第一款，否认公司法人格，追究企业整体责任，以关联公司全部资产对外承担责任，方能保护债权人的利益，同时亦不违反公司法第二十条的立法目的。

本案判断关联公司之间人格混同并进而追究企业整体责任的关键是关联公司之间因逃避债务而进行的资产转移、利益输送。公司对外承担责任需要有独立的财产，无财产即无人格。关联公司之间为逃避债务而将资产任意转移，由某一关联公司承接债务人公司的核心资产，使债务人公司成为空壳，后以股东有限责任及公司法人人格独立为抗辩，很容易导致债权人的权益落空。此时，公司人格混同最核心、最难认定的判断标准即财产混同已经形成，再结合公司法人格否认制度下的主体要件、行为要件、结果要件，刺穿各法人之间独立人格的面纱，将各关联公司视为一个整体，令其对外承担连带责任，方能保护债权人利益。

编写人：四川省宜宾市中级人民法院　王纯强

58

农民专业合作社解散中的权益保障

——董某慧诉任某普等与公司有关的纠纷案

【案件基本信息】

1. 裁判书字号

新疆生产建设兵团哈密垦区人民法院（2018）兵1202民初183号民事判决书

2. 案由：与企业有关的纠纷

3. 当事人

原告：董某慧

被告：任某普、吕某江、张某、王某兵

【基本案情】

经董某慧、任某普、吕某江、张某、王某兵5人共同协商，2016年2月5日成立了哈密喜洋洋养殖专业合作社（以下简称喜洋洋合作社），类型为农民专业合作经济组织，法定代表人为董某慧，合作社成员为董某慧、被告任某普、吕某江、张某、王某兵以及王某荣共计6人。2018年2月2日，经合作社成员共同决定，到工商局办理了合作社注销手续。合作社成立至注销期间，产生各项费用6493.79元，所有费用全部由董某慧垫付。2018年1月19日，合作社成员会议对上述费用进行了人均分配承担，各合作社成员应承担1082.29元。后董某慧向合作社成员索要上述费用，仅王某荣于2016年2月5日向原告支付了1082.29元，被告任某普、吕某江、张某、王某兵4人则以各种理由拒绝支付。董某慧诉至法院，请求判令任某普、吕某江、张某、王某兵4人支付垫付款1082.29元，共计4329.16元。

【案件焦点】

1. 如何认定合作社成员退社行为的效力；2. 如何认定合作社成员大会决议和

解散清算结果的效力。

【法院裁判要旨】

新疆生产建设兵团哈密垦区人民法院经审理认为：原告董某慧，被告任某普、吕某江、张某、王某兵，及案外人王某荣6人，为了能够享受到国家给予的相关优惠政策及补贴，共同协商成立了喜洋洋合作社，但都没有按照《中华人民共和国农民专业合作社法》的相关规定及喜洋洋合作社章程约定的内容履行各自的出资和经营管理等义务。对于原告董某慧要求被告任某普、吕某江、张某、王某兵每人向其支付971.47元垫付款的请求，被告任某普、张某、王某兵分别辩称喜洋洋合作社未举行股东大会、未进行清算、原告个人有过错，故不同意承担费用，庭审中任某普、张某、王某兵对原告提交的股东会决议、注销申请书、费用表等均无异议，并认可上述材料中各自的签名。根据原告董某慧提交的费用表证实，原告董某慧，被告任某普、张某、王某兵，及案外人王某荣5人，已经共同对喜洋洋合作社从筹建到注销共支出的由原告董某慧垫付的各项费用进行了清算，且就费用的分摊方式即平均分摊及具体数额达成了一致意见。法律规定农民专业合作社的成员地位平等，实行民主管理，成员必须承担按照章程规定向本社出资、与本社进行交易及承担亏损等法定和章程约定的义务。本案中原、被告等人都只是想着通过喜洋洋合作社享受国家的相关优惠政策及补贴，都只是想着享有权利，却都不去承担和履行各自的出资、经营管理等义务，这才直接导致喜洋洋合作社实际上根本无法开展经营活动，以及造成本案中需要分摊的费用的亏损。故被告任某普、张某、王某兵的不承担分摊费用的相关辩解意见，无事实根据和法律依据，不予采信。但由于原、被告共同分摊的费用中有属于被告任某普垫付的交通费150元，故在被告任某普应向原告支付的垫付款中应予以相应扣减。被告吕某江辩称，喜洋洋合作社成立后不久，其将承诺作为出资的羊全部卖掉，并由其妻子提出了退出合作社，此后其未参与合作社经营，故不同意承担合作社成立之后产生的费用；以及辩称原告提交的费用表中其没有签名，合作社进行费用清算时其不在场未参与清算，故不同意承担费用。根据喜洋洋合作社章程第十四条规定，成员要求退社的，须在会计年度终了的三个月前向理事会提出书面声明，方可办理退社手续。本案审理过程中，被告吕某江未提供任何证据证明其已按照章程规定的程序向喜洋洋合作社办理了合法有效的退社手续。喜洋洋合作社章程第二十一条规定，成员大会须有本社成员总数的三分之二以上出席方可召开；对合并、分立、解散等重大事项做出决议的，须经成员表决权总数三分之二以上的票数通过。喜洋洋合作社的注销、清算等事务，均系由全部6名成员中的5人即原告董某慧，被告任某普、张某、王某兵，及案外人王某荣共同形成的决议及共同完成的清算。表决人数、表决内容、表决程序均符合喜洋洋合作社章程的约定及法律规定，决议结果有效，且对被告吕某江具有法律约束力。故被告吕某江的上述不同意承担费用的辩解意见，无事实根据和法律依据，不予采信。综上所述，对原告董某慧的诉讼请求，符合法律规定的部分，予以支持。

新疆生产建设兵团哈密垦区人民法院依照《中华人民共和国农民专业合作社法》第二条、第三条、第四条、第五条、第十一条、第十八条、第十九条、第二十三条，《中华人民共和国民事诉讼法》第一百四十二条之规定作出如下判决：

一、被告任某普向原告董某慧支付垫付款821.47元，于本判决生效之日起十日内付清；

二、被告吕某江向原告董某慧支付垫付款971.47元，于本判决生效之日起十日内付清；

三、被告张某向原告董某慧支付垫付款971.47元，于本判决生效之日起十日内付清；

四、被告王某兵向原告董某慧支付垫付款971.47元，于本判决生效之日起十日内付清；

五、驳回原告董某慧的其他诉讼请求。

【法官后语】

随着农村农业改革的推进，农村产业结构不断调整，农业经营方式不断创新，特别是近年来农民专业合作社如雨后春笋般蓬勃兴起，加上国家政策的扶持，发展较快，但也存在着组建目的不纯、成员法律意识淡薄等问题，许多合作社因自身原因最终面临解散、注销。在解散、注销过程中各成员之间往往因资产清算、债权债务分配等问题产生诸多纠纷。

依据《中华人民共和国农民专业合作社法》规定，农民专业合作社的成员地位平等，实行民主管理，入社自愿，退社自由，农民专业合作社成员要求退社的，应当在财务年度终了的三个月前向理事长或者理事会提出，章程另有规定的从其规定。在合作社实际运行过程中，一些合作社成员往往不直接参与经营，在遇到亏损等不利因素时，未按照法律或章程规定，自行退出合作社，自认为就与合作社没有关系了。这种趋利避害、擅自主张的行为不利于合作社的发展，必须予以依法规范，以保障其他成员的合作权益。

另外，《中华人民共和国农民专业合作社法》规定，农民专业合作社召开成员大会，出席人数应当达到成员总数三分之二以上。作出修改章程或者合并、分立、解散的决议应当由本社成员表决权总数的三分之二以上通过。这是对合作社各成员知情权、表决权等权利的一种保障，保障决议内容代表大多数人的一致意见。但同时，决议一旦通过，对包括未参加人员、弃权反对人员在内的所有成员都具有效力。这也充分体现了农民专业合作社成立和发展的初衷，保障合作社有序规范运营。

就本案而言，被告在合作社成立之初自愿入社，就意味着其自愿接受章程约束，享有权利的同时也必须履行相应义务。后期以未参加成员大会、不认可大会决议和清算结果为由，拒绝执行清算决议，不愿承担相应的义务，违反了法律规定和章程约定，不应支持。原告之前为合作社投入的费用由各成员均摊已依法通过大会决议，主张要求按照决议由各被告向其支付，应予支持。法院根据查明的事实，依照《中华人民共和国农民专业合作社法》第二条、第三条、第四条、第五条、第十一条、第十八条、第十九条、第二十三条的相关规定，最后判决被告任某普向原告董某慧支付垫付款821.47元，被告吕某江、张某、王某兵、分别向原告董某慧支付垫付款971.47元，均于本判决生效之日起十日内付清。宣判时，原、被告双方均表示服判，均称不上诉。现该案判决书已发生法律效力，部分被告也已主动履行了给付义务。

我国农民专业合作社起步较晚，但发展却异常迅猛，在规范合作社运行和发展方面，虽然我国颁布实施了《中华人民共和国农民专业合作社法》，但在具体实践中还有很多监管漏洞和盲区，导致合作社名存实亡，最终导致各类纠纷。在审理过程中，处理和保障各成员权益、划分各自责任方面，各地尺度不太一致，应当进一步规范和明确。

编写人：新疆生产建设兵团哈密垦区人民法院　王圣佳

图书在版编目（CIP）数据

中国法院2020年度案例．公司纠纷/国家法官学院，最高人民法院司法案例研究院编．—北京：中国法制出版社，2020.3

ISBN 978-7-5216-0921-9

Ⅰ．①中… Ⅱ．①国…②最… Ⅲ．①公司-经济纠纷-案例-汇编-中国 Ⅳ．①D920.5

中国版本图书馆CIP数据核字（2020）第034113号

策划编辑：李小草（lixiaocao2008@sina.cn）

责任编辑：韩璐玮（hanluwei666@163.com）　　封面设计：温培英　李宁

中国法院2020年度案例·公司纠纷

ZHONGGUO FAYUAN 2020 NIANDU ANLI · GONGSI JIUFEN

编者/国家法官学院，最高人民法院司法案例研究院

经销/新华书店

印刷/三河市紫恒印装有限公司

开本/730毫米×1030毫米　16开　　印张/15.75　字数/209千

版次/2020年3月第1版　　2020年3月第1次印刷

中国法制出版社出版

书号 ISBN 978-7-5216-0921-9　　定价：56.00元

北京西单横二条2号

邮政编码 100031　　传真：010-66031119

网址：http://www.zgfzs.com　　**编辑部电话：010-66070084**

市场营销部电话：010-66033393　　**邮购部电话：010-66033288**

（如有印装质量问题，请与本社印务部联系调换。电话：010-66032926）

最高人民法院指导性案例裁判规则理解与适用系列

公司卷二	98 元	物权卷	88 元
公司卷（第三版）（上下册）	139 元	婚姻家庭卷（第二版）	68 元
民事诉讼卷（第二版）（上下册）	145 元	合同卷四（第二版）	98 元
侵权赔偿卷二	69 元	合同卷三（第二版）	98 元
侵权赔偿卷一	69 元	合同卷二（第二版）	108 元
房地产卷	98 元	合同卷一（第二版）	108 元
劳动争议卷	58 元	担保卷（第二版）（上下册）	139 元

最高人民法院知识产权审判实务系列

最高人民法院知识产权审判案例指导（第 11 辑）	86 元
最高人民法院知识产权审判案例指导（第 10 辑）	98 元
最高人民法院知识产权审判案例指导（第 9 辑）	88 元
最高人民法院知识产权审判案例指导（第 8 辑）	88 元
最高人民法院知识产权审判案例指导（第 7 辑）	98 元
最高人民法院知识产权审判案例指导（第 6 辑）	78 元
最高人民法院知识产权审判案例指导（第 5 辑）	88 元
最高人民法院知识产权审判案例指导（第 4 辑）	78 元
最高人民法院知识产权审判案例指导（第 3 辑）	78 元
最高人民法院知识产权审判案例指导（第 2 辑）	78 元
最高人民法院知识产权审判案例指导（第 1 辑）	48 元
中国知识产权指导案例评注（第 10 辑）	128 元
中国知识产权指导案例评注（第 9 辑）	108 元
中国知识产权指导案例评注（第 8 辑）	98 元
中国知识产权指导案例评注（第 7 辑）	118 元
中国知识产权指导案例评注（第 6 辑）	128 元
中国知识产权指导案例评注（第 5 辑）	118 元
中国知识产权指导案例评注（第 4 辑）	98 元
中国知识产权指导案例评注（第 3 辑）	98 元
中国知识产权指导案例评注（上、下卷）	188 元
商标法适用的基本问题（增订版）	78 元
反不正当竞争法的创新性适用【精装】	68 元
知识产权法律适用的基本问题——司法哲学、司法政策与裁判方法	168 元
最高人民法院知识产权司法解释理解与适用（最新增订版）	69 元
最高人民法院知识产权案件年度报告（2008 ~ 2015）（中英文版）	198 元
知识产权司法实务新型疑难问题：专利、商标与著作权热点问题	138 元
知识产权司法实务新型疑难问题：知识产权司法保护与产业发展	120 元

最高人民法院审判指导书系

执行规范理解与适用——最新民事诉讼法与民诉法解释保全、执行条文关联解读（增订 2 版）	159 元
最高人民法院民事立案业务指导	108 元
最高人民法院审判监督业务指导	128 元
最高人民法院执行业务指导	128 元